U&S Psychologie
Raúl Páramo-Ortega · Das Unbehagen an der Kultur

Raúl Páramo-Ortega

Das Unbehagen
an der Kultur

übersetzt von Elisabeth Schöndube
bearbeitet von Brigitte Milkau-Kaufmann

Urban&Schwarzenberg
München-Wien-Baltimore 1985

Anschrift des Autors:

Dr. Raúl Páramo-Ortega
Justo Sierra 2135
44650 Guadalajara, Jal./Mexico

Anschrift von Übersetzer und Bearbeiter:

Elisabeth Schöndube
Felix Rougier 3961, Loma Bonita
45050 Guadalajara, Jal./Mexico

Brigitte Milkau-Kaufmann, Dipl.-Psych.
Birkenau 23, 8000 München 90

Vollständig neubearbeitete und ergänzte Übersetzung des im Verlag Martín Casillas Editores, S.A., Mexico City, erschienenen Buches *Sentimiento de culpa y prestigio revolucionario*. © 1982.

Anschrift des Wissenschaftlichen Beirates des Psychologie-Programmes:
Prof. Dr. Dieter Frey, Institut für Psychologie der Universität Kiel, Olshausenstraße 40/60, 2300 Kiel
Prof. Dr. Siegfried Greif, Universität Osnabrück, FB 8 Psychologie, Knollstraße 15, 4500 Osnabrück
Prof. Dr. Heinrich Keupp, Institut für Psychologie, L.M.-Universität München, Kaulbachstraße 93/II, 8000 München 40
Prof. Dr. Ernst-D. Lantermann, Gesamthochschule Kassel, FB 3, Heinrich-Plett-Straße 40, 3500 Kassel
Prof. Dr. Rainer K. Silbereisen, Institut für Psychologie, FB 2, Technische Universität Berlin, Dovestraße 1–5, 1000 Berlin 10
Dr. Bernd Weidenmann, Universität der Bundeswehr München, Fachbereich Sozialwissenschaften, Werner-Heisenberg-Weg 39, 8014 Neubiberg

Lektorat: Dr. H. Jürgen Kagelmann

CIP-Kurztitelaufnahme der Deutschen Bibliothek

Páramo-Ortega, Raúl:
Das Unbehagen an der Kultur / Raúl Páramo-
Ortega. Übers. von Elisabeth Schöndube.
Bearb. von Brigitte Milkau-Kaufmann. – München ;
Wien ; Baltimore : Urban und Schwarzenberg, 1985.
(U-&-S-Psychologie)
Einheitssacht.: Sentimiento de culpa y
prestigio revolucionario <dt.>
ISBN 3-541-14211-1
NE: Milkau-Kaufmann, Brigitte [Bearb.]

Umschlagentwurf: Dieter Vollendorf
Druck: Kastner + Callwey
Printed in Germany.
© Urban & Schwarzenberg 1985

Inhalt

Kurze Selbstdarstellung

Raúl Páramo-Ortega, geboren 1935 in Mexico (D.F.) studierte Medizin an der Universität von Guadalajara (Mexico). Seine psychoanalytische Ausbildung absolvierte er im Wiener Arbeitskreis für Tiefenpsychologie. 1964 erlangte er die ordentliche Mitgliedschaft in diesem Arbeitskreis. Sein Lehranalytiker war Igor A. Caruso, mit dem ihn später eine Freundschaft bis zu dessen Tode verband.

1969 wirkte er zusammen mit A. Suárez an der Gründung des Mexikanischen Psychoanalytischen Arbeitskreises mit. Dort lehrte er mehrere Jahre klassische psychoanalytische Technik, dazwischen häufige intensive kurze Nachanalysen in Los Angeles und Mexico (D.F.).

1979 gründete er in Guadalajara die Studiengruppe Sigmund Freud. Von 1979 bis 1984 hat er als Mitherausgeber fünf Ausgaben der *Cuadernos Psicoanalíticos* veröffentlicht.

Geleitwort

Ich stelle mir vor, ein Mann oder eine Frau in Mitteleuropa habe noch nie etwas von Sigmund Freud oder über ihn gelesen, wisse nichts von der Psychoanalyse und habe von ihrer Anwendung zur Behandlung seelischer Störungen, zur ernsten, zur journalistischen oder satirischen Kritik menschlicher und sozialer Erscheinungen nie etwas gehört. Und dieser Person fällt der Band mit den Schriften von Páramo-Ortega in die Hand. Die Person wird neugierig. Sie liest. Möchte mehr erfahren. Will Freud lesen. Will noch mehr wissen. Schöpft Hoffnung: So könnte man Menschen helfen, sie aus selbstgemachten Zwängen befreien. So könnte man den unheilvollen Wiederholungszwängen in der Geschichte unserer Kultur endlich Einhalt gebieten. Weil der Autor selber diese Schritte vollzogen hat, kann er sie vermitteln.

Es werden aber nicht nur meine imaginären Personen, es werden ganz andere Páramo-Ortegas Aufsätze lesen. „Da steckt hinter der Psychoanalyse doch mehr, als der *Spiegel* , der *Stern* , die *Bunte* daraus machen", werden die einen denken. Andere werden stutzig: „*Wir* hätten gedacht, wir kennen die Psychoanalyse; sie ist eine Wissenschaft und darum wertfrei, hat nichts zu tun mit Kulturkritik und Politik". Sie werden nachdenklich. Ist es eine unpolitische Tat, wenn eine Mutter ihr Kind stillt, oder reicht Politik in die intime Biologie hinein? Hat es nichts mit Psychologie zu tun, wenn Präsidenten und Generäle Gesetze erlassen und zum Krieg rüsten? Wieder andere kennen ihre Psychoanalyse durch und durch, nach Hartmann, Kris und Loewenstein, nach Heinz Kohut, Otto Kernberg, Alice Miller und wie sie alle heißen. Sie plagen sich täglich – Wochenende nicht immer ausgenommen – mit ihren Patienten, Klienten, mit groß und klein. „Woher hat der Mann seine Weisheit? Aha, vom Urvater Freud. Steht sie dort geschrieben? Hat der das so gemeint? Ich muß Freud nochmals lesen! Warum nicht. Ich war wohl nicht ganz bei der Sache damals, hab' vielleicht auch manche gute Stelle ausgelassen."

Ich selber habe Páramo-Ortegas Aufsätze anders gelesen. Da ist einer, der die Psychoanalyse so sieht wie ich, der sie kritisch gegen das wendet, was auch ich in der Gesellschaft schlecht finde und der die psychoanalytische Therapie nicht allein als Krankenbehandlung anwendet, sondern sie als Weg zur Emanzipation von verinnerlichten Einschränkungen und Verzerrungen begriffen hat. Der Autor vermittelt eine Hoffnung, die nicht vom Glauben herrührt. Er ist unzufrieden mit den durch Menschen verursachten seelischen Leiden und mit den menschenverschuldeten Grausamkeiten des Schicksals. Er greift zu den Schriften des alten klugen Meisters und führt in die Praxis der Psychoanalyse ein. Aus seiner Unzufriedenheit wird Mut zum Denken, zum Handeln, zur Veränderung. Da ist einer, mit dem ich gut reden könnte, über viele seiner Aussagen heftig diskutieren. Über dies und das würde ich mich mit ihm freuen, über Lichter, die er mir, einem alten Fuchs der Psychoanalyse aufgesteckt hat.

Mitarbeiter und Schüler des Meisters haben im Jahre 1926 zahlreiche Aufsätze zum „Psychoanalytischen Volksbuch" zusammengestellt und es „Sigmund Freud in Verehrung" gewidmet. Die Absicht war, die Psychoanalyse einer breiten und kritischen Leserschaft vorzustellen, die noch nichts oder nur wenig von der damals kaum noch bekannten Wissenschaft von der menschlichen Seele wußte. Das Buch stieß auf ein großes Interesse des Publikums; die 3. Ausgabe erschien 1939 in der Schweiz, dann machte die Naziherrschaft und der von ihr verursachte Krieg auch diesem Versuch einer neuen Aufklärung ein Ende. Ich habe den Eindruck, daß Páramo-Ortegas Buch für eine breite Leserschaft das leisten könnte, was mit dem „Volksbuch" beabsichtigt war: die Erweckung eines kritischen Interesses an der Psychoanalyse, an der Aufklärung im Sinne Freuds, jedoch nach dem heutigen Stand unseres Wissens.

Gewiss ist die Psychoanalyse bei uns weithin „bekannt". Doch hat die Popularisierung ihren wahren Charakter verschleiert; die verschiedensten therapeutischen Anwendungen haben ihr den kulturkritischen Stachel gezogen, den sie unweigerlich mit sich bringt. Der Sieg der Technik und der Fortschritt der Naturwissenschaften haben sie im Bewußtsein der Menschen in die Rumpelkammer verlassener Theorien verdrängt. Die kastenartige Abgeschlossenheit und die Anpassungsstrategie der offiziellen psychoanalytischen Institutionen haben sie für das öffentliche Bewußtsein in die abseitige Lage eines unpolitischen Heilverfahrens, wenn auch in die einer sektiererischen Heilslehre gebracht. Ich traue diesem Buch zu, diesen Entwicklungen entgegenzuwirken. Das mag daher kommen, daß der Weg des Autors (wie auch der seines Lehrers Igor A. Caruso) nicht der in den nationalen und internationalen psychoanalytischen Vereinigungen vorgeschriebene war. Wichtiger scheint mir der Umstand, daß der Autor in einer anderen kulturellen und gesellschaftlichen Umgebung lebt und arbeitet, als seine deutschsprachigen Leser. Er richtet seinen Blick aus der Fremde, aus Mexico, auf die Wissenschaft, die hier entstanden ist, uns aber in vielfacher Entfremdung verloren zu gehen droht. Der Blick des Fremden ist klarer als der unsere, wenn es darum geht, die ideologischen Schleier zu durchdringen, die uns den Zugang zum Werk des großen Aufklärers verhüllen.

Paul Parin

Vorwort

„Deutschland war sein theoretisches Gewissen", schrieb Karl Marx einmal über Hegel.

Es ist mir eine besondere Freude, hier an ein deutschsprachiges Publikum herantreten zu können, denn ,mein theoretisches Gewissen ist deutsch' - obwohl meine Identität natürlich die eines mexikanischen Lateinamerikaners ist. Die hier gesammelten Texte gingen aus meiner täglichen psychoanalytischen Praxis hervor und sind geprägt von den sozialen Bedingungen Mexicos. Für die deutsche Veröffentlichung schien es mir geboten, einige Veränderungen vorzunehmen, denn ich gehe davon aus, daß diese Texte sich an Leser eines Kulturkreises wenden, deren Traditionen und sozio-ökonomische Basis sich von denen Mexicos unterscheiden.

Ich möchte all denen danken, die mich bei der Vorbereitung dieses Buches unterstützt haben: Wertvolle Hilfe erhielt ich von meiner Kollegin Ana María Silva dank ihrer kritischen Lektüre einiger Kapitel des Manuskriptes. Für die Geduld und aufmerksame Mitarbeit bin ich meiner Assistentin Elisabeth Schöndube sehr dankbar. Sie ertrug meine anarchischen Diktate in den kurzen Minuten zwischen den Analysestunden und entzifferte mein in nächtlicher Arbeit entstandenes Gekritzel. Außerdem konnte ich mit ihr die Bearbeitung der Freudschen Originaltexte diskutieren.

Für anregenden Gedankenaustausch und Dialoge über verschiedene Kapitel dieses Buches bin ich meinen Kollegen der *Grupo de Estudios de Sigmund Freud* (alphabetisch geordnet) Miguel Méndez, Christina Palomar, Javier Pérez, Ema Ruiz, Ana María Silva und zeitweilig Annick Lignian sehr dankbar.

Ganz besondere Dankbarkeit gilt meinem Lehranalytiker Igor A. Caruso (†) (damals Wien). Auch bin ich Raoul Schindler (Wien), Hilda S. Rollmann-Branch (Los Angeles) und Rudolf Ekstein (Los Angeles) verbunden, die kurze, intensive Perioden von Nachanalyse ermöglichten.

Anläßlich der deutschen Herausgabe meines Buches habe ich zwei Gründe, mich besonders zu freuen: erstens die erneute, ausgezeichnete Zusammenarbeit mit meiner früheren Assistentin, Elisabeth Schöndube, die die Texte aus dem Spanischen hervorragend übersetzt hat. Zum zweiten: Da ich die Möglichkeit hatte, an der Übersetzung mitzuwirken, ergab sich die Gelegenheit, einiges neu zu überdenken, bzw. mit ergänzenden Bemerkungen für den deutschsprachigen Leserkreis zu versehen, die möglicherweise zwar unzureichend, jedoch im Rahmen dieses kleinen Sammelbandes nicht anders möglich sind.

Meiner Frau und meinen Kindern, für die ich lebe und von denen ich meinen täglichen Daseinsimpuls erhalte, möchte ich meinen tiefsten Dank aussprechen. Es erübrigt sich zu sagen, daß sie es sind, die meinen Bestrebungen einen Sinn geben.

Guadalajara, Mexico, Januar 1985

Raúl Páramo-Ortega

Einleitung

Die Gedankengänge und Überlegungen der Essays gruppieren sich um Probleme, die dieses Buch wie ein roter Faden durchziehen: Revolution, Tod, Sexualität, Utopie – anders gesagt: das Unbehagen in der Kultur. Es war Sigmund Freuds Verdienst, auf die moderne Gesellschaft als krankmachenden Faktor hinzuweisen. Freuds Auffassung, daß das Kriterium geistiger Gesundheit nicht die Angepaßtheit an die Normen der bestehenden Gesellschaft sein kann, hat meine theoretische Perspektive wie auch meine praktische Tätigkeit stets maßgeblich geleitet. Ob man will oder nicht: Die psychoanalytischen Erkenntnisse sind revolutionäre Erkenntnisse. Wer sich diesem Kerngehalt verschließt, kann sich schwerlich der Psychoanalyse Freudscher Provenienz zurechnen. Heute tritt unter der Bezeichnung Psychoanalyse eine Vielfalt individualtherapeutischer Konzepte an Patienten und Öffentlichkeit, die sich nicht selten des revolutionären bzw. kultur- und sozialkritischen Impulses entledigt, von dem Freuds Entwurf der Psychoanalyse geprägt war. Aber vor allem ist die Psychoanalyse in vielen Ländern – ich nenne hier insbesondere Nordamerika – zur gesellschaftsstützenden Institution geworden, obwohl Freud, wie Caruso schreibt, „meinte, daß es das Kriterium einer korrekten Psychoanalyse bleiben würde, nie gesellschaftsfähig zu werden."[1]

Das Kapitel 1 „Überlegungen zu Freuds ‚Das Unbehagen in der Kultur'" bildet die Achse, um die alle anderen Aufsätze kreisen. Dieses Werk Freuds, das die Essenz seiner kulturkritischen Schriften[2] enthält, ist nicht nur ein Buch von historischem Wert, sondern ein Ausdruck unserer gegenwärtigen Welt, denn was Freud vor mehr als 50 Jahren zum Gegenstand seiner Überlegungen machte, ist immer noch aktuell: Die Thematisierung des ‚Unbehagens in der Kultur' spiegelt sich derzeit auch in der Diskussion des ‚Unbehagens in der Psychoanalyse'[3] wider. Die der Freudschen Theorie und Methode inhärenten gesellschaftskritischen Ansätze finden in Lateinamerika großes Echo, nicht zuletzt, weil die in der ‚Dritten Welt' bis an die Grenzen des Vorstellbaren reichenden, entsetzlichen Klassenunterschiede des Kapitalismus hier hautnah erlebbar sind. Die Klassenunterschiede und die daraus erwachsende kulturelle Dominanz des Kapitalisten - dies sei nur am Rande bemerkt - erweisen sich im übrigen auch als Struktur der ökonomischen Verhältnisse zwischen der ‚Ersten' und der ‚Dritten Welt'.

Im zweiten Kapitel versuche ich, eine falsche revolutionäre Gesinnung (vor allem in intellektuellen Kreisen) transparent zu machen. Die nähere Betrachtung des revolutionären Engagements verweist auf eine universelle Problematik: Eine gesellschaftskritische Haltung ist oft gespeist von der Suche nach dem Flair revolutinären Prestiges, das die tiefverwurzelten und nagenden Schuldgefühle verdecken und somit dem schuldgeplagten Revolutionär Entlastung gewähren soll. Freud hat den Kontext der Schuldgefühle bzw. des Schuldbewußtseins nicht zufällig als „das wichtigste Problem der Kulturentwicklung" bezeichnet, denn „der Preis für den Kulturfortschritt [wird] in der Glückseinbuße durch die Erhöhung des Schuldgefühls bezahlt."[4] Mit diesem Kapitel möchte ich vor allem einen Beitrag dazu

11

leisten, daß anstatt der üblichen Verleugnung der Schuldgefühle die Alternative eines wiedergutmachenden kreativen Schuldbewußtseins ins Blickfeld rückt.

Wer sich mit lateinamerikanischen Verhältnissen beschäftigt, begeht einen groben Fehler, wenn er die Macht des Vatikans – mit anderen Worten: des katholischen Imperialismus – in unserem Kontinent unterschätzt. Daher wendet sich das dritte Kapitel der Religionskritik zu. Niemand, der sich in Lateinamerika am Konzept emanzipatorischer Aufklärung orientiert, kann sich die anstrengende und äußerst mühsame Auseinandersetzung mit der katholischen Kirche ersparen. Mit dem Freudschen wie auch mit dem marxistischen Gedankengut kann sich diese Auseinandersetzung auf eine gute Tradition berufen. Welcher denkende Mensch könnte unberührt bleiben angesichts der tief verwurzelten Kulte des gehorsamen Leidens in Lateinamerika? Nicht einmal die sogenannte ‚Theologie der Befreiung‘ soll uns – trotz aller Sympathie – verblenden und uns zu dem Irrtum verführen, es mache keinen Unterschied, ob man, dem katholischen Glauben folgend, sich der Verheißung eines erlösenden Jenseits hingibt, oder ob man sich den diesseitigen Bedingungen zuwendet.

Dem Bestreben, psychoanalytische Grundsätze und Perspektiven einzuführen, stehen – in Mexico wie in Europa – zwei institutionalisierte Widerstände entgegen: Schulmedizin und Psychiatrie. Die Kapitel 7 und 8 setzen sich mit diesen Hindernissen auseinander.

Psychoanalyse ist Widerstandsanalyse. Tod und Sexualität sind die Bereiche, die in unserer Zivilisation mit den massivsten Widerständen konfrontiert sind. Kapitel 10 reflektiert die Position, die dem Tod in unserem Leben zukommt, aus einem Blickwinkel, der möglicherweise nicht nur orthodox klingt, sondern es auch ist: eine ernsthafte Auseinandersetzung mit der Freudschen Theorie des Todestriebes. Die Postulierung des Todestriebes wirkt als Affront. Viele sozialkritisch engagierte Psychoanalytiker, die sich Freud in allen anderen Bereichen verwandt fühlen, verweigern hier ihre Zustimmung. Dadurch aber, daß man das Problem einfach ausgrenzt, ist es meines Erachtens nicht beseitigt, sondern markiert eher die Spur der Widerstände. In diesem Punkt fühle ich mich insbesondere Igor A. Caruso verbunden, der die Theorie des Todestriebes kritisch würdigte und feststellte, daß Freud mit dieser These nicht nur die Vergeblichkeit betont, sondern daß es ihm „um eine grundlegende Umkehrung der Zeitperspektive [geht], und in der neuen Perspektive ... dem Nichts eine aktive, positive Wirksamkeit in der menschlichen Psyche zubilligt."[5]

Die vielfältigen Widerstände gegen die Sexualität – sie dürften in ihrer grundlegenden Erscheinung jedem Leser aus eigener Erfahrung bekannt sein – werden in Kapitel 6 auf die derzeit virulenten Gesellschaftsmechanismen hin reflektiert.

Die Problematik der Trennung von Mutter und Kind (Kap. 5) – ein klinisch häufig anzutreffendes Phänomen – wird hier aus verschiedenen Perspektiven beleuchtet. Für gewöhnlich werden die Folgen einer zu frühen Trennung von Mutter und Kind in den Praxen von Kinderärzten und Psychotherapeuten behandelt. Dieser Bereich ist jedoch nicht nur ein medizinisch-psychologisches Problem, sondern verweist auch auf schwerwiegende soziale Defizite. Die Verbindungslinie zwischen den Schicksalen der Kinder und dem Zustand der Mütterlichkeit deutet sich bei Schädigungen dieser Art an. Bemerkenswert ist hier, daß die verfrühte und inadäquate Trennung von Mutter und Kind in Lateinamerika mit Armut, in Europa mit Reichtum in Zusammenhang steht.

Spiel und Utopie (Kap. 9) stehen nicht außerhalb der modernen Gesellschaft. Das Spiel – angeblich hat es seinen Ort in der Kinderstube – entzieht sich profitabler Verwertbarkeit und ist daher ein wichtiger Indikator bei der Spurensicherung der institutionalisierten Lustfeindlichkeit. In Zeiten des Elends füllen Spiel und Utopien schmerzende Lücken. Ich habe versucht, das utopische Denken nicht als entweder unverzichtbares Moment auf dem Weg zur Veränderung unerträglicher sozialer Bedingungen oder als bloß fortschrittshemmende Illusion zu bewerten, sondern eine differenzierte Sichtung des utopischen Potentials vorzunehmen.

Die gesamte psychoanalytische Literatur hat ihre Wurzeln in den Schriften ihres Gründers Sigmund Freud. Seither ist nicht nur viel Zeit vergangen, sondern die Anzahl der Veröffentlichungen ist ins Unermeßliche gestiegen und die Rezeption Freudschen Gedankenguts von fast undurchdringlicher Diffusität und Vielfalt gekennzeichnet. Ein Blick in die Zeitungen schon zeigt, wie sehr Freuds Kritik gesellschaftlicher Macht und der herrschenden Sexualmoral immer noch vehemente Widerstände und Abwehrmanöver hervorruft: Zum Teil werden einige seiner Thesen (z. B. zur kindlichen Sexualität) empört zurückgewiesen, zum Teil werden einige Elemente seiner Theorie einfach ausgrenzend übergangen. Freuds Werk scheint das Schicksal zugedacht zu sein, entweder entrüstete Abweisung oder geflissentliche Nichtbeachtung zu ernten. Die Zeichen der Verdrängung des sozialen Sprengstoffs der Psychoanalyse lassen sich anhand des „Elends der psychoanalytischen Literatur" (Kap. 4) aufschlußreich entziffern.[6]

Dieses Phänomen äußert sich übrigens auch in den Übersetzungen der Schriften Freuds. Daher mußte ich mich folgerichtig auf die deutsche Ausgabe beziehen.[7]

Anmerkungen

[1] Caruso, I. A.: Soziale Aspekte der Psychoanalyse. Reinbek: Rowohlt 1972, S. 141.
[2] Es sei hier auf die anderen Schriften Freuds zur Kulturkritik hingewiesen: „Die Zukunft einer Illusion", „Totem und Tabu", „Der Mann Moses und die monotheistische Religion", „Die kulturelle Sexualmoral und die moderne Nervosität".
[3] Vgl. Kapitel 11 dieses Buches sowie die beiden von Hans-Martin Lohmann herausgegebenen Bände „Die Psychoanalyse auf der Couch" und „Das Unbehagen in der Psychoanalyse" (beide Frankfurt: Qumran 1984).
[4] Freud, S. (1930): Das Unbehagen in der Kultur. Gesammelte Werke (GW) 14. Frankfurt: Fischer, 4. Aufl., 1968, S. 494.
[5] Vgl. Caruso, I. A.: Die Trennung der Liebenden. Eine Phänomenologie des Todes. Bern: Huber 1968; ders.: Soziale Aspekte der Psychoanalyse, a. a. O.; Eissler, K.: Todestrieb, Ambivalenz, Narzißmus. München: Kindler 1980.
[6] In diesem Zusammenhang fühle ich mich den Ansätzen vieler Autoren – hier seien nur die aus dem deutschsprachigen Raum erwähnt – verbunden, wie z. B. meinem Lehrer Igor A. Caruso (†) und vielen anderen (alphabetisch geordnet): Alois M. Becker, Karola Brede,

13

Peter Brückner (†), Helmuth Dahmer, Rudolf Ekstein, Mario Erdheim, Klaus Horn, Peter Kutter, Alfred Lorenzer, Alexander Mitscherlich (†), Fritz Morgenthaler (†), Paul Parin, Horst E. Richter, Hans Strotzka, Eckart Wiesenhüter. Auch sowohl mit den klinischen und theoretischen Arbeiten von Hermann Argelander, S. O. Hoffmann, Wolfgang Loch, Helm Stierlin, wie auch mit den technischen Schriften von Johannes Cremerius, John Klauber, Helmuth Thomä. Spezifischer, mit Autoren aus dem Bereich der Internationalen Förderation der Arbeitskreise für Tiefenpsychologie, vor allem mit Raoul Schindler, wie auch mit Walter Baatz (†), Eduard Grünewald, Josef Shaked, Sepp Schindler, Rosa Tanco-Duque, Adalbert Wegeler (†), Lore Watzka. Und aus der jüngeren Generation mit Erwin Bartosch, Ewald Englert, Reinhard Larcher, Ernst Frank und Edith Riesner-Frank, Johannes Reichmaier, Eike und Angelika Rubner und Peter Stöger. Dies ist allerdings keine exhaustive Liste. Übrigens muß ich bemerken, daß von allen diesen Autoren *in Mexico fast keine spanischen Übersetzungen vorliegen,* mit Ausnahme von Mitscherlich, Lorenzer, Brückner, letztlich auch von Dahmer das eine oder andere Buch, während von Caruso immerhin fast sein ganzes Werk übersetzt wurde. Was die Rezeption Freuds in Lateinamerika anbelangt, so brauche ich hier nicht näher darauf einzugehen. In seinem Aufsatz „Psychoanalyse in Südamerika" behandelt F. Cesio dieses Thema eingehend, obwohl notwendigerweise nicht vollständig. (Eicke D. (Hg.): Die Psychologie des 20. Jahrhunderts. Bd. 2: Freud und die Folgen (1). München: Kindler 1976, 1265-1278). Kaum bekannt ist hingegen, daß José Carlos Mariátegui (1894 - 1930) Sigmund Freud schon im Jahr 1928 (!) große Aufmerksamkeit und Offenheit entgegenbrachte. José Carlos Mariátegui ist eine der luzidesten Erscheinungen des lateinamerikanischen Marxismus. Politisch und journalistisch tätig, wurde er von dem damaligen peruanischen Diktator Leguía als Belastung betrachtet und mußte nach Paris und Mailand ins Exil gehen. In Paris wurde er von Henry Barbusse beeinflußt (vlg. Héctor Milla: Acerca de la evolución intelectual de José Carlos Mariátegui. Ibero Americana (1982), No 16/17). Es war eines seiner Verdienste, marxistisches Gedankengut auf die konkrete soziale Situation Lateinamerikas kreativ und hellsichtig angewandt zu haben.

[7] Freud, S.: Gesammelte Werke, a. a. O. An dieser Stelle möchte ich auf eine Veröffentlichung der *Grupo de Estudios de Sigmund Freud A. C.* hinweisen: „Einige Beispiele von Fehlern und Mängeln der spanischen Übersetzung vom Werk Sigmund Freuds." Zusammenfassung in: Fragmente. Schriftenreihe der Psychoanalyse (1983), No. 9.

1. Überlegungen zu Freuds „Das Unbehagen in der Kultur"

„... ist es sehr wohl denkbar, daß auch das durch die Kultur erzeugte Schuldbewußtsein nicht als solches erkannt wird, zum großen Teil unbewußt bleibt oder als ein Unbehagen, eine Unzufriedenheit zum Vorschein kommt, für die man andere Motivierungen sucht."

Sigmund Freud[1]

Das zentrale Thema dieses Essays steht im Rahmen der erstaunlichen Aktualität eines Buches, das vor 55 Jahren geschrieben wurde: „Das Unbehagen in der Kultur". Trotz dieser Bedeutung zählt das psychoanalytische Establishment dieses Buch – ebenso wie „Die ,kulturelle' Sexualmoral und die moderne Nervosität", „Die Frage der Laienanalyse", „Die Zukunft einer Illusion", „Totem und Tabu" und „Der Mann Moses und die monotheistische Religion" – zu den unbequemsten Schriften, die aus Freuds Feder stammen. Es wurde tatsächlich beinahe auf eine ,schwarze Liste' gesetzt.

„Das Unbehagen in der Kultur" ist ein revolutionäres Buch nicht nur, weil es bereits bestehende kulturelle Institutionen anzweifelt, sondern vielmehr *die* Institution der Institutionen in Frage stellt: die Kultur selbst. Für eine idealistische Weltanschauung ist die Kultur eine unabänderliche Gegebenheit; Freud dachte anders darüber.

Trotz der ungeheuren Aktualität und Bedeutung jeder der in diesem Buch – einzeln oder im Zusammenhang mit anderen – behandelten Themen ist es bezeichnend, daß die Anzahl der Autoren, die sich ernstlich mit der Weiterführung der darin vertretenen Ideen auseinandergesetzt haben, sehr gering ist.[2] Herbert Marcuse beispielsweise übernimmt mit seinem Begriff von der ,erforderlichen' und ,zusätzlichen Repression' (und seinem ganzen Gedankengang in „Triebstruktur und Gesellschaft") einige Ansichten Freuds[3] ganz offensichtlich, wenn er schreibt: „... es liegt natürlich nahe anzunehmen, daß diese Schwierigkeiten [der menschlichen Beziehungen] nicht am Wesen der Kultur selbst haften, *sondern von den Unvollkommenheiten der Kulturformen bedingt werden, die bis jetzt entwickelt worden sind."* (Hervorhebung von R. P.-O.)

Auch die Untersuchungen Igor A. Carusos in seinem Buch „Die Trennung der Liebenden"[4] setzen sich ernsthaft mit dem Phänomen des Todestriebes („Eine Phänomenologie des Todes") auseinander und können somit als fortgesetzte Analyse der Wirkungsweise des Todesprinzips auf das Leben angesehen werden. Freud hat sich folgendermaßen darüber geäußert: „Aber ich verstehe nicht mehr, daß wir die Ubiquität der nicht erotischen Aggression und Destruktion übersehen und versäumen konnten, ihr die gebührende Stellung in der Deutung des Lebens einzuräumen".[5]

Es ist verständlich, warum „Das Unbehagen in der Kultur" sogar für Psychoanalytiker ein unbequemes Buch ist. Tatsächlich wirft es keine geringere Frage auf als die, ob die Analyse den Analysanden zur Anpassung an die herrschende Gesellschaftsstruktur führt, oder aber – durch Bewußtmachung – zu einer kritischeren, emanzipatorischen Einstellung in bezug auf die Werte der jeweils Herrschenden.

Im „Unbehagen in der Kultur" werden Themen aufgegriffen wie z. B.: größere sexuelle Freiheit, Trennung von Sexualität und Fortpflanzung, Familie, Monogamie, Emanzipation der Frau, die Krise der religiösen Werte, der Sinn des Lebens und nicht zuletzt die Frage, die zentral für dieses Buch Freuds und vielleicht auch für sein ganzes Werk ist: der Konflikt zwischen Individuum und Gesellschaft. Freud geht soweit, zu sagen: „Die Absicht, daß der Mensch ‚glücklich' sei, ist im Plan der ‚Schöpfung' nicht enthalten".[6] Wir sollten hier Freuds Weltanschauung nicht auf eine Depression angesichts seiner Krebserkrankung, die 1923 festgestellt wurde, zurückführen. Wenn wir eine kurze Archäologie der im „Unbehagen in der Kultur" entwickelten Gedankengänge machen, können wir feststellen ,daß der Keim solcher Behauptungen bereits sehr früh in seinem Werk enthalten ist. Wir können uns davon auf Grund mehrerer Passagen seiner Schriften überzeugen: so z. B. in seinem Brief über seine Gymnasialjahre an Julie Braun Vogelstein.[7] (Übrigens stammt sein Interesse an Kulturhistorikern wie Buckles und Lecky aus derselben Zeit). In diesem Brief spricht er unter anderem über seine freundschaftlichen Beziehungen zu dem Sozialpolitiker Heinrich Braun. Braun erweckte in ihm „eine Menge von revolutionären Regungen". Diese ersieht man auch aus dem Manuskript, das am 8. Februar 1893 an Fließ geschickt wurde und aus einem Brief an Fließ vom 31. Mai 1897. Er entwickelt seine Thesen zur Kulturkritik 1907 ebenfalls in „Zwangshandlungen und Religionsübungen" und gleichfalls in seinen Aufsätzen von 1908 „Die kulturelle Sexualmoral und die moderne Nervosität" oder in „Die zukünftigen Chancen der psychoanalytischen Therapie" von 1910.[8] Jedenfalls scheint mir wahrscheinlicher, daß bei Freuds ausgeprägtem Bewußtsein menschlicher Widersprüchlichkeit die Krebserkrankung im psychosomatischen Sinne eher die sekundäre Entwicklung ist als umgekehrt.

In Freuds Werk begegnen wir Andeutungen von kühnen Visionen, was die Notwendigkeit einer radikalen Veränderung der familiären Struktur anbetrifft. Man könnte meinen, Freud sei vielleicht durch Charles Fourier beeinflußt worden. Vom historischen Standpunkt aus gesehen ist dies jedoch fast ausgeschlossen. Das wissen wir heute, dank der Untersuchungen von Peter Brückner.[9] Am Rande bemerkt: Fouriers Kühnheit und Genialität wurde durch seine Naivität und Bizarrheit beeinträchtigt – ganz abgesehen davon, daß diese Eigenschaften ihn dazu verleiteten, die Augen unter anderem von der Realität des *homo oeconomicus* abzuwenden. Dessenungeachtet befürwortet kein geringerer als Friedrich Engels in einem Brief an Karl Marx vom 17. März 1845 die Übersetzung von Fouriers Schriften für die „Bibliothek der vorzüglichsten sozialistischen Schriftsteller", allerdings mit der Empfehlung – und ich möchte es hier unterstreichen – „natürlich den kosmogonischen Unsinn weglassend".[10]

Innerhalb der Struktur unserer krankmachenden Zivilisation mit ihren unüberbrückbaren Widersprüchen will man in den sogenannten Geisteskrankheiten einen
Sündenbock finden, um unsere Aufmerksamkeit von den krankheitsfördernden
Verhältnissen abzulenken. Ich spreche hier von der sogenannten ökonomischen
Infrastruktur. Man braucht die Geisteskrankheiten als Alibi und versucht sie als
‚schicksalsbedingt', fremd und fast unabhängig von menschlichen und gesellschaftlichen Bedingungen zu begreifen.[11] Die drei von Freud beschriebenen Quellen des
menschlichen Leidens sind jedoch, ihm zufolge „Die Übermacht der Natur, die
Hinfälligkeit unseres eigenen Körpers und die Unzulänglichkeit der Einrichtungen,
welche die Beziehungen der Menschen zueinander in Familie, Staat und Gesellschaft regeln".[12] Man versucht sich auf die ersten zwei Leidensquellen zu beschränken, indem man Medizin und Psychoanalyse – die fälschlicherweise als Zweig der
Medizin angesehen wird – zu Komplizen macht. Damit vermeidet man die
Konfrontation mit den komplexeren und tieferen Ursachen: „Die Unzulänglichkeit
der Einrichtungen, welche die menschlichen Beziehungen zueinander regeln".[13] Es
handelt sich hier eindeutig um die Verschiebung eines unbewältigten Konflikts im
Rahmen menschlicher Beziehungen auf Unglücksfaktoren wie „Schicksal" („Übermacht der Natur") oder „Geisteskrankheit" („Hinfälligkeit unseres eigenen Körpers"). Dadurch kann man fortfahren, die realen Ursprünge der schwierigen
menschlichen Beziehungen und – nicht zuletzt – der Problematik der Produktionsverhältnisse zu verdrängen. So wird sich schließlich die Psychoanalyse, wenn sie an
die Medizin gekettet bleibt, in einen Komplizen der Verdrängung der realen
Probleme des Menschen verkehren und in ihrer ideologiekritischen Funktion
stumpf werden. Nicht umsonst forderte Freud sein Leben lang, und insbesondere in
seinem Aufsatz „Die Frage der Laienanalyse"[14] die Psychoanalyse soll nicht „von
der Medizin verschluckt werden". Unsere kränkelnde Zivilisation hat die offizielle
Medizin schon bis zu einem gewissen Grad zum Komplizen gemacht, verzichtet
diese doch oftmals auf das Aufdecken der tieferen Ursachen menschlichen Krankseins. In diesem Sinne wird die Psychoanalyse für die herrschende Gesllschafts-
struktur keine Gefahr bedeuten, wenn sie sich auf Sprechzimmer, psychiatrische
Krankenhäuser und medizinische Zeitschriften beschränkt.

In bezug auf den Konflikt zwischen Individuum und Gesellschaft sagt uns Feud
wörtlich: „Dieser Konflikt [zwischen Eros und Todestrieb – R. P.-O.] wird
angefacht, sobald dem Menschen die Aufgabe des Zusammenlebens gestellt wird;
so lange diese Gemeinschaft nur die Form der Familie kennt, muß er sich im
Ödipuskomplex äußern, das Gewissen einsetzen, das erste Schuldgefühl
schaffen".[15]

Wenn das Schuldgefühl unter anderem eine Introjektion der äußersten Aggression darstellt, die die Gesellschaft durch die Familienstruktur in uns hervorruft,
steht zu erwarten, daß eine Veränderung der Familienstruktur eine Verminderung
des Schuldgefühls zur Folge hat. Der Pessimismus Freuds kommt (glücklicherweise
weit entfernt vom phantasierenden Optimismus Fouriers) in seiner Äußerung über
die Veränderung der Familienstruktur deutlich zum Ausdruck. Freud sagt uns, daß

sogar im Falle „völliger Befreiung des Sexuallebens", die „also die Familie, die Keimzelle der Kultur", beseitigen würde, sich nicht vorhersagen lasse, „welche neuen Wege die Kulturentwicklung einschlagen kann, aber eines darf man erwarten, daß der unzerstörbare Zug [die Aggressivität – R. P.-O.] der menschlichen Natur ihr auch dorthin folgen wird".[16]

Am Ende seines Aufsatzes äußert Freud die Hoffnung, daß der Konflikt zwischen Individuum und Gesellschaft keine notwendige Erscheinung des noch unüberbrückbaren Konflikts zwischen den Grundtrieben, „Eros und Thanatos", sei.[17]

Die Wurzel unseres Unbehagens kann nichts anderes sein, als unser Schuldgefühl. Außer diesem Schuldgefühl, das Freud sehr gut beschrieben hat, handelt es sich meiner Meinung nach noch um Schuldgefühle, die sich angesichts von Grausamkeit, extremer Armut, Hunger und Unterdrückung einstellen, Phänomene, die auf mehr als die Hälfte der Weltbevölkerung zutreffen.[18] Suchen wir also nicht ausschließlich anderswo die Wurzel unseres Unbehagens. Freud hat es ganz klar formuliert: „... es ist sehr wohl denkbar, daß auch das durch die Kultur erzeugte Schuldbewußtsein nicht als solches erkannt wird, zum großen Teil unbewußt bleibt oder als ein Unbehagen, eine Unzufriedenheit zum Vorschein kommt, für die man andere Motivierungen sucht".[19]

Die ständige Konfrontation mit dem Unglück anderer läßt die latente, „Es-hafte" Bereitschaft zur Aggressivität immer wieder von neuem aufleben. Außerdem gibt es im Unbewußten keine klaren Grenzen zwischen unserem Handeln, unseren Gefühlen und gar unseren Wünschen. Diesbezüglich eine weitere Bemerkung Freuds: „... das Gewissen sei im Anfang entstanden durch die Unterdrückung einer Aggression und verstärke sich im weiteren Verlauf durch neue solche Unterdrückung".[20] Sogar unsere wissenschaftliche Arbeit ist nicht von Schuldgefühlen frei. Sie enthält zweifelsohne in sich die Sehnsucht nach der Tat und versucht gleichzeitig, einen Ausweg aus – so Igor A. Caruso – „der unbequemen Lage, sinnlos zur Sinngebung verurteilt zu werden"[21] zu finden.

Unser Unbehagen, ein unvermeidliches Ergebnis unserer Schuldgefühle, ist so unabwendbar wie die Schuldgefühle selbst – absurder Preis für unsere kulturelle Entwicklung. Zitieren wir wieder Freud: „... die verhängnisvolle Unvermeidlichkeit des Schuldgefühls ..., denn das Schuldgefühl ist der Ausdruck des Ambivalenzkonflikts, des ewigen Kampfes zwischen dem Eros und dem Destruktions- oder Todestrieb".[22]

Freud, meine ich, ist in seinem Werk der Gefahr mit Erfolg entgangen, die psychosozialen und aus der Außenwelt entstandenen Konflikte auf die exklusive Betrachtung individualpsychologischer Probleme zu reduzieren. Die dialektische Betrachtungsweise Freuds betont ständig die Unzulässigkeit der „Trennung zwischen intrapsychischen und interpsychischen Konflikten" wie Thea Bauriedl kürzlich schrieb.[23] Diese wechselseitige Durchdringung gilt es nicht aus den Augen zu verlieren.

Igor A. Caruso hat dazu folgendes formuliert: „Es ist bedauerlich zu sagen, aber unser Beruf ist nun einmal kein bequemer, vielleicht, weil wir gerade mit dem mikrosozialen Modell operieren, d. h. mit der Widerspiegelung jener großen Gesellschaft, in der wir leben und die zweifellos zwar die Befreiung des Menschen anstrebt, zu derselben aber immer wieder durch unmenschliche Entfremdung schreitet".[24] Stehen wir hier einem kulturellen oder einem grundlegend menschlichen Schicksal gegenüber? Machen wir uns nichts vor. Wir können diese Frage nicht beantworten. Wir können leider nur wiederholt „die Unzulänglichkeit der Einrichtungen, welche die menschlichen Beziehungen zueinander regeln", feststellen, doch scheint mir dies unglücklicherweise 1985 weitaus aktueller zu sein als es noch 1929 war.

Anmerkungen

[1] Freud, S. (1930): Das Unbehagen in der Kultur. Gesammelte Werke (GW) 14, Frankfurt: Fischer, 4. Aufl., 1968, S. 495.

[2] Als Autoren, die sich ausdrücklich um die Verbreitung und Weiterentwicklung der Freudschen Kulturkritik bemüht haben, seien genannt: H. Marcuse, I. A. Caruso, P. Ricoeur, L. Rositzchner, P. Roazen, H. Nolte, H. Lincke, B. W. Reimann, L. Trilling, A. Mitscherlich, H. E. Richter, K. Eissler, H. Dahmer, K. Horn.

[3] Freud, S. (1930): Das Unbehagen in der Kultur. GW 14, a. a. O., S. 495.

[4] Caruso, I. A.: Die Trennung der Liebenden. Eine Phänomenologie des Todes. Bern: Huber 1968.

[5] Freud, S. (1930): Das Unbehagen in der Kultur. GW 14, a. a. O., S. 479.

[6] Freud, S. (1930): ebda., S. 434.

[7] Freud, S.: Briefe 1873-1939. Frankfurt: Fischer 1960, S. 375.

[8] Freud, S. (1907): Zwangshandlungen und Religionsübungen. GW 7, a. a. O.; Freud, S. (1908): Die kulturelle Sexualmoral und die moderne Nervosität. GW 9, a. a. O.; Freud, S. (1910): Die zukünftigen Chancen der psychoanalytischen Therapie. Gesammelte Werke: Ergänzungsband.

[9] Brückner, P.: Sigmund Freuds Privatlektüre. Psyche 16 (1962), S. 12.

[10] Engels, F.: Marx-Engels-Werke (MEW) 27, Berlin, DDR: Dietz 1971, S..24.

[11] Eine Ausnahme dieses Tatbestandes ist die sogenannte Anti-Psychiatrie, die unserer Meinung nach als eine legitime Tochter der Psychoanalyse zu betrachten ist. Genau gesehen, war Freud der erste Anti-Psychiater (vgl. Kap. 7 dieses Buches). Auch möchte ich hier auf die Gedankengänge von Paul Parin und Goldy Parin-Matthey in „Medikozentrismus in der Psychoanalyse" (In: Hoffmann, S. O. (Hg.): Deutung und Beziehung. Frankfurt: Fischer 1983) hinweisen.

[12] Freud, S. (1930): Das Unbehagen in der Kultur. GW 14, a. a. O., S. 444.

[13] Freud, S. (1930): ebda.

[14] Freud, S. (1926): Die Frage der Laienanalyse. GW 14, S. 283. Auf diese Gefahr weist Freud auch in seinem Brief an Pfister vom 25. November 1928 hin: „...die Analyse gegenüber den Ärzten schützen." (Freud, S. & Pfister, O.: Freud-Pfister-Briefe 1909-1939. Frankfurt: Fischer 1963.

[15] Freud, S. (1930): Das Unbehagen in der Kultur. GW 14, a. a. O., S. 492.

[16] Freud, S. (1930): ebda., S. 473.

[17] Freud, S. (1930): ebda., S. 501.

[18] In Kap. 2 dieses Buches habe ich diesen Themenkompolex ausführlich behandelt.

[19] Freud, S. (1930): Das Unbehagen in der Kultur. GW 14, a. a. O., S. 495.

[20] Freud, S. (1930): ebda., S. 489.

[21] Caruso, I. A.: Soziale Aspekte der Psychoanalyse. Reinbek: Rowohlt 1972, S. 161.

[22] Freud, S. (1930): Das Unbehagen in der Kultur. GW 14, a. a. O., S. 492.

[23] Bauriedl, T.: Geht das revolutionäre Potential der Psychoanalyse verloren? Psyche 38 (1984), S. 495.

[24] Caruso, I. A.: Zur Doppelsinnigkeit der Gegenübertragung. In: Graber, G. H. (Hg.): Probleme moderner Psychotherapie. Düsseldorf, Bern: Ardschuna 1966, S. 29; R. Ekstein (1984, persönliche Mitteilung) spricht von einem vierten „unmöglichen Beruf", der darin besteht, trotz allem weiter wissenschaftliche Arbeit zu betreiben.

2. Schuldgefühl und die Suche nach revolutionärem Prestige

„Und ich, Vera Figner, gehörte zu dieser privilegierten Gruppe; wie sie war ich verantwortlich für das Elend der großen Mehrzahl (...). Deswegen war es die Rolle der Intellektuellen, ihre Kenntnisse an das Volk weiterzugeben, es zu organisieren und ihm zu helfen, sich für den Aufstand zusammenzuschließen."

Vera Figner[1]

„Andererseits – dieser schlecht verdeckte und verheimlichte Ehrgeiz der vielen, für die die Revolution eine Laufbahn, eine gesellschaftliche Stellung war und die sich in die Emigration stürzten, weil sie daheim diese Stellung nicht erlangt haben."

Alexander Herzen[2]

Einführung

Dieser Aufsatz geht von der Grundlage aus, daß die Produktion von Wissen (bzw. seine wissenschaftliche Erarbeitung) nicht nur einer Psychogenese unterliegt (siehe Jean Piagets genetische Epistemologie und natürlich vor allem Freuds Werk), sondern daß sie sich auch in einem sozialen Zusammenhang entwickelt. Anders ausgedrückt: Unsere Kenntnis beinhaltet auch eine soziale Genese, die von unserer Klassenzugehörigkeit, Zunft usw. abhängig ist, d. h. unserer Antwort auf die Tatsache, daß wir in ein soziales Netz eingebettet sind.

Im Einverständnis mit Lucien Goldmann[3] unterscheide ich zwischen dem individuellen Subjekt und dem transindividuellen Kollektivsubjekt (ohne daß dies irgend etwas mit der Jungschen Mystik zu tun hat). In beiden Fällen haben wir keine Wahl, wir reagieren auf unsere soziale Umwelt. Es ist meine Hypothese, daß unsere Reaktionen von meist unbewußten Schuldgefühlen durchdrungen sind, die durch unseren Mangel an Verantwortungsgefühl, unser relatives wirtschaftliches Wohlergehen und durch unsere Unfähigkeit, Veränderungen zu bewirken, verursacht werden. Weiter unten werde ich die von Freud vorgeschlagene Alternative aufnehmen: statt unbewußtem Schuldgefühl ein Schuldbewußtsein, das zu wiedergutmachender Kreativität führt.

Es ist nicht zufällig, daß viel Autoren sowohl in Freuds[4] als auch in Marx' Denken einen grundsätzlich ethischen Ansporn[5] gesehen haben. Nebenbei möchte ich auf die Wichtigkeit einer soziologischen und psychoanalytischen Kritik unserer eigenen intellektuellen Praxis hinweisen.[6]

Der vorliegende Aufsatz beinhaltet dieses Vorhaben, wenn auch nur ansatzweise und umschreibend. Zudem ist es unerläßlich, die von Stavros Mentzos[7] gelegte Spur zu Freuds Werk[8] derart weiter zu verfolgen, daß die Mechanismen psychosozialer Verteidigung, die durch ihre Einbettung in das herrschende soziale System verborgen sind, dechiffriert werden können.

Auch ist es unumgänglich, die Forschungen über „die sozialen Ursachen des psychischen Leidens zu fördern. Hier zeigt unsere bürgerliche Ideologie größte Undurchsichtigkeit".[9] Einer dieser Gründe liegt in unserer politischen Ohnmacht, in unserer Unfähigkeit, den alltäglichen Schrecken zu mildern. Wir müssen im individuellen, psychischen Leid die Zeichen der politischen und sozialen Ordnung lesen, die es widerspiegelt.[10]

Unsere Sensibilität vor diesem „täglichen Grauen" – wie Reinhard Lettau es so treffend ausdrückt – ist nicht leicht zu betäuben. Unsere einzige Möglichkeit besteht darin , sie anders zu handhaben. Viel häufiger jedoch taucht sie später als Schuldgefühl auf, weil wir versuchen sie zu unterdrücken. Wenn ich von „täglichem Grauen" spreche, beziehe ich mich u. a. auf Nachrichten, die wir jeden Tag in irgendeiner Zeitung lesen können:

● Ein zivilgekleideter Polizist tötet einen Studenten während des Protestes gegen die Anhebung der Preise für Grundbedarfsgüter.

● Trotz der Anwesenheit von 5000 Menschen werden von der Polizei zwei Personen aus der Menge heraus gefangen genommen.

● Täglich kommen 218 000 Kinder zur Welt.

● 450 Millionen Menschen leiden Hunger.

● Millionen von Kindern sterben, weil sie nicht geimpft werden.

Ein tieferes Bewußtsein bedeutet eine feinere Sensibilität, diese wiederum bringt eine größere Vulnerabilität mit sich und damit ein stärkeres Schuldgefühl. Wie wir damit umgehen, wird entscheidende Folgen für unser Leben haben.

Schuldgefühl und Schuldbewußtsein

Wir verstehen unter Schuldgefühl jenes Gefühl, das seine Genese im Zwiespalt zwischen Über-Ich und Ich hat oder auch zwischen Ideal-Ich und Ich. In diesem Kapitel wird vor allem der Zwiespalt zwischen Über-Ich und Ich hervorgehoben. Nach Freuds zweitem topischen Gesichtspunkt stellt das Über-Ich den intrapschychischen Vertreter der Normen dar, die die Beziehungen des Individuums zur Gesellschaft regeln.[11] Das Über-Ich vermerkt jeden Verstoß gegen diese Regeln, während das Ideal-Ich das Individuum zu noch nicht erreichten Zielen drängt. Freud situierte das Ideal-Ich im Über-Ich.[12] Es ist gerechtfertigt, das Schuldgefühl als Angst vor den Drohungen des Über-Ich zu interpretieren (als Introjekt bedrohlicher Objekte). Die Diskrepanz zwischen diesen Strukturen gefährdet die Regulierung des Selbstwertgefühls.[13] Dieses verletzte Selbstwertgefühl sucht eine Entschädigung, eine Restaurierung, indem es sich hohen und prestigehaltigen revolutionären Idealen anschließt. Es wäre ein großer Gewinn, wenn auf dem Wege, die revolutionären Ziele zu erreichen, Unreinheiten dieser Art (Konflikte, Schuldgefühle) ausgeschaltet würden. Wir dürfen nicht vergessen, daß das Über-Ich Streiche spielt, daß es außerhalb der Kontrolle des Bewußtseins wirkt, d. h. es arbeitet eben im Unbewußten. Es ist nicht zufällig, daß Freud, wenn er vom Schuldgefühl spricht, meist das Adjektiv „unbewußt" hinzufügt.

Meiner Meinung nach geht die Schuldgefühlsproblematik jedoch über den Konflikt zwischen Über-Ich/Ich und Ideal-Ich/Ich hinaus. Sie berührt auch noch andere Dimensionen: die narzißtischen. Diese Behauptung hat eine feste Grundlage. Es wurde nämlich bereits darauf hingewiesen, daß die Regulierung des Selbstwertgefühls gerade durch die Forderung des Über-Ich und des Ideal-Ich gestört werden kann. Ein erschütterndes Beispiel hierfür ist die zunehmende Zahl japanischer Kinder, die Selbstmord begehen, weil sie die hohen Schulforderungen nicht erfüllen können. In diesem Falle fordert das Leistungsprinzip (H. Marcuse) seine unschuldigsten Opfer.[14] Letzten Endes spielen die narzißtischen Wunden eine sehr wichtige Rolle in jeder Selbstmorddynamik.[15]

Ich möchte hier zeigen, daß es die narzißtische Verletzung ist, die die Ohnmacht produziert – die Ohnmacht, unsere Umwelt zu verändern, die zunehmend chaotisch ungerecht und aggressiv ist. Diese Machtlosigkeit soll jedoch nicht zu Nihilismus oder reaktionärer Passivität führen, sondern Anlaß sein für eine rigorose Bewußtwerdung unserer Grenzen, damit wir nicht in manische Verneinungen der Realität verfallen.

Wenn wir sehen, was um uns herum geschieht, reaktiviert dieses unerbittliche Bewußtsein unserer Ohnmacht allein schon ein unerträgliches Schuldgefühl. Inmitten von Elend haben wir die Möglichkeit uns gut zu ernähren und den Überschuß an Energie anzuhäufen, der es erlaubt, daß wir uns intellektuellen Arbeiten zuwenden.[16] Vielleicht sollte kein Psychoanalytiker versuchen, dieses Schuldgefühl zu ‚heilen', sondern es in eine andere Richtung leiten, die Fähigkeit stärken, es politisch einsichtsvoll zu ‚ertragen'. Es darf sich jedoch nicht hinter rationalisierenden Alibis verstecken, in aufgeblasener, arroganter Geltungssucht nach revolutionärem Ansehen (ich sage ausdrücklich revolutionäres *Ansehen*, nicht Revolution) streben, das den Konflikt unseres Gewissens einschläfert. Dieser Konflikt darf nicht besänftigt werden. Er ist Bedingung für jede revolutionäre Praxis.

Eine falsche Handhabung des Schuldgefühls, die Schwierigkeit, es vor Augen zu haben, stört die Entwicklung des Gemeinschaftsbewußtseins und verhindert jegliches Solidaritätsgefühl. Wenn ich meine Mitschuld nicht akzeptiere, dann sind es immer die anderen, die schuldig sind. Die anderen existieren nur als mögliche Leinwand, auf die ich meine eigenen Schuldgefühle projizieren kann.

Freud entwickelt in „Totem und Tabu" die Hypothese, daß die ersten moralischen Normen der primitiven Gesellschaft eine Reaktion auf den bereits begangenen Mord am Urvater darstellen. Wenige Zeilen davor führt Freud an, wie von Generation zu Generation unbewußt Elemente weitergegeben werden, die auch von der stärksten Repression nicht aufgehoben werden können: „Dann dürfen wir aber annehmen, daß keine Generation imstande ist, bedeutsamere seelische Vorgänge vor der nächsten zu verbergen. ... Die Gesellschaft ruht jetzt auf der Mitschuld an den gemeinsam verübten Verbrechen, ... die Sittlichkeit teils auf den Notwendigkeiten dieser Gesellschaft, zum anderen Teil auf den vom Schuldbewußtsein geforderten Bußen" und „die sozialen Brudergefühle, auf denen die große Umwälzung ruht, bewahren von nun an über lange Zeiten den tiefstgehenden Einfluß auf die Entwicklung der Gesellschaft".[17] Hier benutzt Freud den Ausdruck „Brudergefühle" anstatt Solidarität, welcher neu ist.[18] In „Das Unbehagen in der Kultur" führt Freud uns folgendes vor Augen: „Das Schuldgefühl sollte einmal die Folge unterlassener Aggressionen sein, aber ein andermal und gerade bei seinem historischen Anfang, der Vatertötung, die Folge einer ausgeführten Aggression"[19]; und „nun konnte sowohl eine wirklich ausgeführte Gewalttat Schuldgefühl erzeugen – wie alle Welt weiß – als auch eine bloß beabsichtigte – wie die Psychoanalyse erkannt hat."[20]

Diese Darstellung läßt keinen Zweifel daran, daß das Schuldgefühl nichts mit der Welt der bewußten Absichten zu tun hat; sein Ursprung liegt im magischen Denken, in dem die internen Regungen der äußeren Realität, die Wünsche mit der Tat verwechselt werden.[21]

Der Ursprung des Schuldgefühls hat eine präödipale Basis. Dieser werden später andere Schuldgefühle ödipalen Ursprungs hinzugefügt.[22] Freud weist darauf hin, daß die Schuldgefühle, da sie in der Phantasie wurzeln, keinen Beweis für ein tatsächlich begangenes Verbrechen benötigen.[23] Als Beleg hierfür kann uns die klinische Erfahrung Alperts[24] mit vier Jungen im Alter von vier bis sechs Jahren nach der Ermordung des US-Präsidenten Kennedy dienen. Die vier Buben reagierten auf die Ermordung, als ob sie daran beteiligt gewesen wären. Unbewußte aggressive Wünsche gegen ihre eigenen Väter bewirkten, daß sie sich als Mitschuldige fühlten. Moses bemerkt hierzu: „Solche [in der Phantasie, in Gedanken oder Worten begangene] Taten erwecken Schuldgefühle, die leicht dazu neigen, sich an äußere Ereignisse anzuheften."[25] Hier ist wahrscheinlich die Erklärung dafür zu suchen, daß sich Schuldgefühle paradoxerweise, obwohl sie schwer faßbar sind, dennoch stark auswirken.

Mit Recht kann man fordern, daß in vielen Fällen dort, wo Schuld*gefühle* herrschen, Schuld*bewußtsein* walten sollte, oder – für den, der den ersten Stein wirft – das reine Gewissen des vermeintlich gerechten Hiob. Das falsche Bewußtsein (mystifiziert und daher mystifizierend) ist eine der Gestalten des Schuldgefühls. Offensichtlich handelt es sich nicht um Schuldbewußtsein. In derselben Weise wie versucht werden sollte, das hysterische Elend in gewöhnliches, alltägliches Unglück zu verwandeln, sollten Schuldgefühle in Schuldbewußtsein umgestaltet werden. In diesem Sinne sind wir Psychoanalytiker Sadisten – wie Emile M. Cioran uns beschuldigt – wenn wir das neurotische Leiden in bewußtes, würdiges Leid umwandeln wollen, das nicht die Augen vor sich selbst verschließt. Wenn die Psychoanalyse in diesem Sinne als bewußtseinsfördernde Therapie versagt und der

Analysand nicht das Glück einer Therapie der Liebe hat, hätte sie nur die Therapie der Ironie zu bieten ... oder die der Tränen. Nicht umsonst gibt es in jedem analytischen Prozeß eine Menge Tränen ... und auch eine gute Dosis Ironie.

Individualismus: die „Ethik" des Individualismus

Als letzter narzißtischer Schutz vor den Schuldgefühlen, die uns überfluten, scheint eine gewisse rationalisierende Mystik Mode geworden zu sein, nach der letzten Endes nur *ich* wichtig bin, nur meinen eigenen, exklusiven Interessen. Diese narzißtische Regression geht natürlich Hand in Hand mit dem Abzug der Libido von den anderen, um sie auf den Zweck eigenen Überlebens zu konzentrieren. Der Grad der Regression resultiert aus dem Grad der durch die Schuldgefühle bedingten Bedrohung. Aus sozialpsychologischer Sicht gibt die Tatsache sehr zu denken, daß die soziale Struktur keinen anderen Ausweg anbietet, als diese verzweifelte Regression, die dann durch Rationalisierung danach strebt, sich in eine tief reaktionäre, normierende Ethik zu verwandeln, die sich als ‚Humanismus' ausgibt.

Die klassische Form, dem Schuldgefühl auszuweichen, ist die Einreihung in die Masse: „Das Aufgehen seines Ichs in der Gruppe befähigt ihn, seine tatsächlich infantile *Machtlosigkeit* gegenüber der Realität zu überwinden ... und ermöglicht es ihm, mit Hilfe einer Massenpsychose zur Realität zurückzukehren, vor der der einzelne Psychotiker fliehen muß".[26] Auf diese Weise gibt es keine persönliche Verantwortung mehr; die Masse oder die Gruppe trägt sie. Auf der anderen Seite ersparen wir uns das Schuldgefühl, wenn wir andere anstatt uns selber anklagen können. Die Anklage wirkt als Schutzmechanismus vor dem Wissen um unsere eigene Schuld. Dies ist der Abwehrmechanismus, der als ‚Projektion nach außen' bekannt ist. Gerade die Paranoia verwandelt den Konflikt zwischen Ich und Über-Ich in einen Konflikt zwischen dem Ich und einem externen, phantasierten oder sogar halluzinierten Objekt.

Das Schuldgefühl tritt sehr deutlich bei den sich selber als revolutionär bezeich-nenden Künstlern hervor. Wenn wir davon ausgehen, daß die künstlerische Tätigkeit gerade darauf beruht, harte Realität durch geschmeidige Phantasie zu ersetzen, dann ruft dies in der Sensibilität des Künstlers das Mißverhältnis hervor zwischen der Realität, die er zu seinem eigenen Trost (und dem vieler anderer) umwandeln kann und der harten sozialen Wirklichkeit, die er zu verwandeln wünscht. Das Mißverhältnis zwischen dem, was er zu modifizieren anstrebt (die soziale Realität) und den morschen Instrumenten und Methoden, die er anwendet, gebiert das Schuldgefühl. Gerade unter den Künstlern kann man am häufigsten ein ausgesprochenes Interesse an revolutionärem Prestige beobachten. Dies ist natür-lich möglicherweise nicht nur für den Künstler zutreffend, sondern auch für die Intelligenzija. Obwohl Kunst und intellektuelle Arbeit notwendig sind, versenken sie uns dennoch in eine „milde Narkose", wie Freud bemerkte.[27]

Wir sind weder Handwerker noch gehören wir zum Proletariat, und diese Tatsache verursacht Schuldgefühle. Wir gehören – auf die eine oder andere Weise, mehr oder weniger – zur Bourgeoisie. Und dies verursacht uns Konflikte. Aber nicht nur auf der individuellen Ebene, sondern auch auf nationalem Niveau existieren Schuldgefühle. Die Zugehörigkeit zur ‚Ersten Welt‘ (d. h. zur industrialisierten, reichen Welt) erzeugt auf ähnlich Weise Schuldgefühle der ‚Dritten Welt‘ gegenüber, weil die ‚Dritte Welt‘ in bezug auf die ‚Erste Welt‘ als ‚Proletariat‘ betrachtet werden kann.

Wir Intellektuellen leiden unter den „Widersprüchen einer angeblich aufgeklärten Klasse“.[28] Einer dieser Widersprüche beruht eben gerade darauf, daß wir über genug freie Zeit verfügen, um Kongresse zu organisieren, Vorträge zu halten, Aufsätze und Bücher zu schreiben. „Die marxistische akademische Forschung ist frei von Risiken, da sie auf die Welt der Ideen beschränkt ist“.[29] Auf dieser Grundlage finden wir Menschen des Abendlandes – und selbst gegen unsere aufgeklärteste, atheistische Stellungnahme in unheilbar und unvermeidlich christlicher Manier – keine Ruhe, außer in irgendeiner Form von Strafe, selbst wenn es sich bei dieser nur um das vom ‚revolutionären Kampf‘ geforderte Opfer handelt. Wenn wir nicht unter irgend etwas leiden, können wir nicht jener Gruppe der ‚über jeden Zweifel erhabenen Unschuldigen‘ beitreten.

Kurze Beschreibung der bürgerlichen Mentalität

Bürgerliche Mentalität ist jene „Widerspiegelung im Geiste“ derer, die gefangen in ihrer Stellung als Besitzer der Produktionsmittel, die lebenswichtige Erfahrung der Arbeit als Selbstverwirklichung nicht kennen. Ihr wesentliches Erleben – das sie später zu rechtfertigen suchen – ist dadurch gekennzeichnet, daß sie sich nicht um ihr tägliches Brot kümmern müssen, sei es, weil sie von Haus aus Geld geerbt haben, sei es, daß sie es durch die Arbeit anderer oder durch Renten, Zinsen usw. erhalten . Für sie ist Reichtum ohne jegliche Anstrengung selbstverständlicher Gefährte. Sie glauben ganz einfach, als Herren geboren zu sein und können sich dieser Überzeugung nicht entledigen. Der Kern ihrer Lebensanschauung besteht darin, daß die Welt als Geschenk und zu ihrem Vergnügen existiert. Ich beziehe mich hier auf das, was Marx und Engels im Manifest der Kommunistischen Partei (1848) postulieren, nämlich daß die Revolution auch eine Verwandlung der Persönlichkeit erfordert und nach sich zieht: „Es handelt sich ... um die Aufhebung der Bourgeois-Persönlichkeit“.[30]

Der Psychoanalytiker Bela Grunberger beschreibt einen Narzißmus oder – wie er sich selber verbessert, den Narzißmus an sich – so: der Narzißt sei jemand, der sein Leben als etwas unmittelbar gegebenes betrachtet und die bedingungslose Verwirklichung seiner Wünsche für selbstverständlich hält. Begriffe wie Anstrengung, Rechtfertigung oder Verdienst haben für ihn keinerlei Sinn“.[31] Der wissenschaftliche Sozialismus fordert: „Jeder nach seinen Fähigkeiten, jedem nach seinen

Bedürfnissen".[32] Das stellt natürlich eine ernste Bedrohung für die Bourgeois dar. Sein Bewußtsein als Widerspiegelung seines gesellschaftlichen Seins, ist das der selbstverständlichen Privilegien und er versteht nicht, daß seine Welt keine Daseinsberechtigung hat. Wer nicht über die gleichen Besitztümer verfügt wie er, ist aus einem anderen Stoff geschaffen, gehört einer anderen Gattung an. So sieht er die Klassenunterschiede; er benutzt sogar Rassenargumente. Der Überfluß an materiellen Mitteln ersetzt die in sich ruhende, persönliche Sicherheit. Die akute Angst zu verarmen verwandelt sich in seine vertrauteste Gefährtin ... manchmal die einzige. Gewöhnt an das Geld als „allgemeines Maß der Werte"[33] und „als radikaler Leveller aller Unterschiede"[34] meint er irrigerweise, alles sei käuflich. Erinnern wir uns daran, daß für Marx das Geld die Verkörperung aller Entfremdung und „das Kapital ... die Gewalt über fremde Arbeit" ist.[35] Der Bourgeois ist davon überzeugt, mit Geld alles erreichen zu können und erträgt die Frustration nicht, wenn er sich in Lebenssituationen befindet, in denen Geld keine Rolle spielt. Er kennt keine anderen Werte als die von wirtschaftlichen Interessen diktierten.

In bezug auf den Unterschied, den Paul Mattick[36] zwischen „objektiver" und „subjektiver" Bourgeoisie macht, bestätigt der Autor, daß es sich um einen schwer zu überwindenden Widerspruch handelt: manchmal beobachten wir in Diskussionen nutzlose Anstrengungen von ‚objektiven' Bourgeois, wenn sie versuchen, sich ihrer unmißverständlichen Bedingungen zu entledigen. Engels schrieb am 20. Januar 1845 an Marx einen Brief, der hier von großem Interesse ist. Er stellt sich hier bewußt seiner inneren Zerrissenheit, indem er schreibt: „... die Zeitverschwendung ist zu scheußlich und besonders ist es zu scheußlich, nicht nur Bourgeois, sondern sogar Fabrikant, aktiv gegen das Proletariat auftretender Bourgeois zu bleiben. Ein paar Tage auf der Fabrik meines Alten haben mich dazu gebracht, diese Scheußlichkeit, die ich etwas übersehen hatte, mir wieder vor die Augen zu stellen". Ein Jahr vorher, sich auf sein Buch „Über die Lage der englischen Proletarier" beziehend, klagt er die Bourgeoisie heftig an: „Ich werde den Engländern ein schönes Sündenregister zusammenstellen; ich klage die englische Bourgeoisie vor aller Welt des Mordes, Raubes und aller übrigen Verbrechen in Masse an".[37]

Wer sich später in die Borgeoisie einfügt, wird von dieser und von den objektiven Bourgeois als Nachahmer und Parvenü bezeichnet. Was in der marxistischen Literatur, vor allem vom ‚frühen' Marx als „falsches Bewußtsein" beschrieben wird, entwickelt sich in der psychoanalytischen Literatur als „Schuldgefühl".[38]

Unter vielen Marxisten ist es heute üblich, in ihrem Lebenslauf anzugeben, daß sie als Handwerker tätig waren. Dies ist der Fall bei Rudolf Bahro und Paul Mattick, obwohl dahingestellt bleibt, wieweit sie selber darauf hingewiesen haben.

Die Verherrlichung des Proletariats scheint eine Laienversion der christlichen „Seligpreisung der Armen" zu sein.

Sozialistisches Solidaritätsgefühl und bürgerlicher Individualismus

Damit der Kapitalismus besser funktionieren kann, versucht er, jedes Solidaritätsgefühl den anderen gegenüber zu zerstören. Im kapitalistischen Wirtschaftssystem[39] ist der andere nur ein auswechselbares Element, bei dem durch die universelle Vermittlung des Geldes „alle qualitativen Unterschiede ... ausgelöscht sind".[40] Das Mitgefühl ist ein Hindernis. Es verhindert die Anhäufung des Kapitals. Mitleid ist hier keine Tugend, sondern eine Belastung, die der kühlen Überlegung im Wege steht. Mit Recht hat Engels im Jahre 1845 folgendes geäußert: „Der einzelne Kapitalist steht im Kampfe mit allen übrigen Kapitalisten, der einzelne Arbeiter mit allen übrigen Arbeitern ; alle Kapitalisten kämpfen gegen alle Arbeiter, wie die Masse der Arbeiter notwendig wieder gegen die Masse der Kapitalisten zu kämpfen hat. In diesem Kriege aller gegen alle, in dieser allgemeinen Unordnung und gegenseitigen Ausbeutung besteht das Wesen der heutigen bürgerlichen Gesellschaft".[41]

Die Entwicklung auf eine sozialistische Gesellschaft hin bedingt die Ausschaltung der individualistischen, solidaritätsfremden Mentalität.[42] Mikrosoziale Forschung ist notwendig, um die auf das Solidaritätsgefühl sich entwicklungshemmend auswirkenden Mechanismen zu verstehen. Offenbar führt die Besserung in der grundlegenden materiellen Situation den Menschen zu einem Solidaritätsgefühl, das den Fortschritt zum Sozialismus anspornen könnte. Der besondere Fall des „skandinavischen Sozialismus" gibt uns Anlaß, hierüber nachzudenken.[43]

In Skandinavien ist die wirtschaftliche Entwicklung an dem Punkt angekommen, wo das Individuum keinen Ansporn mehr hat, sich zu bereichern, sich – letzten Endes – auf Kosten anderer zu bereichern. Es mangelt ihm der Anstoß dazu, weil die soziale Organisation ihn so vollkommen einschließt, daß der überschüssige Gewinn keine andere Verwendung finden wird, als zum Nutzen und Vorteil aller. Dort drängt die sozioökonomische Organisation zu einer Solidarität, sie zwingt dazu. Allerdings kann dies auch einen attraktiven Umweg darstellen, die zentrale Ausbeutung durch die Kapitalbesitzer unantastbar zu machen.

Ich glaube jedoch, daß der Sozialismus nicht *nur* als ein bestimmtes Produktionsverhältnis gesehen werden sollte.[44] Es ist nicht wünschenswert, den „subjektiven Faktor" beim Entstehen des „neuen Menschen" zu übersehen, da sich sonst der Marxismus der Kritik aussetzt, die er selber benutzte, um sarkastisch alle Formen des Idealismus zu verdammen: fromme Wünsche zu sein. Die treffende marxistische Bemerkung Leszek Kolakowskis in dem Sinne, daß „der Charakter und die Entwicklungsstufe von Bedürfnissen und Produktivkräften den gesellschaftlichen Charakter der Beziehungen zwischen den Individuen, völlig unabhängig von ihren Intentionen bestimmen"[45] ist nicht ausreichend.

Für Freud wird der soziale Charakter der Beziehungen zwischen den Individuen unabhängig von ihren bewußten Absichten bestimmt, jedoch u. a. auch durch das Schicksal, das ihre Triebe im Laufe des Lebens erlitten haben. Marx nähert sich der

2. Schuldgefühl und die Suche nach revolutionärem Prestige

Psychoanalyse weit mehr als seine versteinerten Nachfolger, wenn er schreibt: „...
so war es eben das persönliche, individuelle Verhalten der Individuen, ihr
Verhalten als Individuen zueinander, das die bestehenden Verhältnisse schuf und
täglich neu schafft ... die Geschichte eines einzelnen Individuums [ist] keineswegs
von der Geschichte der vorhergegangenen und gleichzeitigen Individuen loszurei-
ßen, sondern [wird] von ihr bestimmt ...“[46]

Die Erschaffung der sozialistischen Gesellschaft, in der „die freie Entwicklung
jedes Menschen die Bedingung ist für die freie Entfaltung aller“[47], stößt nicht nur auf
Schwierigkeiten hinsichtlich der Organisation der Produktionsverhältnisse. Freuds
Pessimismus in dieser Hinsicht sollte ein Aufruf sein, uns um neue, tiefere Einsicht
zu bemühen. Die seit zehn Jahren zunehmend entmutigte Atmosphäre in manchen
marxistischen Kreisen[48] kann ein Anzeichen dafür sein, daß die orthodoxen
marxistischen Erklärungen vielleicht eine neue Einstellung benötigen, eine Reflexion über die Vernachlässigung des anderen Pols der Dialektik: den sogenannten
‚subjektiven Faktor'. Rudolf Bahro, Herbert Marcuse in seinen letzten Jahren,
Wolfgang Kraushaar u. a. repräsentieren eine Rückkehr zu diesem vernachlässigten subjektiven Faktor innerhalb der marxistischen Strömungen.[49] Damit tun sie
nichts anderes, als in Betracht zu ziehen, worauf Marx schon vor langer Zeit mit
Bestimmtheit hinwies und bis 1972 von seinen deutschen Verlegern ‚zensiert'
wurde, indem sie nämlich übersahen, daß Marx auf der Notwendigkeit bestand,
„die Kritik der Liebesverhältnisse" aufzugreifen. Marx schlug eine historisch-
materialistische Kritik der Liebesverhältnisse vor. Bis 1972 hatten die Verleger
‚Liebesverhältnisse' durch ‚Lebensverhältnisse' fehlgelesen.[50]

Herbert Marcuse weist in seiner Spätphase darauf hin, daß die Triebstruktur des
Individuums ein unumgänglicher Faktor sein soll, der in Betracht gezogen werden
muß.

Die Wiedereinführung psychologischer Konzepte ist für Rudolf Bahro eine
Notwendigkeit. Herbert Marcuse schrieb 1980 über die Solidarität: „Die befreiende
Triebstruktur ergibt sich aus der Solidarität als Kraft der vitalen Triebe. Obwohl die
primären Triebe allen Werten gegenüber indifferent sind, beinhalten sie eine
Beziehung zum anderen (...). Ein Aspekt der Befreiung: die Existenz von
Menschen, die in der Tat und mit ihrer Empfindsamkeit solidär sind".[51]

Antonio Gramsci weist auf die Solidarität als einzigen „kategorischen Imperativ"
des Marxismus hin: „Proletarier der Welt vereint Euch!" Diese notwendige
Vereinigung war für Gramsci ein wichtiger, wenn auch nicht ausreichender Teil des
Marxismus.

Solidarität, Wir-Ich (Igor A. Caruso); Gruppen-Ich und Clanbewußtsein (Fritz Morgenthaler, Paul Parin)

Morgenthaler und Parin weisen darauf hin, daß die Dogon (in Westafrika) aus den
Identifikationsbeziehungen unter den Mitgliedern einer Gemeinschaft eine größere
libidinöse Befriedigung schöpfen, als aus den Beziehungen zu einem einzigen

Objekt[52] (letzteres im psychoanalytischen Sinne). Der liebevolle Kontakt zu einer vereinzelten Person wird als bedrohend empfunden. *Dieses Symptom finden wir paradoxerweise auch häufig in unserer eigenen Zivilisation.*

Die Dogon finden in ihrem eigenen Clan den größtmöglichen Schutz gegen interne Konflikte und externe Gefahren. Außerhalb fühlen sie sich vollkommen verloren. In unserer Zivilisation besteht das Gruppen-Ich oder Wir-Ich-Gefühl kaum und natürlich wird auf die „Fähigkeit allein sein zu können"[53] als Zeichen psychischer Kraft, großen Wert gelegt. Allerdings ist diese notwendige Fähigkeit auf jeden Fall *rara avis*. Vielleicht sollten beide Befähigungen entwickelt werden: sowohl die der Solidarität, wie die des Alleinseinkönnens. Letztere Eigenschaft verstehe ich außerdem als die Möglichkeit, ein Über-Ich zu entwickeln, das unabhängig ist von den Werten, die die soziale Organisation diktiert. Gerade das Werk Margaret S. Mahlers deutet auf den Schritt von der Symbiose (Solidarität) zur Individuation (Alleinseinkönnen) hin.[54] Es besteht kein Zweifel, daß die Solidarität und die Fähgikeit, allein zu sein einer überwunden Symbiose entstammen.

Dem kleinen Jungen dient die Identifikation mit dem Vater dazu, den Ödipuskomplex zu bewältigen. Aus diesem entwickelt sich später das Über-Ich. Das Aufbrechen des Ödipuskonfliktes fördert eine bessere Handhabung der ambivalenten Gefühle. Die Haßliebe konzentriert sich nicht ausschließlich auf die Eltern; diese verlieren an Bedeutung und die Gemeinde gewinnt daran.

Das Ich und das Clanbewußtsein des Dogon überschneiden sich größtenteils. Im Gegensatz dazu bilden in unserer kapitalistischen Gesellschaft die starken Gegensätze zwischen Ich und Über-Ich „die Quelle aller Neurosen".[55]

All diese psychischen Phänomene dürfen von uns nicht ungestraft vernachlässigt werden, wenn wir an der Erschaffung des „neuen Menschen" mitarbeiten möchten, vor allem was die Formen des „integralen Sozialismus" betrifft, d. h. „eine Art Sozialismus, der noch nicht existiert".[56] Es wäre z. B. sehr nützlich und interessant zu erforschen, inwieweit die Kubanische Revolution ihre Spuren in den Konfigurationen des Über-Ich hinterläßt.

Die Idealisierung der Eltern und die katastrophale spätere Enttäuschung existieren nicht bei den Dogon. Hingegen wird der Clan idealisiert. Unter den Dogon ergibt sich einfach keine Grundlage für einen Persönlichkeitskult. Dies zu erreichen, ist jedoch äußerst schwierig, wie wir aus der Geschichte aller Länder ersehen können, die die Realisierung des Sozialismus beabsichtigen.

Caruso erwähnt, daß „das stammesgeschichtliche Wir-Ich durch unsere Kultur mit ihrer Herrschaftsstruktur unterdrückt und verdrängt wird".[57] Weiterhin bemerkt er, daß dieses Gefühl – wie alles Verdrängte – versucht, wiederzukehren, wenn auch nur in krankhafter Weise (z. B. in der Gestalt fanatischer pseudorevolutionärer Tendenzen, in der Suche kindlicher Mystik und sogar in wenig seriösen Gruppentherapien).

Die Suche nach revolutionärem Prestige als Alibi

Die Suche nach revolutionärem Ansehen, die durch das Schuldgefühl entsteht, hat Alibifunktion und stellt ein Hindernis für die Entwicklung eines solidarischen Bewußtseins dar, d. h. es ist eine Belastung für die Entfaltung des Wir-Ichs.

Freud wies darauf hin, daß die schlechtesten klinischen Prognosen mit der sogenannten negativen therapeutischen Reaktion verbunden sind. In dieser hängt der grundlegende Konflikt mit einem unbewußten Schuldgefühl zusammen. Hier muß erstens versucht werden, diese Schuldgefühle bewußt werden zu lassen und – zweitens und wichtiger – die realen Gründe für die Schuldgefühle zu finden, beides nicht nur in der persönlichen Lebensgeschichte des Einzelnen, sondern auch im sozialen Zusammenhang. Nur das bewußte und deutliche Schuldgefühl kann sich in wiedergutmachende, revolutionäre Tat verwandeln, anstatt in eine verzweifelte Suche nach revolutionärem Prestige. Illusorischer Messianismus ist auch einer der Irrwege der Pseudorevolution durch den die „Revolutionsexploiteurs" [58] auf die Bühne der Revolution treten können.

Es ist bekannt, daß Marx den Ausdruck ,Ideologie' auch als Begriff für das ,falsche Bewußtsein' verwendet, was das Resultat des Versuches wäre, die eigenen Interessen mit scheinbar öffentlichen, gemeinschaftlichen Interessen zu decken. Dies setzt eine starke Diskrepanz voraus, die sich auf psychologischem Niveau als Schuldgefühl zeigen würde. Engels bestätigt desgleichen: „Die Ideologie ist ein Prozeß, der sich zwar bei vollem Bewußtsein vollzieht, aber mit einem falschen Bewußtsein. Die eigentlichen Triebkräfte, die dieses Denken bewegen, bleiben unbekannt, sonst wäre es eben kein ideologischer Prozeß". [59] Engels schreibt „unbekannt", obwohl er in Wirklichkeit „unbewußt" sagen könnte.

Für diejenigen, die von unbewußten Schuldgefühlen beherrscht werden, verwandeln sich die revolutionären Erfordernisse nur in den *Anspruch auf revolutionäres Renommé*. Ein billiger theoretischer Anschluß an den Marxismus als angesehenste Garantie der Revolution, verspricht uns einen leichten Ausweg aus unseren Schuldgefühlen. Der Soziologe Norbert Elias[60] denkt nicht anders, wenn er, sich auf die deutschen Studentenbewegungen nach dem Zweiten Weltkrieg beziehend, bemerkt: „Für die große Mehrzahl der Studenten bedeutete der Marxismus, und in einigen Fällen der anarchistische Terrorismus, nur ein Mittel, sich vom Fluch des Nationalsozialismus zu läutern." [61]

In einer Analyse des politischen Engagements des Schriftstellers (und des Intellektuellen allgemein) weist Carlos Monsiváis [62] mit Recht darauf hin, wie die öffentliche Anerkennung der marxistischen Theorie von einigen als „sofortige Garantie für moralisches Prestige" benutzt wird, mehr um sich selbst besorgt, als um die Weiterführung und Verbreitung der sozialistischen Ziele.

Andere suchen Prestige, indem sie anführen, aus politischen Gründen im Gefängnis gewesen zu sein. Revolutionäres Ansehen suchend, kann sich fast jeder Lateinamerikaner, der nicht in seinem eigenen Lande lebt, als politisch Exilierter betrachten. Die bekannten Prahlereien wie „ich war im Gefängnis", „ich habe an diesem oder jenem Meeting teilgenommen", „ich habe in meiner Kindheit gehungert", „mein Vater war ein Handwerker" scheinen unbewußte Formen zu sein, diese früheren Leiden als absolvierte Strafen für die schwerlich aufzulösenden, unbewußten Schuldgefühle zu betrachten.

Ich erinnere mich an ein Mitglied unserer intellektuellen Gemeinde, der versuchte, seine Bindung an den Marxismus wie folgt zu bekunden. In einem banalen Gespräch fragte ich ihn, ob ich auf meiner Reise nach West-Berlin irgend etwas für ihn tun könne. Er antwortete: „Nein, danke. Mich interessiert Ost-Berlin!" Er war ein Immigrant. Es ist eine alte Geschichte, die z. B. Alexander Herzen musterhaft beschrieben hat: „... das sind Menschen, die in der Heimat großes Unglück hatten und die mit allen Kräften ihr einfaches privates Unglück als politisches Unglück auszugeben wünschen."[63] Selbstredend ist es nicht immer so.

Das „schöpferische Schuldbewußtsein"[64]

Igor A. Caruso weist darauf hin, daß „gewiß jeder Mensch seinen Mitmenschen so manches schuldig ist, und wenn dieses Bewußtsein zunehmend seine Praxis bestimmt, erspart er sich dabei so manches Schuldgefühl".[65]

Melanie Klein[66] hat über die enge dialektische Verbindung zwischen Schuldgefühl und Wiedergutmachung bahnbrechende Beobachtungen gemacht. Gerade diese Notwendigkeit, wiedergutzumachen, ist ein revolutionärer Ansporn, der in jeder „Subjektivitätstheorie" erforscht werden muß. Diese schöpferische Wiedergutmachung benötigt ein wenig von dem, was Rudolf Bahro[67] „überschüssiges Bewußtsein" nennt, d. h. „jene freie, psychische Kapazität, die nicht durch den Kampf um das tägliche Brot gebunden ist und die in revolutionäre, wiedergutmachende Praxis umgeformt werden muß " Die bloße Suche nach revolutionärem Renommé ersetzt jedoch leider das, was Freud „schöpferisches Schuldbewußtsein" nennt. In diesem Zusammenhang verstehen wir mit Thomas Auchter die Kreativität als „eine Form des Umgehens mit der Versehrtheit menschlichen Lebens, eine Trauerarbeit, ausgelöst durch das Leben als Sterben".[68]

In dieser Art von Kreativität, die in unserem Schuldbewußtsein den anderen gegenüber fest verankert ist, und in einem leidvollen, stummen Protest gegen unsere Zerbrechlichkeit[69] kann man auch einen Weg finden zu schöpferischem Schuldbewußtsein als Grundlage für veränderndes Handeln.

Einige präzisierende Anmerkungen über „Elite"

Der Begriff „Elite" sollte näher betrachtet werden. Er hat sich in einen Allgemeinplatz verwandelt, der einiger Präzisionen bedarf. Er wird beleidigend benutzt. Meist wird vergessen, daß wir, gerade weil wir uns mit dem ‚Reich der Ideen' beschäftigen können, schon einer Elite angehören (hier sowohl der Verfasser, wie der Leser). Auf der anderen Seite ist es fraglich, ob Reichtum (jeglicher Art) den Massen zugänglich ist, wenn nicht zuerst die Klassenstruktur der Gesellschaft zerstört wird. Wenn wir annehmen, dies sei einfach, so fallen wir in eine Naivität und in Unkenntnis der Schwierigkeiten einer Revolution zurück, die die jetzigen Verhältnisse verändern soll. Wie Paul Mattick bestätigt: „Die marxistische Ursprungsbewegung unterschätzte die enormen Schwierigkeiten, die man auf dem Weg der sozialen Revolution und des kommunistischen Wiederaufbaus der Gesellschaft antrifft."[70]

Solange noch Klassen existieren, werden Eliten immer bestehen. Die simple Ablehnung der Elite ist noch keine Lösung; mehr noch, in gewisser Hinsicht wirkt sie reaktionär, da sie die Einsicht in die Komplexität und die Schwierigkeiten des nötigen Umschwungs verhindert, der die Elite abschaffen kann. Von unserer Warte aus als Elite, greifen wir das Elitäre an, meist mit Naivität, da über Eliten zu sprechen bedeutet, selber einer anzugehören. Auf der anderen Seite, je größer der wirtschaftliche Niedergang eines Landes ist, desto leichter ist es, alles mögliche als elitär zu betrachten. Was in einem reichen Land selbstverständlich ist, ist in einem armen Land nur einer Elite möglich: Ein wenig bewußter zu sein, ist in einer barbarischen Welt schon elitär. Und wir leben in einer barbarischen Welt! Drei Mahlzeiten am Tage einzunehmen, ist elitär in einem Land, in dem der Hunger für viele eine tägliche Realität ist. Es ist elitär, in einem Land mit ständig wachsender Arbeitslosigkeit eine Arbeit zu haben. Es ist elitär, an einem Kongreß teilzunehmen, wenn für Millionen (wie in Mexico und leider auch in vielen anderen Ländern) das tägliche Brot die Hauptsorge ist.

Lenin sprach davon, daß die proletarische Revolution eine Elite von „Berufsrevolutionären" benötige. Der Nationalsozialismus versuchte eugenisch, eine Elite heranzuzüchten, eine vermeintlich überlegene Rasse. Der Begriff der Elite ist daher verdächtig, Träger der unheimlichsten Ideologien zu sein.

Plato sprach von der „Herrschaft der Besten" und Saint-Simon, ein französischer Utopist, von der „Herrschaft der Elite".

Das ideologische Element im Konzept der Elite dient den Interessen von Gruppen, die sich selber als die Träger der höchsten sozialen Werte betrachten.

Über-Ich, Ideal-Ich, Narzißmus

Es sei mir erlaubt, einige vernachlässigte Aspekte dieser Konzepte durchzugehen. Das „normale" Über-Ich hilft dem Ich, die soziale Realität zu berücksichtigen und ist ein Vermittler und Zensor zwischen den triebhaften Bedürfnissen und den äußeren gesellschaftlichen Zwängen. Es trägt außerdem dazu bei, die Struktur zu befestigen, die unsere eigene Identität bewahrt, welche durch die mögliche Diskrepanz zwischen dem, was wir sind und dem was wir sein könnten oder sollten, bedroht wird. „Ein Ich ist reif, wenn es ein starkes und *effektives Über-Ich als verinnerlichte Vorstellung der äußeren elterlichen Macht* entwickelt hat".[71]

Für Igor A. Caruso ist das Über-Ich unvermeidlich ein kulturelles Produkt, eine narzißtische Gestaltung, deren Kränkung als Schuldgefühl hervortritt: „Diese ‚Instanz' narzißtischen Ursprungs soll nun fortschreitend ... innerhalb der reifen Organisation des Eros relativiert werden".[72]

Für H. Lincke[73] weist das Über-Ich in seiner Beschaffenheit die gleichen Charakteristika auf, wie ein Kompromiß, ein Symptom, welches – durch seine Ausdehnung und seine Syntonie mit der Kultur bedingt – nicht als solches betrachtet wird. Zur gleichen Zeit bedeutet das Über-Ich in seinem Kern den endgültigen Verzicht auf das inzestuöse Liebesobjekt und gleichzeitig seine lebenslängliche Fixierung mittels Introjektion.

Das Über-Ich verdammt – für H. Lincke – das Subjekt zur Unerreichbarkeit der wahren Unabhängigkeit. Es ist ein ego-syntones Symtom. Außerdem handelt es sich um ein Symptom, das der kulturellen Formung immanent ist. Daher würde die Erforschung des Über-Ichs als Symptom Aufschluß über makrosoziale Phänomene geben, wie sie auf mikrosozialer Ebene introjiziert werden.

Andererseits ist hier für Freud das Ideal-Ich „... der Ersatz für den verlorenen Narzißmus seiner Kindheit, in der er sein eigenes Ideal war".[74] Es ist kein Zufall, daß die Idealvorstellung des Revolutionärs Züge aufweisen muß, die unser eigenes, verlorenes narzißtisches Bild wieder aufbauen, und gleichzeitig müssen sie zu den Märtyrern gehören (z. B. Trotzki und Che Guevara als Ideale). Wenn der Mensch mit sich selber nicht zufrieden ist, bleibt ihm immer noch die Möglichkeit, Befriedigung aus dem Ideal-Ich[75] zu beziehen. Die idealisierten Elternfiguren formen, zusammen mit den Ideen des Größenselbsts, das Ideal-Ich. Durch den Schutzmechanismus der Identifikation mit dem Angreifer formt sich laut Anna Freud[76] das Über-Ich. Die Identifikation mit dem introjizierten bösen Objekt fördert die Entstehung von Schuldgefühlen.[77]

Kürzlich wies Mario Erdheim auf die Beziehungen zwischen Narzißmus und verändernden Kräften hin: „... die unbewußten Allmachtswünsche behalten, die zusammen mit den Größenphantasien den harten Kern des Narzißmus bilden. Ihn aufzulösen ist nicht möglich; aus ihm schöpft das Individuum auch die Kraft, Neues zu schaffen und sich und die Welt verändern zu wollen".[78]

Einige Aspekte der Psychopathologie des Über-Ichs

Einige der narzißtischen Persönlichkeitsstörungen beeinflussen u. a. die Funktionen des Über-Ichs, indem sie in manchen Fällen jegliches Schuldgefühl ausschalten. Schlagen wir bei Otto F. Kernberg nach: „Die mitmenschlichen Beziehungen solcher Patienten haben im allgemeinen einen eindeutig ausbeuterischen und zuweilen sogar parasitären Charakter; narzißtische Persönlichkeiten nehmen gewissermaßen für sich das Recht in Anspruch, über andere Menschen ohne jegliches Schuldgefühl zu verfügen, sie zu beherrschen und auszunutzen ... wie man eine Zitrone ausquetscht und den Rest wegwirft".[79] Die ganze Welt verwandelt sich einfach in einen Jagdbezirk, der nur darauf wartet, von mir in Besitz genommen zu werden. Wenn der Sozialisationsprozeß unter Zwang stattfindet, wird die ‚normale' Entwicklung des Über-Ichs gestört. Sobald der äußere Zwang wegfällt, wird der Mensch nur seine eigenen Interessen verfolgen. Ist nicht dies die Beschreibung einer vollkommenen Abwesenheit jeglichen Solidaritätsgefühls (des Wir-Ich-Gefühls in Carusos Worten), oder ganz einfach des korrupten Verhaltens? Ist es nicht auch die Beschreibung einer extrem antirevolutionären Haltung? Die Verhaltensweise derer, die – ganz egal zu welchem Preis – Beifall suchen, die Suche nach ‚revolutionärem' Ansehen eingeschlossen?

Cremerius[80] spricht von der Psychopathologie des Über-Ichs vor allem in den Fällen, wo das Ich vor dessen Anspüchen kapituliert, d. h. es kapituliert vor den Anforderungen der Gesellschaft, um sich ihnen passiv und blindlings zu ergeben oder auch, um Strafe zu suchen (manchmal durch gesetzlich strafbare Handlungen). Freud[81] weist darauf hin, daß der Inhalt des Über-Ichs manchmal dem Bewußtsein am entferntesten ist. Den Grund hierfür sieht er darin, daß das Über-Ich aus den ersten Identifikationen mit dem Vater entsteht, wenn das Ich noch sehr schwach ist. Außerdem ist das Über-Ich Bewahrer phylogenetischer, durch die Tradition weitergereichter Elemente.

Das Über-Ich bildet sich auch aus einer vorödipalen Problematik, z. B. der analen, wenn das Kind während des Reinlichkeitstrainings auf seinen Besitz verzichtet und auf die Möglichkeit, andere durch Opposition zu beherrschen. Wenn diese Etappe nicht gelöst wird, bleibt die Tendenz, menschliche Beziehungen unter dem Gesichtspunkt des Beherrschens oder Beherrschtwerdens als einzige Alternative zu erleben. In der ödipalen Phase verzichtet das Kind auf ein niemals besessenes Objekt, während es in der analen notwendigerweise auf Befriedigung verzichtet, die es vollauf und ohne Einschränkungen eine Zeitlang genossen hat.

Was die ödipalen Anteile im Aufbau des Über-Ichs anbelangt, sagt Freud: „Beide, Ich und Über-Ich, spielen die Vaterrolle weiter. Im ganzen hat sich die Relation zwischen Person und Vaterobjekt bei Erhaltung ihres Inhaltes in eine Relation zwischen Ich und Über-Ich gewandelt, eine Neuinszenierung auf einer zweiten Bühne".[82]

Freud berichtet, wie das Über-Ich des Zwangsneurotikers sich dagegen wehrt, Schuldgefühle zu akzeptieren[83]; der Melancholiker bestätigt seine Schuld und unterwirft sich der Strafe. Der Hysteriker schafft es halbwegs, alles was sich auf das wahre Schuldgefühl beziehen kann, von seinem Ich entfernt zu halten. Dieses in Betracht ziehend, benehmen wir uns wie Hysteriker, wenn wir bloßes revolutionäres Renommé suchen. Mit der Schuld (bzw. den Schuldgefühlen) umzugehen, stellt eine der herausforderndsten Aufgaben dar, die der Mensch überhaupt zu bewältigen hat und bei welcher wir am häufigsten scheitern. Es kommen immer wieder Situationen, wo wir eine abwehrende Einstellung haben, die sich vielgestaltig äußert.

Unser Vorgehen ist das des Obsessiven mit tausenderlei entschuldigenden

Ritualen. In dem oben beschriebenen Sinn sind es nur die Melancholiker, die als Märtyrer auftreten, und sie erreichen diesen Punkt wahrlich nicht als einen Schritt im Dienste der Revolution, sondern aufgrund eines Irrtums in ihrer Berechnung der Macht der militärischen oder paramilitärischen repressiven Staatsmaßnahmen.

Ohne der Versuchung zu erliegen, alle kriminellen Handlungen auf die Psychopathologie des Über-Ichs zurückzuführen, hat Freud dennoch eine überraschende Beziehung zwischen Schuldgefühl und gesetzlichen Übertretungen festgestellt. In der Tat, einer der paradoxen Mechanismen, um Schuldgefühle zu mildern, ist gerade der, strafbare oder verbotene Handlungen zu begehen. Auf diese Weise erhalten die vagen, unverständlichen, undeutlichen Schuldgefühle eine Konkretisierung, die den Verbrecher erleichtert: „... und nachdem er ein Vergehen begangen hatte, war der Druck gemildert. Das Schuldbewußtsein war wenigstens irgendwie untergebracht".[84] Auf diese Art erhält das Schuldgefühl wenigstens einen Sinn. *Nur der Verlust der Fähigkeit, Schuldgefühle zu empfinden, erklärt die schrecklichsten Verbrechen.* Auf der anderen Seite ist es notwendig darauf hinzuweisen, daß sich ein unflexibles, starkes Über-Ich und Kriminalität auf keinen Fall ausschließen. Wir dürfen nicht vergessen – wie W. Trimborn berichtete[85] – daß darauf bestanden wird, die Pathologie des Über-Ichs nach seiner Starrheit zu beurteilen und nicht nach seinem Inhalt.

Hinter den Schuldgefühlen finden wir verdrängte antisoziale Phantasien jeglicher Art. Die Opfer, die Gefallenen, die Enterbten verwandeln sich in phantastische unbewußte Ankläger ihrer Lebensbedingungen. Man kann diese Situation nicht täglich aushalten ohne eine harte psychologische Absorbierungsarbeit, die erklärend, entlastend sein sollte, meistens jedoch leider rationalisierend und blind ist in Bezug auf die Notwendigkeit einer tief ansetzenden, emanzipatorischen Veränderung. Allerdings, jedes ungerechte soziale System benötigt seine ‚Verleumder' und Kritiker, die teilweise die Funktionen des Über-Ichs übernehmen.

Masse und Macht als Verschleierer der Psychopathologie des Über-Ichs

„Die Flucht in eine Massenpsychose ist demnach nicht nur Flucht vor der Realität, sondern auch vor dem individuellen Wahnsinn" schreibt E. Simmel[86] und er fragt sich warum normale Menschen sich wie Psychotiker benehmen, sobald sie sich einer Masse anschließen. Er selber beantwortet die Frage: „Ihr Ich ist unreif, weil ihr Über-Ich schwach ist". Auf diese Weise verhält sich der Korrupte normal, wenn er in eine mächtige offizielle Institution eintritt, die seine Pathologie verschleiert und auch geradezu fördert. Aber wer kann von sich behaupten, nicht korrupt zu sein? Vielleicht können wir nur sagen, wir haben noch nicht die Gelegenheit gehabt, uns korrupt zu zeigen.

Es ist nicht umsonst, daß die Korruption zu der Psychopathologie des Über-Ichs gehört, wo scheinbar der Konflikt zwischen Über-Ich und Ich gemildert wird. Beim Depressiven tyrannisiert das Über-Ich das schwache Ich und hier – Freud paraphrasierend – sollte die Therapie dahin zielen: Wo Über-Ich war, soll Ich werden.

Wir Psychoanalytiker haben meist wenig Zugang zur Problematik der Psychopathologie des Über-Ichs oder – anders ausgedrückt – wir haben zu diesem Leiden eher Zugang aus Überschuß an dieser Instanz denn aus Mangel daran. Ein schwaches oder fehlendes Über-Ich macht eine Psychoanalyse meist unmöglich. Wir haben nur sehr begrenzte Möglichkeiten, die zu asozialem, kriminellem Verhalten führenden Unzulänglichkeiten des Über-Ichs zu untersuchen. Dies geschieht in den Gefängnissen[87] oder wenn ein Psychoanalytiker als Sachverständiger hinzugezogen wird, was in unserem Land sehr selten geschieht.

Die jeder staatlichen Organisation innewohnende Gewalttätigkeit wird nicht als kriminell betrachtet. Im Gegensatz dazu wird extreme, radikale, revolutionäre Aktivität nur allzuleicht als gewöhnliche Kriminalität angesehen. Wer oder was repräsentiert hier die Ordnung, die Norm? Die Macht wird synonym mit der bestehenden Ordnung. Die bestehenden sozialen Organisationsformen in Frage zu stellen, bedeutet auch, die Macht und die bestehenden Werte zu hinterfragen, Werte, die von Menschen eingesetzt wurden und zwar gerade von jenen, die die Macht verkörpern. Auf diese Weise äußert sich die Korruption als Krankheit des Über-Ichs nicht dem, der sie erleidet, da sie durch den institutionalisierten sozialen Apparat aufgesaugt wird. Im Gegenteil, diese Pathologie erhält verschiedenartige Belohnungen. Wir wollen uns an Max Horkheimers[88] paradoxe Schlußfolgerung erinnern, daß wir manchmal „weiterhin soziale Wesen sind, gerade wegen der Gewalttätigkeit" der bestehenden gesellschaftlichen Umstände. Horkheimer sagt uns: „Wenn heutzutage die Politiker Gott anrufen, so wissen wir wenigstens, daß sie im Namen erschreckender irdischer Mächte sprechen". Er fügt hinzu: „Wenn die Unterdrückten an die Vernunft appellieren, bekennen sie nur ihre eigene Machtlosigkeit".[89]

Schlußfolgerungen

Es bleibt weiterhin fraglich, ob die menschliche Aggressivität sich auflösen wird, wenn die soziale Struktur sich radikal verändert, oder ob – wie Freud[90] zu denken neigt – ein Rest an primärer, unabhängiger Neigung zu Aggressivität bleibt, als teilhabender Trieb, der der „Abkömmling und Hauptvertreter des Todestriebes" ist.[91] Die marxistische Anthropologie scheint die Biologie nicht in Betracht zu ziehen. Folglich gibt es keinen Raum für die Beendigung des Lebens: den Tod. Ein weiterhin bestehender eschatologischer Glaube, daß die „Gesetze der Geschichte" den Menschen retten werden, scheint immer noch eine Lücke in der marxistischen Theorie zu sein. Ausnahmen hierzu sind rara avis.

Freuds theoretischer Pessimismus verdient eine abwägende, bedachtsame Überprüfung. Freud schlägt die schwierige Aufgabe vor, auf den kindlichen Glauben an die Allmacht des Gedankens zu verzichten.[92] Er entwirft keine eschatologische Utopie. Er glaubt an keine illusorische menschliche Allmacht, die den Menschen vor dem Menschen selber retten wird. Er stellt sich der hieraus entspringenden Machtlosigkeit, ohne sich jedoch deshalb mit gekreuzten Armen zurückzuziehen. Vielleicht rührt ein Teil der Krise des modernen Marxismus gerade aus einer gewissen Entmutigung angesichts der Schwierigkeiten, die Revolution zu vollbringen. *Die Übermacht des technischen Zeitalters entfacht immer wieder die Omnipotenzgedanken, selbst in offenbar aufgeklärten Menschen, die sich einem Optimismus hingeben, dessen Wurzeln nicht in der Vernunft, sondern meines Erachtens in der Welt der Wünsche liegen.* Ich glaube nicht, daß der Sozialismus sich von sich aus einstellen wird, historischen Gesetzen gehorchend. Er muß erarbeitet und viele Hindernisse – die psychologischen einbegriffen – müssen überwunden werden.

Nicht von ungefähr hat Freud die Unabänderlichkeit der Schuldgefühle in „Das Unbehagen in der Kultur" „als das wichtigste Problem der Kulturentwicklung" dargestellt und darauf hingewiesen, daß „der Preis für den Kulturfortschritt in der Glückseinbuße durch die Erhöhung des Schuldgefühls bezahlt wird".

Anmerkungen

[1] Figner, V.: Cinco mujeres contra el zar. Mexico: Ediciones Era 1980.
[2] Herzen, A.: Die gescheiterte Revolution. Denkwürdigkeiten aus dem 19. Jahrhundert. Ausgew. v. H. M. Enzensberger. Frankfurt: Suhrkamp 1977, S. 246.
[3] Goldmann, L.: zit. n.: Perrot, D. & Preiswerk, R.: Ethnocentrismo e historia. Mexico: Nueva Image 1979, S. 20.
[4] Reiff nannte dies die „Mentalität eines Moralisten"
[5] Miranda, P.: El cristianismo de Marx. Mexico: Selbstverlag 1978.
[6] Als Beispiel hierfür sei Regis Debrays Arbeit über die französische Intelligenzija genannt: La nueva traición de los sabios. Siempre vom 4. Februar 1981. Beilage: La cultura en Mexico.
[7] Mentzos, S.: Interpersonale und institutionalisierte Abwehr. Frankfurt: Suhrkamp 1977.
[8] „Die Kenntnis der neurotischen Erkrankungen einzelner Menschen hat für das Verständnis der großen sozialen Institutionen gute Dienste geleistet, denn die Neurosen selbst enthüllen sich als Versuche, die Probleme der Wunschkompensation individuell zu lösen, welche durch die Institutionen sozial gelöst werden sollen." (Freud, S. (1913): Totem und Tabu. Gesammelte Werke (GW) 9. Frankfurt: Fischer, 4. Aufl., 1968, S. 176). Vgl. auch Cremerius, J. (Hg.): Psychoanalyse, Über-Ich und soziale Schicht. München: Kindler 1979.
[9] Rodrigué, E.: El paciente de las 50 000 horas. Madrid: Editorial Fundamentos 1984, S. 34.
[10] Zum Zusammenhang von individuellem Leid und Gesellschaft sind folgende Schriften aufschlußreich: Lorenzer, A.: Intimität und soziales Leid. Archäologie der Psychoanalyse. Frankfurt: Fischer 1984; Caruso, I. A.: Soziale Aspekte der Psychoanalyse. Reinbek: Rowohlt 1972; Brückner, P.: Psychoanalyse und Geschichte. Berlin: Wagenbach 1982; Kutter, P.: Der Zwang zur Neurose und die Gesellschaft. In: Psychologie des 20. Jahrhunderts, Bd. 2: Freud und die Folgen (1). München: Kindler 1976, 375-402.
[11] Bekanntlich entspricht in Freuds Metapsychologie die zweite Topik dem Es, Ich und Über-Ich, während die erste den psychischen Apparat in Unterbewußtsein, Vorbewußtsein und Bewußtsein teilt. (Freud, S. (1923): Das Ich und das Es. GW 13, a. a. O., S. 227 f.)
[12] Freud, S. (1933): Neue Folge der Vorlesungen zur Einführung in die Psychoanalyse, GW 15, a. a. O., S. 444.

[13] Alex Holder hat diesen Punkt näher ausgeführt. (Holder, A.: Freuds Theorie des psychischen Apparates. In: Psychologie des 20. Jahrhunderts, Bd. 2, a. a. O., S. 262).

[14] Vgl. hierzu das sehr empfehlenswerte Symposion: Gehlen, A. et al.: Sinn und Unsinn des Leistungsprinzips. München: dtv 1974.

[15] Vgl. Henseler, H.: Der psychoanalytische Beitrag zum Suizidproblem. In: Die Psychologie des 20. Jahrhunderts, Bd. 2, a. a. O.

[16] Es versteht sich von selbst, daß in jedem Land die soziale und politische Ohnmacht anders aussieht. In einigen europäischen Ländern gibt es mehr demokratische Kanäle, um die Situation – wenn nicht rakikal zu ändern – so doch mitgestalten zu können. In Lateinamerika und Afrika (pauschal gesagt) sind diese Kanäle so extrem eingeengt, daß der direkte, gewalttätige Aufruhr manchmal als die einzige Möglichkeit erscheint.

[17] Freud, S. (1913): Totem und Tabu, GW 9, a. a. O., S. 191.

[18] A. Suárez verlegt den Schwerpunkt des Schuldgefühls auf den Verrat am Pakt der Brüder, nicht so sehr auf die Ermordung des Urvaters. Trotzdem sollten wir darauf hinweisen, daß die Solidarität der Brüder vor allem – wenn auch nicht ausschließlich – eine Solidarität mit Vatermordabsichten war. (Suárez, A.: Herrschaft, Unterentwicklung und Psychoanalyse. In: Psychoanalyse als Herausforderung. Festschrift für Igor A. Caruso. Wien: Verband der wissenschaftlichen Gesellschaften Österreichs 1980, S. 80 f.).

[19] Freud, S. (1930): Das Unbehagen in der Kultur. GW 14, a. a. O., S. 481.

[20] Freud, S. (1930): ebda., S. 493 f.

[21] Vgl. Reik, T.: In Gedanken töten. Bewußte und unbewußte Todeswünsche in psychoanalytischer Sicht. Frankfurt: Fischer 1982.

[22] Winnicott, D. W.: The capacity to be alone. International Journal of Psychoanalysis 39 (1958).

[23] Freud, S. (1911): Formulierungen über die zwei Prinzipien des psychischen Geschehens. GW 8, a. a. O., S. 238.

[24] Zit. n.: Moses, R.: Schuldgefühle in der Politik auf der israelischen Seite des arabisch-israelischen Konfliktes. Sigmund Freud House Bulletin 7 (1983), 2-14.

[25] Moses, R., ebda.

[26] Simmel, E.: Antisemitismus und Massenpsychopathologie. Psyche 32 (1978), S. 499.

[27] Freud, S. (1927): Die Zukunft einer Illusion. GW 14, a. a. O.

[28] Monsiváis, C.: El escritor y su compromiso: El tema imposible. Siempre vom 23. Januar 1980. Beilage: La cultura en Mexico.

[29] Mattick, P.: Marxismo: Ayer, hoy y mañana. In: El marxismo contemporáneo. Bd. 2. Mexico: Nueva Política 1979, S. 17.

[30] Marx, K.: Marx-Engels-Werke (MEW) 4. Berlin, DDR: Dietz 1971, S. 476.

[31] Grunberger, B.: Vom Narzißmus zum Objekt. Frankfurt: Suhrkampf 1977, S. 321.

[32] Marx, K.: MEW 19, a. a. O., S. 21.

[33] Marx, K.: MEW 4, a. a. O., S. 109.

[34] Marx, K.: ebda., S. 146.

[35] Marx, K.: MEW 23, a. a. O., S. 337.

[36] Mattick, P.: a. a. O., S. 19.

[37] Engels, F.: Marx-Engels-Werke (MEW) 27. Berlin, DDR: Dietz 1971, S. 18.

[38] Gabel, J.: Ideologie und Schizophrenie. Frankfurt: Fischer 1967.

[39] Vgl. die Werke von M. Weber und E. Simmel.

[40] Marx, K.: MEW 27, a. a. O., S. 18.

[41] Engels, F.: MEW 5, a. a. O., S. 36.

[42] Vgl. Richter, H. E.: Lernziel Solidarität. Reinbek: Rowohlt 1974.

[43] Hier gehe ich nicht weiter darauf ein, welchen Platz das skandinavische Beispiel im Sozialismus einnimmt, und ob es sich um den ‚idealen' Weg handelt oder nicht. Das Buch von Huntfor, R.: The new totalitarism (New York: Stein & Day 1980) ist als Angriff gegen den Sozialismus geschrieben, enthält jedoch reichhaltige Information.

[44] Wir verstehen hier, daß der Sozialismus „die Umstrukturierung des gesamten menschlichen Lebens" anstrebt (vgl. Heller, H.: La esencia de la cultura y el socialismo. In: El marxismo contemporáneo. Bd. 1, a. a. O., 293-302.)

[45] Kolakowski, L.: Die Hauptströmungen des Marxismus. Bd. 1. München: Piper 1977, S. 193.

[46] Marx, K.: MEW 3, a. a. O., S. 423.

[47] Marx, K. & Engels, F.: Manifest der Kommunistischen Partei 1848. MEW 4, a. a. O., S. 482.

[48] Vgl. El marxismo contemporáneo. Mexico: Nueva Política 1979 (2 Bände) mit Beiträgen von H. G. Backhaus, J. Blindstein, A. Gilly, P. González Casanova, P. Mattick, L. Tadic, H. Lefèbre, E. Mandel, L. Sève, H. Heller, C. Castoriadis, H. Reinicke und vielen anderen.

[49] Anscheinend ist die Schwierigkeit, dem subjektiven Faktor Rechnung zu tragen, im mexikanischen Marxismus größer. Das hängt damit zusammen, daß die Marxisten dazu neigten, Subjektivität mit kleinbürgerlicher Sentimentalität unter einen Hut zu bringen, die die Verwirklichung der Revolution behinderte. Siehe den Sammelband: Mesa redonda de los marxistas mexicanos. Mexico: Centro de Estudios Filosóficos, Políticos y Sociales Vicente Lombardo Toledano 1982 und die Aufsätze von Domínguez Michad, C.: Los marxistas mexicanos, batallas por la tierra baldía. Nexos (1983), No. 70, 25-33 und Carr, B.: Temas del comunismo mexicano. Nexos (1982), No. 54, 17-27.

[50] Borneman, E.: Das Patriarchat. Frankfurt: Fischer 1975, S. 12.

[51] Marcuse, H.: Un ensayo sobre la metodología de la revolución. El Viejo Topo (1980), No. 41, S. 34.

[52] Parin, P.; Morgenthaler, F. & Parin-Matthèy, G.: Die Weißen denken zuviel. München: Kindler 1974.

[53] Winnicott, D. W.: El psicoanálisis y sentimiento de culpa. In: El psicoanálisis y el pensamiento contemporáneo. Buenos Aires. Paidos 1962.

[54] Mahler, M., Pine, F. & Bergmann, A.: The psychological birth of the human infant. New York: Basic Books 1976 (dt.: Die psychische Geburt des Menschen. Symbiose und Individuation. Frankfurt: Fischer 1981).

[55] Vgl. die Auseinandersetzung mit den Thesen Anna Freuds in: Cremerius, J.: Grenzen und Möglichkeiten der psychoanalytischen Behandlungstechnik bei Patienten mit Über-Ichstörungen. Psyche 31 (1977), 593-636.

[56] Marcuse, H.: a. a. O.,

[57] Caruso, I. A.: Narzißmus und Sozialisation. Stuttgart: Bonz 1976, S. 85.

[58] „Revolutionsexploiteur" ist ein von Friedrich Engels (MEW 27, a. a. O., S. 570) benutztes Wort, um Opportunisten und den nach revolutionärem Ansehen seufzenden Typus zu charakterisieren.

[59] Engels, F.: MEW 39, a. a. O., S. 97.

[60] Elias, N.: La autoridad del pasado. Nexos (1979), No. 20, S. 24.

[61] Klinisches Material beweist ohne Zweifel, daß die Narben z. B. des Nationalsozialismus oder des „Traumas des deutschen Faschismus", wie Norbert Elias ihn benennt, ebda., nicht nur von einer Generation getragen werden. Es ist nicht ausreichend, den Nationalsozialismus auf intellektuellem Niveau zu verdammen, um die Narben zum Verblassen zu bringen (dies schließt die nach 1939 Geborenen ein). Auf der anderen Seite gibt es eine Vielzahl von Studien über die Opfer jener Epoche, jedoch kaum welche über ihre Henker. Als Ausnahmen - selbst wenn nur von einem generellen Standpunkt aus – vgl. Rosenkötter, L.: Schatten der Zeitgeschichte auf psychoanalytischen Behandlungen. Psyche 33 (1979), 1024-1034; Dahmer, H.: ‚Holocaust' und Amnesie. Psyche 33 (1979), 1039-1045; Eissler, K.: Perverted psychiatry. American Journal of Psychiatry 123 (1967), 1352-1356.

[62] Monsiváis, C.: a. a. O.

[63] Herzen, A.: a. a. O., S. 288.

[64] Freud, S. (1913): Totem und Tabu. GW 9, a. a. O.

[65] Caruso, I. A.: Schuld und Schuldgefühle. Praxis der Psychotherapie 13 (1968), 202-207.
[66] Klein, M.: Amor, odio, reparación. Buenos Aires: Horme 1969.
[67] Bahro, R.: zit. n.: Marcuse, H.: a. a. O.
[68] Auchter, T.: Die Suche nach dem Vorgestern. Psyche 32 (1978), S. 74.
[69] Diese wird nicht zuletzt durch unsere politische Machtlosigkeit bedingt. Vergessen wir nicht, daß die parlamentarische Demokratie uns noch lange nicht aus der politischen Impotenz rettet. Dies noch weniger in „Dritte-Welt-Ländern", wo die versäumte Demokratie (jeder Art) zu gefährlichem, gewaltigem Aufruhr drängt.
[70] Mattick, P.: a. a. O., S. 21.
[71] Simmel, E.: a. a. O., S. 505. (Hervorhebung von Simmel)
[72] Caruso, I. A.: Schuld und Schuldgefühle. a. a. O., S. 205.
[73] Lincke, H.: Das Über-Ich – eine gefährliche Krankheit? Psyche 24 (1970), 375-402.
[74] Freud, S. (1914): Zur Einführung des Narzißmus. GW 10, a. a. O., S. 161.
[75] Vgl. Freud, S. (1921): Massenpsychologie und Ich-Analyse. GW 13, a. a. O.
[76] Freud, A.: The ego and the mechanisms of defense. New York: International Universities Press 1946 (dt.: Das Ich und die Abwehrmechanismen. Frankfurt: Fischer, 9. Aufl., 1977).
[77] Vgl. Shaked, J.: Die introjizierte Institution. In: Psychoanalyse als Herausforderung. Festschrift für Igor A. Caruso. Wien: Verband der wissenschaftlichen Gesellschaften Österreichs 1980, S. 91.
[78] Erdheim, M. & Nadig, M.: Größenphantasien und sozialer Tod. Kursbuch 58 (1979).
[79] Kernberg, O.: zit. n.: Köhler, L.: Theorie und Therapie narzißtischer Persönlichkeitsstörungen. Psyche 32 (1978), S. 1032.
[80] Cremerius, J.: Grenzen und Möglichkeiten der psychoanalytischen Behandlungstechnik bei Patienten mit Über-Ich-Störungen. München: Kindler 1979.
[81] Freud, S. (1923): Das Ich und das Es. GW 13, a. a. O., S. 283.
[82] Freud, S. (1928): Dostojewski und die Vatertötung. GW 14, a. a. O., S. 409.
[83] Freud, S. (1923): Das Ich und das Es. GW 13, a. a. O., S. 281.
[84] Freud, S. (1915): Einige Charaktertypen aus der psychoanalytischen Arbeit. GW 10, a. a. O., S. 390.
[85] Trimborn, W.: Der progressive Abwehrcharakter des Über-Ichs. In: Cremerius, J. (Hg.): Psychoanalyse, Über-Ich und soziale Schicht. a. a. O., S. 101.
[86] Simmel, E.: a. a. O., S. 503.
[87] Vgl. hierzu die folgenden seriösen Arbeiten: Goldschmidt, O. & Muck, M.: Eine besondere Form der Objektbeziehungsstörung als Ursache delinquenten Verhaltens. Psyche 32 (1978), 848-859; Goudsmit, W.: Bemerkungen zur Indikation der Psychoanalyse bei Tätern von sehr schweren Delikten. Psyche 28 (1974), 684-705; Menne, K.: Psychoanalyse und Justiz. Psychoanalyse 3 (1982), 95-100.
[88] Horkheimer, M.: Teoría crítica. Barcelona: Barral 1973, S. 147 (dt.: Kritische Theorie. Eine Dokumentation. Frankfurt: Fischer, 3. Aufl., 1977).
[89] Übrigens kann man anläßlich jedes Intellektuellenkongresses leicht die schwerlich eingestandene Machtlosigkeit beobachten ebensowie auch vage und ubiquitäre Schuldgefühle angesichts dessen, daß das Wort noch nicht zur Tat wurde oder zumindest zur Probetat.
[90] Freud, S. (1930): Das Unbehagen in der Kultur. GW 14, a. a. O., S. 497.
[91] Vgl. das Schlußkapitel dieses Buches.
[92] Richter, H. E.: Der Gotteskomplex. Reinbek: Rowohlt 1979.

41

3. Die Religionskritik als Ideologiekritik im Rahmen der Psychoanalyse

„... ist die Religion eine ungeheure Macht, die über die stärksten Emotionen der Menschen verfügt."

Sigmund Freud[1]

„Der Spiritualismus hat das Streben nach irdischem Glück verdrängt und diesem gleichzeitig ein Alibi im strafenden Unglück verschafft."

Igor A. Caruso[2]

Delhumeau[3] wies darauf hin, daß es unter gewissen Marxisten anscheinend Mode geworden sei, Religionskritik als etwas Geschmackloses zu betrachten. Meiner Meinung nach ist dies Ausdruck eines inneren Widerstandes gegen diese Kritik, da sie tiefe persönliche Aspekte berührt, sowohl in denen, die sich ihr stellen, als auch in jenen, die ihr ausweichen.

Man sollte sich als erstes fragen, warum es immer eine heikle Angelegenheit ist, über Religion zu sprechen. Wie es scheint, berührt unsere Stellungnahme in bezug auf die Religion[4] so viele und so ernste Probleme, daß derjenige, der jegliche Auseinandersetzung mit existentiellen Werten wie Tod oder ‚Jenseits' vermeiden möchte, jedem religiösen Zusammenhang ebenfalls vorsichtig ausweicht. Unsere Einstellung zur Religion jedoch prägt unsere Weltanschauung durch und durch, mit all ihren konkreten Folgen für unser Alltagsleben. Bekanntlich hat kein richtungsweisender Denker des zwanzigsten Jahrhunderts dieses Thema vermieden. Ob der Mensch eine Religion hat oder nicht, kann nicht von untergeordneter Bedeutung sein; im Gegenteil, es handelt sich um eine radikale Prägung des Bewußtseins, die über das bloß Intellektuelle weit hinausgeht.

Ich bin davon überzeugt, daß alle Werte bestimmt sind durch die – innerhalb oder außerhalb einer Religion gegebene – Antwort auf den Tod, und damit auf das Leben.[5]

Wer das Werk von Marx nicht ökonomistisch reduzieren will, wird folgenden grundlegenden Satz seiner Anthropologie nicht übersehen können: „Die Kritik der Religion ist die Voraussetzung aller Kritik".[6] Ob die religiöse oder die ökonomische Entfremdung die grundlegende (und in welcher Hinsicht die grundlegende) ist, bleibt auch im heutigen Marxismus noch eine Streitfrage.[7] Freunds fundamentale Besorgnis galt der Thematik des Todes und der Religion.[8]

Der Katholizismus hat – schneller und mit größerer Weitsicht als andere Varianten des Christentums – die Gefahr erkannt, die die Psychoanalyse für ihn bedeutet. Es ist klar, daß der Katholizismus mit seiner Ethik, in der die „konkrete ‚intentio' der einzelnen Handlungen ... über deren Wert"[9] entschied, ernstlich bedroht war durch eine Theorie, in welcher der bewußten Absicht („intentio") eine sekundäre Position zukommt. Damit wird in der Psychoanalyse der Bereich der Verantwortlichkeit wesentlich erweitert. So sagt Freud: „Wenn ich abwehrend sage, ,was unbekannt, unbewußt und verdrängt in mir ist, das ist nicht mein ‚Ich'", so stehe ich nicht auf dem Boden der Psychoanalyse (...). Der Arzt wird es dem Juristen überlassen, für soziale Zwecke eine künstliche, auf das metapsychologische Ich eingeschränkte Verantwortung aufzustellen".[10]

Seit den Entdeckungen der Psychoanalyse muß jede Ethik die Möglichkeit in Betracht ziehen, die unbewußten Motivationen auf die Ebene der persönlichen Verantwortung zu heben; d. h. auf die Ebene einer Verantwortung, die die bewußten Absichten weit überschreitet und diese als entschuldigende Rationalisierungen entlarvt. Es wäre möglich, daß der „Kampf", den der katholische Pater Wilhelm Schmidt („unser Hauptfeind" nach Freuds eigenem Ausdruck) gegen Freuds Werk (vor allem gegen „Totem und Tabu") führte, aus dieser Problematik heraus betrachtet werden muß.

Das Bußsakrament, ein wichtiges Element des Katholizismus wurde also durch die Psychoanalyse erschüttert. Erinnern wir – wieder mit Max Weber[11] – daran, daß die Funktion des Bußsakramentes eng verknüpft ist mit der tiefsten Eigenart der katholischen Religiosität. Der Beichtvater besitzt eine erhebliche Macht, die der Katholizismus auf jeden Fall verteidigen muß. Der Psychoanalytiker erschien am Horizont als möglicher und unerwarteter Konkurrent.

Radikalität, Privateigentum, religiöse Entfremdung

Hier benutze ich das Wort „radikal" im Sinne von Marx: „Radikal sein heißt eine Sache bei der Wurzel anpacken. Die Wurzel für den Menschen ist aber immer der Mensch selbst" und „die Kritik der Religion endet mit der Lehre, daß der Mensch das höchste Wesen für den Menschen sei, also mit dem kategorischen Imperativ, alle Verhältnisse umzuwerfen, in denen der Mensch ein erniedrigtes, ein geknechtetes, ein verlassenes, ein verächtliches Wesen ist".[12] Wenn für die Religion die Wurzel des Menschen Gott ist und nicht der Mensch selbst, bedeutet dies dann nicht eine wesentliche Entfremdung? Ist es nicht die Religion, welche den Menschen am radikalsten und von vornherein daran hindert, sich selbst zu verwirklichen? Dies erinnert uns daran, daß der Marxismus die Notwendigkeit postuliert, daß der entfremdete Mensch sich selbst wiedergewinne. Dasselbe fordert Caruso: „Es will mir scheinen, daß es vielmehr die Aufgabe der Psychoanalyse ist, zu versuchen, den ‚Menschen wieder sich selbst zurückzugeben'".[13] Die marxistische Lehre führt die Entfremdung des Menschen auf die materiellen Verhältnisse zurück, die durch das Privateigentum der Produktionsmittel verursacht werden. Im Zusammenhang mit der strittigen Frage der Wechselwirkung zwischen Überbau und ökonomischer Basis gibt die Religionsproblematik jedoch noch vieles zu denken. Allerdings ist es wahr, daß nach Marx in einer sozialistischen Gesellschaft, d. h. in einer Gesellschaft ohne Klassen, die Religion untergehen würde, weil sie ihre soziale Basis verlieren würde. Diese Auffassung beruht zweifellos auf Marx' Angaben, daß die Religion Konsequenz einer verkehrten Gesellschaft ist, und daß bei Verwandlung derselben die Religion von selbst verschwinden würde. „Dieser Staat, diese Sozietät produzieren die Religion, *ein verkehrtes Weltbewußtsein*, weil sie eine verkehrte Welt sind".[14]

Es ist vielleicht kein bloßer Zufall, daß die Religion – zumindest die christliche – im Privateigentum ein „natürliches Recht" hat sehen wollen, das um jeden Preis mit allen Mitteln der Scholastik verteidigt werden mußte. Hier scheinen sich Fiktionen über Fiktionen zu legen: der Fiktion des Privateigentums (Warenfetischismus) wird die Fiktion des „natürlichen Rechts" hinzugefügt. Für Marx ist die Idee, das Privateigentum beruhe auf einem natürlichen Recht „nichts als eine metaphysische und juristische Illusion".[15] Eine neue Version dieser Illusion – welche Caruso übrigens für eine Perversion[16] hält – ist kürzlich von Carl Amery[17] aufgedeckt und kritisiert worden: Die Fiktion, daß wir – die Menschen – unter allen Geschöpfen die Auserwählten sind, ausgestattet mit absoluter Macht und irrationalen Ausbeutungsrechten über die Natur. Ist nicht der Mythos eines natürlichen Rechts auf Privateigentum eine der logischen Konsequenzen dieses ursprünglich religiösen Mythos', in welchem uns Gottvater das ganze Universum als *Eigentum* schenkt? Vom psychoanalytischen Standpunkt aus kann der Zusammenhang zwischen Eigentumsbegriff und Religionsbildung mit Glaser (welcher hier P. Federn glossiert) wie folgt gesehen werden: „... müsse auch der Eigentumsbegriff neu durchdacht werden. Im Unbewußten waren die Väter Träger des Eigentums. Dem Vater (also Gott) gehörte die Welt, in die das Kind geboren wurde".[18]

Die religiöse Problematik wirft komplexe Fragen auf. Daher versuchen wir hier nicht zu ,*beweisen*', daß die Religion eine radikale Illusion ist. Wenn sich die Religion letzten Endes auf eine ,natürliche', gratis empfangene Gabe stützt, dann kann in ihren Augen kein solcher Beweis Anspruch auf Gültigkeit erheben. Was jedoch ohne Begründung akzeptiert wird, kann auch verworfen werden, ohne Gründe anzugeben.

Psychoanalytische Praxis und Religion

Ich gehe davon aus, daß die „anthropologische Theorie sich in der therapeutischen Praxis reflektiert, und umgekehrt, daß die therapeutische Praxis imstande sein muß, ständig die anthropologische Theorie zu überprüfen und zu verbessern."[19] Welche Haltung könnte ein atheistischer Psychoanalytiker einem religösen Analysanden gegenüber einnehmen? Ich glaube, daß man sich im Rahmen einer guten psychoanalytischen Technik der Beschränkung seiner Methode bewußt sein muß, die weder Träger noch Stifter ,der Wahrheit' ist, sondern allein nüchterne Kritik menschlicher Beweggründe und der ihnen inhärenten Werte. Innerhalb dieser Technik muß das Ausmaß der immer anwesenden Gegenübertragung berücksichtigt werden, die dialektisch unsere eigenen Elemente als „verhinderte Theologen" beinhaltet oder unser Bekenntnis: „Ich bin obsessiv neurotisch genug, um nicht verneinen zu können, daß mein Atheismus religiöse Elemente einschließt."[20] Ich verstehe hier unter ‚religiösen' Elementen private obsessive Rituale. Bei einigen außergewöhnlichen Menschen erreichen der Glaube an und die Hoffnung auf den Menschen die gleiche Kraft wie religiöse Illusionen; so z. B. Trozkis Zeugnis in seinem Tagebuch: „Dieser Glaube an den Menschen und an seine Zukunft geben mir auch heute eine Widerstandskraft, wie keine Religion sie geben kann".[21] Es gibt Autoren, die versuchen das Unvereinbare miteinander durch voreilige Versuche zu verbinden, die Psychoanalyse zu ‚taufen', sie mit jungianischen Mystiken und mit ‚existentialistischem Humanismus' zu ‚vergeistigen'.

Caruso spricht nicht nur von einer „ständigen Selbstkritik", sondern er übt sie auch aus, wenn er z. B. ideologische Momente in seiner früheren Zugangsweise zur Psychoanalyse zugibt: „Ich selbst müßte gerade an diesem Punkt mit der schonungslosesten Selbstkritik beginnen. Ich habe in der Psychoanalyse Argumente gesucht (eine Art psychologischen Gottesbeweis), die sie nicht liefern konnte, und die nur in meiner damaligen, inneren Weigerung, einen echten Dialog zu führen, existierten".[22] Ein Jahr vorher hatte Caruso davon gesprochen, wie der Mensch das Glück im „vermeintlichen Übernatürlichen" sucht: „Es kann postuliert werden, daß das Glück für ihn entweder aus kurzen Augenblicken der Ruhe oder – vielleicht öfter – aus *hartnäckigen* Illusionen besteht. Der Mensch kann nicht glücklich sein, weil er das einzige unvollendete Wesen ist. (...) Wahrscheinlich sucht er deswegen Glück im vermeintlich Übernatürlichen"[23] und weiter „es könnte also scheinen, daß das Glück nur im *Selbstbetrug* – und auch hier selten genug – gefunden werden kann: nämlich in der Mystifizierung seines eigenen Unvollendetseins, und die *religiöse Eschatologie* (...) all das sind solche Manipulationen mit dem gegenwärtigen Unvollendetsein"[24] (Hervorhebungen von R. P.-O.). Später stellt er fest: „... wuchs die Psychoanalyse allmählich über den alten Rahmen hinaus bis zur umfassenden Ideologiekritik; *stellte sie doch die Eindeutigkeit sämtlicher Bindungen und Werte der Menschen in Frage, allem voran Gott und die Autorität*"[25] (Hervorhebung von R. P.-O.).

Ebenso, wie jede moralisierende Verkündung der herrschenden Werte, verstößt auch jede ikonoklastische Proklamation im Namen unseres Aufklärungsgeistes gegen die psychoanalytische Technik. Nicht ohne Sarkasmus sagt Igor A. Caruso: „Wie für Pilatus bleibt für die Psychoanalyse die Frage nach der Wahrheit unbeantwortet", obwohl er hinzufügt: „Diese Frage aber stellt sich in jedem Augenblick des menschlichen Lebens von neuem. Die Psychoanalyse bleibt hierdurch immer eine sich selbst bescheidende Einleitung zur Wahrheitssuche und zur Toleranz".[26]

Dem Problem der Religion gegenüber befinden wir uns in einer Situation, die der einer ‚mystischen Vision', einer Halluzination oder eines hochgradig verarbeiteten paranoiden Wahns sehr ähnlich ist: Es ist schwer entscheidbar, ob es sich um eine Wahrheit handelt, die unsere Fassungskraft übersteigt oder um einen Wahn, welcher – wenn überhaupt – nur langsam und sehr vorsichtig aufgelöst werden kann. Die Analogie der Religion mit der Paranoia erscheint übrigens verhältnismäßig früh in Freuds Werk. Tatsächlich sagte er: „Ich glaube in der Tat, daß ein großes Stück der mythologischen Weltauffassung, die weit bis in die modernsten Religionen hineinreicht, nichts anderes ist als *in die Außenwelt projizierte Psychologie* (Hervorhebung von Freud). Die dunkle Erkenntnis (sozusagen endopsychische Warnehmung) psychischer Faktoren und Verhältnisse des Unbewußten spiegelt sich – es ist schwer, es anders zu sagen – die *Analogie mit der Paranoia muß hier zu Hilfe genommen werden ...*"[27] (Hervorhebung von R. P.-O.). Dieselbe Idee kommt noch deutlicher zum Ausdruck in einem Brief an Arnold Zweig, in dem von Religion als Wahnwitz die Rede ist: „Palästina hat nichts gebildet als Religionen, heiligen Wahnwitz, vermessene Versuche, die äußere Scheinwelt durch die innere Wunschwelt zu bewältigen".[28] Auch Engels sprach von „... dem religiösen Wahnsinn, der gewöhnlich noch für Sinn gilt".[29] Wer entscheidet, ob ein Massenwahn ein Massenwahn ist oder nicht? Sich auf die Beweise der Existenz Gottes beziehend, sagt Marx: „Bringe Papiergeld in ein Land, wo man diesen Gebrauch des Papiers nicht kennt, und jeder wird lachen über deine subjektive Vorstellung. Komme mit deinen Göttern in ein Land, wo andere Götter gelten, und man wird dir beweisen, daß du an Einbildungen und Abstraktionen leidest. Mit Recht. *Was ein bestimmtes Land für bestimmte Götter aus der Fremde, das ist das Land der Vernunft für Gott überhaupt, eine Gegend, in der seine Existenz aufhört*"[30] (Hervorhebung von Marx).

Je nachdem, ob man von einer religiösen oder einer a-religiösen Einstellung ausgeht, bekommt alles eine entsprechende Bedeutung. Befinden wir uns innerhalb des Wahns oder außerhalb? Mit dieser Frage setzt man in gewisser Weise alles aufs Spiel. Entweder bedeutet der Glaube an Götter (oder an einen Gott) eine radikale Entfremdung oder aber der Nichtglaube stellt eine ebenso radikale Entfremdung dar. Erinnern wir uns daran, daß in der Geschichte der christlichen Theologie die radikalste Entfremdung eben die war, von Gott entfremdet zu sein.[31] So brennende Probleme wie Umweltverschmutzung, Bevölkerungsexplosion oder ein Atomkrieg stellen sich für den Gläubigen und für den Nichtgläubigen grundverschieden dar. Hier offenbaren sich u. a. die Grenzen einer Zusammenarbeit zwischen Gläubigen und Nichtgläubigen.[32] Die einen setzen *das* Leben aufs Spiel, – das einzige Leben – die anderen setzen *ein* Leben aufs Spiel – das unsichere, das zweitrangige. Welchem wird das solidarische Unterfangen des Überlebens besser gelingen?

In der Grundeinstellung (sie ist notwendigerweise Teil der Gegenübertragung), die der Analytiker seinen Analysanden gegenüber einnimmt, muß man die strikte Einschätzung der Religion als entfremdende Ideologie miteinbeziehen. Wenn die Religion Ersatzbefriedigung von Bedürfnissen ist, muß die psychoanalytische Entlarvung dieses Tatbestandes den Analysanden befähigen zu lernen, sich auf andere Weise mit seinen Bedürfnissen auseinanderzusetzen. Die Gegenübertragung einigermaßen zu kontrollieren, bedeutet freilich nicht ihre *subtilere Implikation* (d. h. Grundeinstellung axiologischer, politischer und ethischer Art) zu ignorieren und zu verleugnen.[33]

Funktion der Religion

Vielleicht wird die Religion noch lange die Funktion ausüben, den Reichtum an magischem Denken zu erhalten, den wir anders weder einzeln noch gesellschaftlich in geeigneter Weise handhaben können. Eugen Böhler denkt nicht anders, wenn er sagt, daß die Mythen „die psychischen Organe [sind], deren Funktion darin besteht, dem menschlichen Dasein Sinn zu stiften", und daß der „Mythos, als Ausdruck des Wartens auf die Zukunft, ein universales Phänomen des menschlichen Lebens" bildet.[34] Dazu können wir mit Freud sagen: „Um es [das Leben] zu ertragen, können wir Linderungsmittel nicht entbehren.".[35] Ganz allgemein gesprochen betont ja Freud, „wie schwer etwas untergeht, was sich einmal psychischen Ausdruck verschafft hat".[36] Bei der Dauerhaftigkeit und Zähigkeit der religiösen Gefühle und der Schwierigkeit, sie auszurotten, handelt es sich laut J. Klauber „um den *Glauben an die Unzerstörbarkeit* guter internalisierter Objekte"[37] (Hervorhebung von R. P.-O.). Dies läßt vermuten, daß wir vom Standpunkt der psychoanalytischen Technik aus gesehen in vielen Fällen gute Objekte unberührt lassen müssen, wenn der Analysand sie braucht, um ein gewisses inneres Gleichgewicht aufrecht zu erhalten: „… der religiöse Glaube verkündet das Wissen des Kindes, daß, komme was wolle, die ‚ewigen Arme' der Mutter dasein werden".[38] Es ist kein Zufall, daß Freud in der Hierarchie der Ängste die Angst vor der Trennung von der beschützenden Mutter an erste Stelle setzt.

Zweifellos besitzt die Religion eine außerordentliche Anziehungskraft. Sie bezieht ihre Attraktivität zum großen Teil aus ihren ökonomischen Vorteilen in bezug auf die psychische Ausgeglichenheit: die Zugehörigkeit zu einer Gruppe, die Kommunion, die Gemeinschaft, die göttliche Vorsehung bieten dem einzelnen Schutz. Die Religion schützt nicht nur vor körperlicher Gebrechlichkeit, Hilflosigkeit und Angst vor dem Tod usw.; als Quelle von Belohnung und Strafe dient sie auch als Regulator der Schuldgefühle. Welche andere ‚Institution' in unserem Leben kann so viele Leistungen zugleich erbringen? Man erinnere sich daran, daß Freud als einen der Ursprünge der Religion eben das Schuldgefühl erwähnt: „Die Gesellschaft ruht jetzt auf der Mitschuld an dem gemeinsam verübten Verbrechen, die Religion auf dem Schuldbewußtsein und der Reue darüber".[39]

Die Weltanschauung, die man sich ausgearbeitet hat und die einem ständigen Bearbeitungsprozeß unterworfen ist (oder sein sollte), entspringt bestimmten Anforderungen, die uns die umgebende Realität auferlegt. Zweifellos ist eines der Probleme, die uns die Realität gegenüberstellt, der Tod. Die Konfrontation und Bearbeitung der Tatsache des Todes stellt die höchsten psychischen Fähigkeiten auf die Probe, wobei, wie Kohut formuliert „… die scheinbare Hinnahme der Vergänglichkeit mit deren heimlicher Verleugnung Hand in Hand geht."[40] Für diese Verleugnung bietet uns die Religion ein Alibi an.[41] In „Totem und Tabu" erwähnt Freud den engen Zusammenhang zwischen dem Problem des Todes und der religiösen Antwort darauf: „Vor allem müßte das Todesproblem der Ausgangspunkt der Theoriebildung geworden sein".[42]

Vergessen wir nicht, daß nach Freud „die wenigsten Kulturmenschen fähig sind, ohne Anlehnung an andere zu existieren oder auch nur ein selbständiges Urteil zu fällen. Die Autoritätssucht und innere Haltlosigkeit der Menschen können Sie sich nicht arg genug vorstellen. Die außerordentliche Vermehrung der Neurosen seit der Entkräftung der Religion mag Ihnen einen Maßstab dafür geben".[43] In „Eine Kindheitserinnerung des Leonardo da Vinci" sagt Freud: „Die Religiosität führt sich biologisch auf die lang anhaltende Hilflosigkeit und Hilfsbedürftigkeit des kleinen Menschenkindes zurück (...). Der Schutz gegen neurotische Erkrankung, den die Religion ihren Gläubigen gewährt, erklärt sich leicht daraus, daß sie ihnen den Elternkomplex abnimmt, an dem das Schuldbewußtsein des einzelnen wie der ganzen Menschheit hängt, und ihn für sie erledigt, während der Ungläubige mit dieser Aufgabe allein fertig werden muß".[44]

Mit Recht bemerkt Caruso, daß der Mensch, der über seine Grenzen nachdenkt, sich unvermeidlich fragen wird, was auf der anderen Seite der Grenze liegt. Und dieser auslösende Mechanismus, welcher aus der begrifflichen Erfassung der Grenze als Grenze entspringt, rechtfertigt nicht ohne weiteres, daß der Mensch „in philosophischer Eile aus dem menschlichen Mechanismus der Transzendierung den Urgrund aller Transzendenzen [induziert], der außerhalb ihm walte."[45]

Die Religionskritik der Psychoanalyse muß somit genau so vorgehen, wie es der marxistische Ideologiekritiker Machovec vorschlägt: „Gerade weil die Marxisten voraussetzen, daß sich hinter der Religion nichts ‚Übernatürliches' oder ‚Übermenschliches' versteckt, sondern, daß die Religiosität ein menschliches Produkt von Anfang bis zu Ende ist, eben deshalb sollen sie die Geschichte der Religion nicht als eine Geschichte magischer Absurditäten (und davon hat es genügend gegeben), sondern als die *Geschichte vom Kampf des Menschen mit dem Menschen um das Menschliche* berücksichtigen"[46] (Hervorhebung von Machovec).

Religion und Politik

Da die Religion auf einer radikalen Autonomielosigkeit beruht, da sie gerade eine völlige Abhängigkeit der Geschöpfe vom allmächtigen Schöpfer postuliert, ist die Versuchung selbstverständlich sehr groß, diesen geistigen Zustand für politische Zwecke auszunutzen. Die Religionsverfechter verteidigen vor allem die unkalkulierbare poitische Macht, die sie darstellt. So äußern sich z. B. die verwaltenden Kräfte der Religion im Falle der Bevölkerungsexplosion – sei es offen oder verschleiert – nicht aus religiöser Überzeugung[47] gegen die Geburtenkontrolle, sondern weil sei fürchten, daß die Kirche ihre moralische Autorität und politische Macht einbüßen wird, wenn sie ihren einmal eingenommenen Standpunkt zurücknimmt. Diese Macht fußt ja gerade auf der Forderung blinden Gehorsams der Gottheit gegenüber. Das ist – so scheint mir – der ideologische Kern ihrer Einstellung. Dies nimmt derartig extreme Formen an, daß selbst Länder wie Mexico, die ein größeres Bewußtsein hinsichtlich des Bevölkerungsüberschusses erreicht haben, es nicht wagen, adäquate und wirksame Maßnahmen zu ergreifen. Dies ist vor allem auf die Furcht zurückzuführen, sich den Vertretern der politischen Macht der Religion mit ihren Postulaten völliger Abhängigkeit von ihrem Gott entgegenzustellen, was u. a. auch Abhängigkeit von denen ist, die sich als selbst ernannte Verwalter aufspielen. (Ich kenne zwar die soziologischen Statistiken, die mir in einigem widersprechen. Ihre Methodologie ist für mich jedoch nicht überzeugend, u. a. weil die psychoanalytischen Instrumente nicht in ihre Erhebungstechnik integriert sind.)

Die Linke scheint vergessen zu haben, daß die Religion vor allem eine politische Angelegenheit ist. Selbst wenn wir hier vor allem vom Christentum sprechen, halte ich es für angebracht, auch auf die Verhältnisse im Iran hinzuweisen, von denen Bassam Tibi schon 1979 schrieb: „Das europäische gebildete Publikum kann nicht begreifen wie eine Religion, wie der Islam, so eine mobilisierende Wirkung haben kann und versteht die Verquickung von Religion und Politik nicht. (...) Der Islam war seit seiner Geburt eine politische Ideologie und nicht bloß eine Religion".[48]

Wir wollen auf die große politische Bedeutung jeglicher Ideologie hinweisen (hier sprechen wir von der Religion als Ideologie), indem wir erinnern, daß geschichtlich gesehen die Menschen mehr Kriege der Ideen wegen geführt haben als aus irgendeinem anderen Grunde.[49]

Wir könnten sagen: Religion ist nicht als solche erkannte Politik, da sie in dem Hypothalamus verankert ist. (Im Hypothalamus „entspringen" die primitivsten Affekte). Oder um eine nicht-anatomische Metaper zu benutzen: Die Religion wohnt in den heiligen Räumen des „persönlichen Glaubens". Aufgrund dessen können dort die subtilsten politischen Kräfte ausgebrütet werden. Um nur ein Beispiel unter Tausenden zu nennen: das Schicksal der Geburtenkontrollmaßnahmen wird im Vatikan entschieden und nicht in den Hauptstädten der betroffenen lateinamerikanischen Länder. Das kommt einem Imperialismus des Gewissens gleich. Dies ist der Stil des verkappten vatikanischen Imperialismus. Es erübrigt sich, über die politischen und sozioökonomischen Folgen der Bevölkerungsexplosion für den lateinamerikanischen Kontinent zu sprechen. Wenn ich die Wichtigkeit des vatikanischen Imperialismus hervorhebe, dann nicht etwa, weil er der einzige wäre, sondern weil er meist übersehen wird, u. a. um nicht mit der Tradition in Konflikt zu geraten.

Die auf persönlichem Niveau so heikle religiöse Problematik verwandelt sich gesellschaftlich gesehen in eine Zeitbombe.

Die Verbindung zwischen der Kirche und den repressiven Mächten ist wohlbekannt. Was hier hinterfragt wird, ist die *Möglicheit*, daß die wohlmeinenden und an sich *lobenswerten* Aktivitäten der religiösen Linken sowohl wirklich progressiv sein könnten als auch nur ein neues Alibi darstellen könnten. Außerdem hat es den Anschein, als ob sie das, was sie mit der linken Hand aufbaut, mit der rechten wieder zerstört. Mit anderen Worten, es fragt sich, ob revolutionärer Fortschritt und Jenseitsreligionen miteinander überhaupt vereinbar sind. Auf der einen Seite steht der, der von einer religiösen Weltanschauung ausgeht und glaubt, daß sein

Leben auf der Erde definitiven *Jenseitswerten unterstellt* ist und auf der anderen jener, für den sein diesseitiges Leben wichtig ist, weil es etwas Einzigartiges, Unwiederbringliches darstellt. Wer ersterer Einstellung – bewußt oder unbewußt – folgt, kann im Grunde nicht ernstgenommen werden, da er alles letzten Endes in den Dienst der entfremdendsten Macht stellt: der Religion.

Anmerkungen

[1] Freud, S. (1933): Neue Folgen der Vorlesungen zur Einführung in die Psychoanalyse. Gesammelte Werke (GW) 15. Frankfurt: Fischer, 4. Aufl., 1968, S. 173.

[2] Caruso, I. A.: Die Trennung der Liebenden. Bern: Huber 1968, S. 289.

[3] Delhumeau, A.: La crítica de la religión. Crítica y politica (1980) 7, S. 12.

[4] Hier beschränken wir uns auf den Raum unserer westlichen Kultur, in welchem ,Religion' praktisch gleichbedeutend ist mit christlicher Religion oder jüdisch-christlicher Tradition, also im wesentlichen eine Jenseitsreligion (vgl. dagegen Buddhismus). Jenseitsreligionen sind im allgemeinen ,Erlösungsreligionen', d. h. solche, die ihren Gläubigen die Befreiung vom Leiden in Aussicht stellen (Weber, M.: Die protestantische Ethik und der Geist des Kapitalismus. In: Gesammelte Aufsätze zur Religionssoziologie. Tübingen: Mohr 1905 (1972), S. 114.) Für diejenigen, die dem Christentum den Charakter einer Religion nicht zugestehen, soll hier das Wort Religion im Sinne von Theismus verstanden werden: Theismus umfaßt alle Weltanschauungen, die als Kern die „Konzeption des überweltlichen also übermenschlichen Schöpfergottes" haben (Weber, M.: ebda., S. 538).

[5] Vgl. Kap. 10 dieses Buches.

[6] Marx, K.: Marx-Engels-Werke (MEW) 1. Berlin, DDR: Dietz 1971, S. 378.

[7] Dies mag innerhalb des Marxismus sehr ,unorthodox' klingen. Erinnern wir uns daran, daß die biologische Hilflosigkeit (als Quelle der Religiösität) ontogenetisch früher angesetzt ist als die entfremdenden Produktionsverhältnisse (vgl. Kolakowski, L.: Die Hauptströmungen des Marxismus. Bd. 1. München: Piper 1976).

[8] Sehr umfangreich ist die Literatur derer, die versucht haben zu beweisen, daß die entschieden anti-religiöse Haltung Freuds nicht als zentraler Bestandteil seines Werkes gelten kann. Denken wir an die Beiträge von Scharfenberg, Wucherer-Huldenfeld, Ricoeur; an die Arbeiten aus rein theologischer Sicht, z. B. Bamberger oder an die Stellungnahme des frühen Igor A. Caruso in ,Psychoanalyse und Synthese der Existenz' sowie an die bahnbrechenden Beiträge Otto Pfisters. Diese Autoren haben sich bemüht, zwischen einer echten und einer falschen Religiösität zu unterscheiden, als ob dies das grundlegende Problem wäre. Derselben Tendenz folgen auch einige christliche Psychoanalytiker wie Rudin oder Görres. Andere, wie Preuss, versuchen, die freudsche Kritik der Religion auf den Konflikt Sigmund Freuds mit seinem Vater oder die Erziehung durch das katholische Kindermädchen usw. zurückzuführen. Alle diese Veröffentlichungen (und selbstverständlich viele weitere, die hier nicht aufgeführt werden können) zeigen, daß die Bedeutung der Religionskritik Freuds auch heutzutage noch keineswegs adäquat erfaßt worden ist. Immerhin ist meiner Ansicht nach die Bedeutung der ersten Pionierarbeiten Reiks und Jones' unverkennbar.

[9] Weber, M.: a. a. O., S. 450.

[10] Freud, S. (1900): Die ethischen Gefühle im Traume. In: Die Traumdeutung. GW 1, a. a. O.

[11] Weber, M.: a. a. O., S. 113.

[12] Marx, K.: MEW 1, a. a. O., S. 385.

[13] Caruso, I. A.: Soziale Aspekte der Psychoanalyse. Stuttgart: Klett 1962, S. 86.

[14] Marx, K.: MEW 1, a. a. O., S. 378 (Hervorhebung von Marx).

[15] Marx, K.: MEW 4, a. a. O., S. 551.

[16] „Ein Ding besitzen jedoch heißt – von ihm abhängig sein, von ihm besessen werden. Es will scheinen, daß diese Perversion des Menschlichen erst mit dem Ende des Privateigentums

enden wird." (Caruso, I. A.: Soziale Aspekte der Psychoanalyse. Reinbek: Rowohlt 1972, S. 84).

[17] Amery, C.: Das Ende der Vorsehung. Die gnadenlosen Folgen des Christentums. Reinbeck: Rowohlt 1972.

[18] Glaser, H.: Sigmund Freuds zwanzigstes Jahrhundert. Seelenbilder einer Epoche. München: Hanser 1976, S. 208.

[19] Caruso, I. A.: Psicoanálisis y sociedad: De la crítica de la ideología a la autocrítica. Psicoanálisis y sociedad – Apuntes de freudo-marxismo. Cuadernos de Anagrama (1971), No. 2, S. 56.

[20] Caruso, I. A.: Prolegómenos para un diálogo entre religión y psicoanálisis. Comunidad 4 (1969), S. 285.

[21] Zit. n.: Deutscher, I.: Trotzky, el profeta desterrado. Mexico: Ediciones Era 1969, S. 431 (dt.: Trotzki. Der verstoßene Prophet. 1929-1940. Stuttgart: Kohlhammer 1972).

[22] Caruso, I. A.: Psicoanálisis y sociedad. a. a. O., S. 285.

[23] Caruso, I. A.: Die Trennung der Liebenden. a. a. O., S. 250.

[24] Caruso, I. A.: ebda., S. 251.

[25] Caruso, I. A.: Soziale Aspekte der Psychoanalyse. a. a. O., S. 140.

[26] Caruso, I. A.: ebda., S. 141.

[27] Freud, S. (1904): Zur Psychopathologie des Alltagslebens. GW 4, a. a. O., S. 287.

[28] Freud, S. & Zweig, A.: Briefwechsel. Frankfurt: Fischer 1968, S. 51.

[29] Engels, F.: Marx-Engels-Werke (MEW) 1. Berlin, DDR: Dietz 1971, S. 553.

[30] Marx, K.: MEW Ergänzungsband 1, a. a. O., S. 371. – Der Machthaber entscheidet, was richtig und was falsch ist. Dieselbe Beziehung existiert im übrigen zwischen Kolonialherren und Kolonisierten.

[31] In diesem Zusammenhang möchte ich auf die Schriften von Augustinus, Athanasius und Bonaventura hinweisen sowie auf das Kapitel ‚Entfremdung' von E. Ritz. In: Ritter, J. & Gründer, K: (Hg.): Historisches Wörterbuch der Philosohpie. Bd. 2. Basel: Schwabe 1972, S. 510.

[32] Dies sei gegen die einlenkenden ‚strategischen Stellungnahmen' gesagt, die es selbst angesichts der unüberwindlichen Schwierigkeiten vorziehen, ‚einfach anzufangen, ganz gleich, wie die Dinge liegen'. Seitens der christlichen Perspektive werden verführerische Gesänge der Befreiungstheologie hörbar, die auf die Notwendigkeit hinweisen, für die sozialistische Revolution mit dem ‚christlichen Volk' zu rechnen. Die Theorie der Revolution bleibt nach wie vor eine komplizierte und offene Frage.

[33] Vgl. Páramo-Ortega, R. et al: Actidudes contra transferenciales básicas. Un aspeto descuidado de la contratransferencia. Trabajos del Psicoanálisis 3 (1984), 105-115.

[34] Böhler, E.: Die Zukunft als Problem des modernen Menschen. Freiburg: Rombach 1966, S. 44.

[35] Freud, S. (1930): Das Unbehagen in der Kultur. GW 14, a. a. O., S. 432.

[36] Freud, S. (1933): Neue Folgen der Vorlesungen zur Einführung in die Psychoanalyse. GW 15, a. a. O., S. 178.

[37] Klauber, J.: Über die psychischen Wurzeln der Religion. Psyche 30 (1976), S. 147.

[38] Klauber, J.: ebda.

[39] Freud, S. (1913): Totem und Tabu. GW 9, a. a. O., S. 176.

[40] Kohut, H.: Formen und Umformungen des Narzißmus. Psyche 20 (1966), S. 581.

[41] Vgl. Stern, M.: Trauma, Todesangst und Furcht vor dem Tod. Psyche 24 (1972), 901-928.

[42] Freud, S.(1913): Totem und Tabu. GW 9, a. a. O., S. 95. – Er beruft sich hier auf Magie und Animismus.

[43] Freud, S. (1911): Die zukünftigen Chancen der psychoanalytischen Technik. GW 8, a. a. O., S. 109.

[44] Freud, S. (1910): Eine Kindheitserinnerung des Leonardo da Vinci. GW 8, a. a. O., S. 195.

[45] Caruso, I. A.: Die Sozialpsychologie der Eroberung des Kosmos. In: Graf, O. (Hg.): Die

Epoche des überfließenden Sehvermögens. Der Mensch im Weltraum. Wien: Österreichischer Bundesverlag 1970, S. 42-48.

[46] Machovec, L.: De la importancia de ocuparse de las formas vivas de la religión. In: Aguirre, Aranguren, Sacristán et al.: Cristianos y marxistas. Madrid: Alianza Editorial 1969, S. 109.

[47] Ähnliches meint Leopold Szondi, wenn er von der „Glaubensfunktion" als einer menschlichen Grundfunktion spricht. Er weist sie dem Ich zu. Ihre Aufgabe bestehe darin, Schutz und Lebenssinn zu gewähren. Ich muß hier jedoch anmerken, daß es eine Sache ist, eine Funktion zu akzeptieren und eine andere, den Inhalt als wahr zu betrachten. Szondi ordnet weiterhin die „Glaubensfunktion" einem breiteren „Partizipationsstreben" unter, das den Gläubigen tatsächlich in einen ständigen Kontakt mit dem allmächtigen Schöpfer stellt. – Vgl. Szondi, L., zit. n.: Huth, W.: Leopold Szondi und die Religion. In: Die Psychologie des 20. Jahrhunderts. Bd. 15: Imagination, Kreativität und Transzendenz. München: Kindler 1978, 290-295.

[48]Tibi, B.: Religion und Politik im islamischen Orient. In: Gegenwartskunde 28 (1979), S. 161.

[49] Ich unterschätze keineswegs die logische, zweifelsohne zusammenhängende und durchdachte Struktur dieser Ideologien. Ihre interne Kohärenz ist von großen Denkern ausgewiesen. Die Hauptdivergenz, auf die ich hier hinweise, besteht in der grundlegenden Voraussetzung des Glaubens oder Nichtglaubens. Um meine Meinung noch zu untermauern, weise ich auf das „Schwarzbuch der Weltgeschichte – 5000 Jahre der Mensch des Menschen Feind" von H. Dollinger (München: Pawlak 1973) hin. Hier werden die Perspektiven auf diverse Kriege, Verfolgungen und Todesarten für die, die ,anders denken' revidiert. Die aus dem ,orthodoxeren' marxistischen Blickwinkel gegebenen Erklärungen sind meiner Meinung nach unzureichend. Vor kurzem wies Hans Küng darauf hin, daß „niemand heute ernsthaft bestreiten wird, wie sehr der Frieden in der Welt vom Frieden unter den Religionen abhängt." (Küng, H.: Religionsfriede, Menschheitsfriede. Frankfurter Allgemeine Zeitung vom 6. Oktober 1984).

Zusätzliche Literatur

Bamberger, J. E.: Es la religión una ilusión? – Reto de Freud a la teología. In: Concilium, Revista Internacional de Teología (1966), No. 16, 254-270.

Caruso, I. A.: Psychoanalyse und Synthese der Existenz. Freiburg: Herder 1952, S. 80.

Görres, A.: Methode und Erfahrungen der Psychoanalyse. München: Kösel 1958.

Jones, E.: Psycho-myth, psycho-history. New York: Storehill 1974.

Pfister, O.: Religionswissenschaft und Psychoanalyse. Aus der Welt der Religion (1927), No. 6.

Preuss, H. G.: Illusion und Wirklichkeit. An den Grenzen von Religion und Psychoanalyse. Stuttgart: Klett-Cotta 1971.

Reik, T.: Probleme der Religionspsychologie. Leipzig, Wien: Internationale Psychoanalytische Bibliothek No. 5, 1919.

Ricoeur, P.: De l'interpretation. Essai sur Freud. Paris: Editions du Seuil 1965 (bes. Abschnitt 4 des 3. Teils) (dt.: Die Interpretation. Ein Versuch über Freud. Frankfurt: Suhrkamp 1974).

Ricoeur, P.: El ateísmo del psicoanálisis freudiano. Concilium, Revista Internacional de Teología (1966), No. 16.

Rudin, J.: Psychotherapie und Religion. Freiburg: Walter 1960.

Scharfenberg, J.: Sigmund Freud und seine Religionskritik als Herausforderung für den christlichen Glauben. Göttingen: Vandenhoeck & Ruprecht 1971.

Wucherer-Huldenfeld, A. K.: Was versteht Freud unter Religion? Jahrbuch für Psychoanalyse, Psychotherapie und medizinische Anthropologie 15 (1967) No. 3/4.

Wucherer-Huldenfeld, A. K.: Postulatorischer Atheismus – Über die Bedeutung der Religionskritik in der Psychoanalyse. Wort und Wahrheit (1967), No. 12.

4. Über das Elend der psychoanalytischen Literatur

Einleitende Erklärung

Ich beziehe mich selbstverständlich auf das Elend der psychoanalytischen Literatur nach Freud und zwar mit der Einschränkung, daß es sich hier um eine beschränkte Mitteilung handelt und nicht ohne zu betonen, daß natürlich Ausnahmen vorkommen. Mein persönlicher Eindruck ist, daß zwar die psychoanalytische Literatur ihr höchstes Niveau im deutschen Sprachraum[1] erreicht hat (besonders in den letzten 15 Jahren), wenngleich U. Irion die bundesdeutsche Situation dennoch als miserabel bezeichnet: „Die theoretische Unfruchtbarkeit der bundesdeutschen Psychoanalyse ist nicht allein von der Zäsur des Faschismus herzuleiten; eine solche Reduktion ist legitimatorische Ausrede, die sich über immanente Gründe hinwegtäuscht."[2] In den Vereinigten Staaten und in Lateinamerika ist sie vielleicht jedoch auf ihr tiefstes Niveau gesunken. Über Skandinavien, Japan, Indien und die Sowjetunion kann ich nichts aussagen.

Mein Untersuchungsgegenstand ist so weitgespannt, daß ich mich mit allgemeinen Eindrücken begnügen muß. So sollte ich z. B. erwähnen, daß ich die französische Literatur (mit sechs Zeitschriften, von denen einige nur sehr unregelmäßig erscheinen) zwar beachtet, jedoch nicht tiefgehender untersucht habe. Übrigens weist Didi Anzieu darauf hin, daß „wir von analytischen Schriften überschwemmt werden, in denen – wenigstens in Frankreich – die Schönheiten des Stiles nur als Schmuck dienen, um narzißtisch das Banale der Gedanken zu verbergen."[3]

Es versteht sich von selbst, daß ich keine detaillierte Analyse der gesamten psychoanalytischen Literatur leisten kann, die gegenwärtig erscheint. Außerdem impliziert mein persönlicher Eindruck keineswegs, daß ich selbst über dem besagten Elend stehe. Ich hoffe, es ist klar, daß ich die Qualität einiger Publikationen auf beiden Seiten des Atlantiks sehr wohl zu schätzen weiß.

Gesellschaftskritische Potenz der Psychoanalyse und Widerstand

Es ist allgemein bekannt, welchen Widerstand die kulturelle Umgebung dem Vordringen der psychoanalytischen Einsichten entgegensetzt. Freud ging sogar so weit zu behaupten, daß ein Kriterium zur Beurteilung der Authentizität der Psychoanalyse eben darin zu suchen sei, daß sie nicht akzeptiert werde.

Eine kurze Anekdote, die diese bekannte Tatsache veranschaulicht, finden wir anläßlich der Vorträge über Psychoanalyse, die Freud 1909 an der Clark University hielt. Die Bostoner Zeitung *Evening Transcript* publizierte ausführliche Besprechungen der Vorträge, jedoch erwähnte sie weder die Bemerkungen zur kindlichen Sexualität, noch die Kritik der zivilisierten Sexualmoral.[4]

Ich möchte mich jedoch hier mit einem anderen Phänomen befassen: mit dem des Widerstandes des Analytikers selbst, der, wenn er nur denkt und sagt, was den Herrschenden paßt, sich der Opposition beugt, die die Gesellschaft ihm bietet. Die Kritik des Analytikers verstummt und er wird so zum Ke verstummt und er wird so zum Komplizen, womit er sich von der Tradition Freuds entfernt, der selbst schon sehr früh ein ernstzunehmender Kritiker seiner Gesellschaft war.

Die Ideen Freuds über Aktualneurosen und Hysterie begründen gleichzeitig die Gesellschaftskritik, d. h. Kritik an der herrschenden Sexualmoral und den ihr entsprechenden Institutionen.[5] Freud beklagte sich über das geringe Interesse, das besonders in den USA für die soziokulturellen Auswirkungen der psychoanalytischen Wissenschaft gezeigt wurde. „Ich höre oft, daß die Psychoanalyse in den USA sehr populär ist und daß sie dort nicht auf den gleichen hartnäckigen Widerstand stößt, wie in Europa. Meine Befriedigung darüber wird aber durch mehrere Umstände getrübt … sie zeigen in der Regel wenig Interesse für ihre wissenschaftlichen Probleme und ihre *kulturelle Bedeutung*" (Hervorhebung von R. P.-O.).[6]

Meiner Meinung nach hat diese Kritik auch heute noch ihre Gültigkeit. Es ist daher nicht erstaunlich, wenn die Weiterentwicklung des hartnäckig von den Ärzten monopolisierten psychoanalytischen Gedankenguts sich in den USA hauptsächlich auf therapeutische Ziele konzentrierte, zu Lasten der wissenschaftlichen Arbeit – von der Gesellschaftskritik ganz zu schweigen. Dies zeigt sich z. B. darin, daß die Arbeiten Freuds mit eindeutig gesellschaftskritischem Inhalt im offiziellen Organ der nordamerikanischen Spezialisten kaum erwähnt werden. Eine Durchsicht der Publikationen des *Journal of the American Psychoanalytic Association* in den letzten zehn Jahren kann diese Tatsache leicht beweisen.

Die Verkehrung der sozialkritischen und hermeneutischen Aspekte der Psychoanalyse in den USA scheint mir mit einer starken pragmatischen und positivistischen Tradition in Zusammenhang zu stehen, die durch Männer wie William James und John B. Watson das ganze Gebiet der Psychologie beherrschte und auch die Medizin bis heute hin beeinflußt hat.

Es mag nützlich sein sich zu fragen, warum gerade diese Tendenz der Psychoanalyse als gesellschaftskritische Theorie bzw. „Sozialwissenschaft hermeneutisch-dialektischen Typs"[7] allgemein vernachlässigt wurde. Eine Ausnahme bildet vielleicht die sogenannte freudomarxistische Bewegung[8]. Warum diese Furcht der Psychoanalytiker, sich kritisch zu den unmittelbaren Problemen ihrer Gesellschaft zu äußern, obwohl sie doch über das kritische Instrument der psychoanalytischen Methode verfügen? Mit anderen Worten: es ist auffällig, wie wenig ideologiekritische Aspekte, d. h. konkrete Probleme der kulturellen Umwelt und des historischen Momentes in die psychoanalytische Literatur integriert werden. Ich mache hier auf die von Sättele[9] bemerkte fehlende Integration der drei Sprachebenen aufmerksam: Privatsprache, Gemeinschaftssprache und Wissenschaftssprache. Die Gemeinschaftssprache spiegelt die materiellen und historischen Bedingungen wieder, in denen sie produziert wird, und die Kritik gerade dieses Sprachniveaus wird in der psychoanalytischen Literatur vernachlässigt.

Die Furcht der Analytiker, sich zu unmittelbaren Problemen ihrer Zeit zu äußern, ist schon von Reichmayr hervorgehoben und im Gegensatz zum Vorgehen Freuds und seiner ersten Schüler gesehen worden: „Freud und seine Schüler hatten keine Bedenken, Standpunkte zu beziehen; sie äußerten sich ziemlich spektakulär öffentlich zu so heiklen und strittigen Fragen wie Religion, Sozialismus und Kommunismus, Krieg, Frieden, Gewerkschaftsbewegung, etc."[10] Das heißt nicht, daß Freud und seine Schüler dabei keine realistische Vorsicht sowohl in theoretischer als auch in praktischer Hinsicht hätten walten lassen. Auch Parin hat sich über diesen Stand der Dinge geäußert.[11] Bei anderer Gelegenheit wies Reichmayr darauf hin, daß von den Schriften Igor A. Carusos das Buch, das die meisten gesellschaftskritischen Elemente enthält, „Soziale Aspekte der Psychoanalyse" (und ich füge hier hinzu: „Die Trennung der Liebenden"), bei seinen Schülern am wenigsten Echo gefunden hat.

Die richtige Aufnahme und Bewertung des Werkes von Alexander Mitscherlich ist ein neues Phänomen, das mit dem Versuch in Verbindung steht, die von Schuldgefühlen geladene Atmosphäre hinsichtlich der Beziehung zwischen Psychoanalyse und Nationalsozialismus zu bewältigen.[12]

Warum nun zeigt – natürlich nur allgemein gesehen und mit ehrenhaften Ausnahmen – die wissenschaftliche Produktion der Psychoanalytiker dieses bedauernswerte Bild, sowohl in quantitativer als auch in qualitativer Hinsicht?[13] Eine mögliche Antwort auf diese Frage findet sich in der starren hierarchischen Struktur der psychoanalytischen Institutionen, mit ihren hemmenden Auswirkungen in bezug auf Produktivität bzw. Kreativität. Diese Einschränkung der Kreativität existiert nicht bei den engsten Mitarbeitern Freuds. Wir kennen die wichtigen Beiträge eines Ferenczi, Rank, Abraham, Jones, Federn, Reich, die weniger seriösen Arbeiten Stekels eingeschlossen.

Wir Psychoanalytiker scheinen vergessen zu haben, daß Freud nicht nur ein großer Kliniker, ein genialer Wissenschaftler und ein kühner Kritiker war, sondern auch ein Schriftsteller, und zwar ein engagierter Schriftsteller. Man sehe sich unter anderm die Texte „Betrachtungen über die Aktualität von Krieg und Tod", „Das Unbehagen in der Kultur" und „Die Zukunft einer Illusion" an. Über die Entwicklung Freuds zum engagierten Schriftsteller kann man im Einfluß von Ludwig Börne, Jens P. Jacobson und Multatuli einige erklärende Elemente finden. Dieser Einfluß wurde von Peter Brückner und Ernest Jones dokumentiert.[14] Freud sagt von Börne: dieser sei der erste Schriftsteller gewesen, in dessen Schriften er sich vertieft habe.[15] Erinnern wir uns daran, daß Marcuse meint, Börne sei die „stärkste Feder des jungen Deutschlands" gewesen.[16] Der Kontakt Freuds mit Jens P. Jacobson und Multatuli, dem „holländischen Voltaire", war ebenfalls entscheidend.

Walter Muschg bemerkt: „Freud hat eine geistige Großmacht der Epoche begründet und er hat dies in der Hauptsache mit *literarischen Mitteln und gegen eine Welt von Widersachern* getan"[17] Und Muschg fährt fort: „Der Schriftsteller Freud ist vom Psychologen nicht zu trennen, niemand wird jenen ohne diesen verstehen". Diese Auffassung beruht auf einer Theorie, die Humboldt schon vor langer Zeit formulierte und die Hegel wie folgt zusammenfaßt: „Sprache ist nicht ein mechanisches Instrument, sondern Ausdruck ... einer bestimmten Denkform ..., ebenso ist ein Zusammenhang zwischen Denkform und Sprachstruktur anzunehmen".[18] Die psychoanalytische Interpretation hat ein einziges ihr zu Verfügung stehendes Instrument: die Sprache. Vergessen wir nicht, um mit Elias Canetti zu sprechen, daß die Sprache der »einzige wahre Zugang zum anderen Menschen " ist.[19]

Eine ausführliche Untersuchung darüber, wie die Psychoanalyse im spanischen Sprachbereich durch die mangelhafte Übersetzung von López Ballesteros verzerrt worden ist (trotz der sogenannten ‚Korrektur', die Numhauser 1972 vorgenommen hat), kann hier leider nicht angestrebt werden.[20] In Südamerika wird weiterhin diese Übersetzung in fast allen psychoanalytischen Ausbildungsinstituten benutzt.[21] Der von Ludovico Rosenthal übersetzte Teil macht leider nur einen kleinen Teil der Gesammelten Werke aus. Die von Amorrortu veröffentlichte Etcheverry-Übersetzung weist ebenfalls schwere Mängel auf und ist noch nicht vollständig erschienen.

Caruso macht mit Recht darauf aufmerksam, daß „die Nachfolger Freuds ... sein literarisches (und somit auch geschichtliches) Erbe nicht immer glücklich verwaltet haben. Wie weit ist die heutige Sprache der Psychoanalyse von der kraftvoll-künstlerischen Freuds entfernt!"[22] In bezug auf diesen Aspekt sollte auch Müller[23] beachtet werden, der in seinem Artikel „Fachsprache und Dialogsprache" von einem anderen Aspekt des Elends der psychoanalytischen Literatur spricht.

Kurz, die psychoanalytische Bewegung wäre nicht möglich gewesen, hätte ihr Urheber nicht den Mut besessen, seine Gedanken der öffentlichen Kritik auszusetzen, indem er sie schwarz auf weiß und für jedermann zugänglich festhielt. Hätte Freud seine Selbstanalyse nicht protokolliert, wäre die *Traumdeutung* nie erschienen. Bedenken wir auch, daß gleichzeitig „jeder Brief ein Teil seiner Selbstanalyse war".[24] Und läßt sich nicht heutzutage ein klarer Widerstand dagegen feststellen, die analytischen Sitzungen schriftlich zu protokollieren? Läßt sich nicht ein auffälliger Mangel an Publikationen über analytische Technik beobachten? Als wollten wir verbergen, was wirklich zwischen Analytiker und Analysand in der Sitzung vorgeht. (In bezug auf die Protokollierung möchte ich nicht unberücksichtigt lassen, daß die psychoanalytische Methode – ebenso wie die Hilfstechnik des Protokollierens – notwendigerweise gewisse zwangsneurotische Elemente voraussetzt.) Schreiben, um das Bewußtsein zu erweitern und zu objektivieren, wäre – genau wie das Protokollieren der analytischen Sitzungen – eine Form, dem „beständigen Fortschritt der Verdrängung"[25] Einhalt zu gebieten. Mit gutem Grund erwähnt Metzger[26] die Schrift als unerläßliche Voraussetzung dafür, daß „die Geschichte zu einem Gegenstand des menschlichen Bewußtseins werden konnte". Caruso versteht die Protokollierung der psychoanalytischen Sitzungen keineswegs als Modifikation der grundsätzlichen Technik, sondern als eine sekundäre begriffliche Bearbeitung der Verbalisation.[27] In diesem Sinne hat der Widerstand gegen die Protokollierung der analytischen Sitzung sein Korrelat im Widerstand gegen das Verfassen psychoanalytischer wissenschaftlicher Arbeiten.

Der Stand der psychoanalytischen Literatur auf dem amerikanischen Kontinent

In den USA können wir, wenn wir uns nur auf den quantitativen Aspekt konzentrieren, eine ausgesprochene Armut, reich gedruckt auf bestem Papier, feststellen. Außer dem offiziellen *„Journal'*, das jährlich in vier Heften erscheint, existieren in Nordamerika nur neun weitere eigentliche psychoanalytische Zeitschriften oder Jahrbücher.[28] Und dies, obwohl die Zahl der Mitglieder der American Psychoanalytic Association 1984 nicht weniger als 2714 beträgt, abgesehen von einer fast gleich großen Anzahl ausgebildeter Analytiker, die nicht zur Gesellschaft gehören.

Um auf Lateinamerika zu kommen: wie soll man es erklären, daß vor einiger Zeit in Mexiko eine Zeitschrift mit dem deutschen (!) Titel *Lust* erschien, deren Inhalt ausschließlich aus Übersetzungen aus dem Französischen bestand, unter ihnen, gelinde gesagt, ziemlich abstruse theoretische Betrachtungen Jacques Lacans oder lacanscher Inspiration. Und all dies geschieht in einem Land, das sich an einem kritischen Punkt seiner Geschichte befindet, so daß man mit Brecht[29] sagen möchte: „Was sind das für Zeiten, wo ein Gespräch über Bäume fast ein Verbrechen ist. Weil es ein Schweigen über so viele Untaten einschließt".

Wir Psychoanalytiker setzen – als Teil der Intelligenzija – unsere Arbeit fort, ohne aus unserer Perspektive etwas zur Klärung der brennenden Probleme unseres Landes beizutragen. Die Zeitschrift *Cuadernos de Psicoanálisis* verschwand während einiger Jahre und erscheint nun wieder, wenn auch ziemlich unregelmäßig. COPAL (Consejo de Organizaciones Psicoanalíticas de América Latina) hat in vier Jahren nur zwei Hefte ihrer *Revista Latinoamericana de Psicoanálisis* herausgegeben. Die Zeitschrift der Frommianer erscheint seit 1972 nicht mehr. Der Mexikanische Psychoanalytische Arbeitskreis hat sein Vorhaben, eine Zeitschrift im Bereich von Psychoanalyse und Sozialwissenschaften zu veröffentlichen, noch nicht verwirklichen können. Die *Grupo de Estudios Sigmund Freud* hat bisher nur fünf *Cuadernos Psicoanalíticos* herausgegeben. 1981 erschien die erste Nummer von *Trabajos de Psicoanálisis*.

Die Krise der psychoanalytischen Institutionen äußert sich in einer qualitativen und quantitativen Krise ihrer Produktivität und Kreativität. Will man davon ausgehen, daß Psychoanalytiker bewußtseinsbildende Elemente der Gesellschaft sein könnten, so darf man ruhig sagen, daß die Gesellschaft sich ihrer bis jetzt mit Erfolg entledigt hat, vielleicht sogar mit deren stillschweigendem Einverständnis. So wurde leider die Praxis der Psychoanalyse z. B. in fünf Großstädten der Welt zu einer Mode: New York, Los Angeles, Rio de Janeiro, Sao Paulo und Buenos Aires. (In Buenos Aires jedoch hat sich die Situation seit der Machtübernahme der Militärs verändert.) Der Erfolg der Psychoanalyse war in Argentinien, so befürchte ich, von einer gewissen Verwässerung begleitet[30], welche zumindest in der repräsentativsten offiziellen Zeitschrift *Revista de Psicoanálisis* zum Ausdruck kommt. Trotz allem publiziert z. B. die *Revista Argentina de Psicología* wertvolle Beiträge von Psychoanalytikern. Recht unregelmäßig erscheint *Cuadernos Sigmund Freud*. Seit 1979 veröffentlicht die Asociación Psicoanalítica von Buenos Aires regelmäßig ihre Zeitschrift *Psicoanálisis*, deren qualitatives Niveau sehr gut ist. Soweit ich informiert bin, geben in Brasilien sieben psychoanalytische Institute nur drei Zeitschriften heraus: *Conciencia, Estudos de Psicanálisis, Revista Brasileira de Psicanálise*. In Kolumbien erschienen drei Nummern der *Revista Colombiana de Psicoanálisis*. Soviel ich weiß, hat die einst sehr gute *Revista Uruguaya de Psicoanálisis* ihr Erscheinen aus politischen Gründen eingestellt.

Erkenntnis und Verdrängung

Wenn wir von dem Grundgedanken ausgehen, daß der Erkenntnisvorgang durch unbewußte Konflikte wesentlich gestört werden kann, so müssen wir Analytiker anerkennen, daß wir dem Phänomen des universellen Widerstandes gegen psychoanalytische Einsichten selbstverständlich nicht entgehen. Mit Freud müssen wir so die Spuren akzeptieren, die der Konflikt der infantilen Sexualforschung in uns zurückgelassen hat. „Der Eindruck diese Mißglückens [des Forschens nach der Herkunft des Kindes, etc. – R. P.-O.] bei der ersten Probe intellektueller Selbständigkeit scheint ein nachhaltiger und tief deprimierender zu sein." Manchmal teilt „die Forschung ... das Schicksal der Sexualität, die Wißbegierde bleibt von da an gehemmt und die freie Betätigung der Intelligenz vielleicht auf Lebenszeit eingeschränkt."[31]

Im frühesten Lebensalter setzt sich so die Hemmung der Intelligenz fest, und der beste Teil unserer Kreativität bleibt, um es ironisch zu sagen, auch für uns selbst in der Schublade, bleibt also nicht nur unveröffentlicht, sondern wird ein Opfer der Verdrängung oder der nachträglichen Zensur. Ich verstehe hier Kreativität als „Freude an unkonventionellen Einfällen und Selbständigkeit des Denkens.".[32] Kreativität entsteht nicht ohne Fleiß und Geduld, auch nicht ohne heftigere Leidenschaft. G. Wallas (von Matthaus zitiert) beschreibt die Entwicklung des kreativen Denkens in vier Phasen: Vorbereitung, Inkubation, Illumination und Verifizierung. Die beiden ersten Phasen verlangen, auf unser Gebiet bezogen, klinische Erfahrung und Lektüre in den unterschiedlichsten Bereichen. In Freud vereinigten sich diese beiden Aktivitäten auf besonders glückliche Art. Angesichts dieser Sachlage muß man sich fragen, ob nicht in den psychoanalytischen Ausbildungsinstituten die Beschäftigung mit anderen Disziplinen, z. B. der Literaturwissenschaft an Hand von Werken der Weltliteratur, vernachlässigt worden ist. Hier besteht offenbar auch eine Beziehung zu der Tatsache, daß zu den produktivsten und originellsten Vertretern der psychoanalytischen Literatur sehr wichtige Persönlichkeiten aus nicht-medizinischen Disziplinen gehören: Anna Freud und Melanie Klein, um nur zwei Beispiele zu nennen.

Produktivität – Kreativität, Analität – Narzißmus

Heinz Kohut[33] hat mit gutem Grund darauf hingewiesen, daß die Produktivität davon abhängt, mit welcher Leichtigkeit (bzw. Schwierigkeit) die exhibitionistische Libido zwischen dem Selbst und der vorher narzißtisch besetzten Produktion hin- und herfließt. Dieser Gedanke stammt eigentlich von Karl Abraham, der in einem Artikel aus dem Jahre 1920[34] die narzißtische Bewertung der exkretorischen Prozesse im Traum und in der Neurose reflektiert. Er spricht hier von der Allmacht, die wir den Funktionen der Blase und des Darmes, als einem Vorläufer der ‚Allmacht der Gedanken' zuschreiben. Es ist offensichtlich, welche Bedeutung wir der ‚Waffe der Kritik' zuschreiben, obwohl wir in Wirklichkeit ihren bescheidenen Wert und ihre geringe Wirksamkeit kennen, Veränderungen zu bewirken. Gleichzeitig existiert auch die Angst, die hohe narzißtische Bewertung, die wir unserem Werk zuschreiben, könne durch Kritik zerstört werden, wenn unser Produkt der Öffentlichkeit zugänglich ist. Heinz Kohut weist ausdrücklich darauf hin: „Es ist zumindest möglich, daß manche kreative Menschen vor der öffentlichen Diskussion ihrer Arbeit zurückscheuen, in der sie ihre Sache spontan gegen einen scharfen Kritiker verteidigen müssen, der sie zu zerpflücken droht".[35]

In diesem Zusammenhang (und ebenso in meinem Text) wird auch die Abwehrfunktion der bibliographischen Zitate offensichtlich: im Sinne von „nicht nur ich, sondern auch X und Y, die Anerkennung genießen, sagen das", oder „wenn man mich kritisiert, kritisiert mach auch denjenigen, den ich zitiere".

In bezug auf den analen Charakter der Schreibhemmung hat Paula Heimann sogar ein „anales Arbeitsmodell" postuliert.[36] Nach ihr meiden manche Menschen die deutlich analen Elemente des Schreibens, wie z. B. den Gebrauch von Tinte und ziehen das Diktat (oraler Typ), die Schreibmaschine oder die ständige Gegenwart eines Gesprächspartners vor, mit dem sie einen Dialog unterhalten. Jedoch scheint das direkte Akzeptieren der analen Komponente Handschrift in einer geheimen Beziehung zur Kreativität zu stehen. Paula Heiman faßt ihre Ansicht über die Schreibhemmung wie folgt zusammen: das Schreiben reaktiviert die infantile Sexualität, vor allem die der analen Phase. Das drückt sich in Schuldgefühlen aus, die auf das Zurückhalten und Verschieben,[37] auf das Sich-Beschmutzen und auf die Angst vor Bestrafung zurückzuführen sind, weil man Material von jemand anderem stiehlt (hier stehle ich Material von Paula Heimann) oder wertloses Material produziere. Des weiteren macht Paula Heimann auf die arrogante Überbewertung der produktiven Kapazität aufmerksam, die jedoch angesichts der Unfähigkeit, ein Kind zu gebären, zusammenbricht: alle diese Elemente, Triebregungen, Gefühle und Imagos der analen Phase wiederholen sich bei Gelegenheiten, in denen etwas schriftlich abgefaßt werden muß. Wer schreibt, setzt sich der Kritik aus und muß diese auf sich nehmen, indem er sich für seine eigene Produktion verantwortlich erklärt. „Die der Analität innewohnende Ambivalenz ... [ist] in den Schwingungen des Schriftstellers von inspirierter Konzentration und Absorption zu dumpfer Trägheit, von stolzer Selbterhobenheit zu Verzweiflung reflektiert."[38] Wie zur Bestätigung der Ideen von Paula Heimann habe ich die gleichen Gefühle in einem meiner Briefe wiedergefunden, den ich drei Monate vor der Abfassung dieses Aufsatzes an einen Freund schickte. Ich schrieb damals: „Verdammt; ich komme nicht einen Schritt über simple Allgemeinplätze, Naivitäten oder bereits von anderen Gesagtes hinaus."

Die Produktivität steigt in der Regel an, wenn narzißtische Befriedigung gewährleistet ist. So produziert z. B. mancher Autor mehr, nachdem ihm durch sein erstes Buch die ,Weihe' eines Leserkreises zuteil geworden ist. Nachdem einmal das Selbstbild von außen her vergrößert, objektiviert und prämiert worden ist, fühlt sich der Autor ungehemmt und wagt es, seinen Gedanken freien Lauf zu lassen und weiter zu produzieren, vielleicht mit weniger Kastrationsangst. Ganz ähnlich treten bei Paaren mit Fruchtbarkeitsproblemen diese Schwierigkeiten meist nicht auf, nachdem bereits ein Kind vorhanden ist, sondern ausgerechnet anläßlich des ersten Beweises der Zeugungs- und Gebärfähigkeit. Oft kommt es sogar vor, daß die Adoption eines Kindes die Kastrationsproblematik erleichtert und so zur unerwarteten ,Lösung' des Problemes führt. Die gewünschte Schwangerschaft tritt dann ohne Schwierigkeiten ein und wird von weiteren gefolgt.

Paula Heimann scheint den sadistischen Komponenten der Analität keine besondere Aufmerksamkeit zu schenken. Freud dagegen betont diese Komponente, wenn er sagt: „Der Kot hat unter dem Einfluß des Sadismus seine zärtliche [im Sinne eines Geschenkes für die Mutter] gegen seine offensive Bedeutung vertauscht."[39] Diese aggressive Komponente des Schreibens als Kritik hört nicht auf, demjenigen, der schreibt, ganz bestimmte Probleme zu schaffen. Da es gewiß ist, daß letzlich in jedem Werk auch eine implizite Auseinandersetzung stattfindet, die auf frühe Objektbeziehungen anspielt, welcher Art und Komplexität diese auch immer seien,[40] ist die aggressive Problematik besonders bei kritischen Abhandlungen ausgesprochen wichtig. Die Aggressivität, die in Freuds Schriften zum Ausdruck kommt, ist ein exemplarisches Beispiel für das „Niederringen der eigenen Leidenschaft zugunsten und im Auftrage einer Bestimmung, der man sich geweiht hat."[41] Man braucht ohne Zweifel ein gutes Stück Aggresivität, um das tun zu können, was Freud von sich sagt: „Auch habe ich wirklich eine großen Teil meiner Lebensarbeit (...) dazu verwendet, eigene und Menschheitsillusionen *zu zerstören*".[42]

Freud gelang es, seine private Aggressivität auf ein wissenschaftliches Niveau zu heben. Seine „Privatsprache" (Lorenzer) wurde in eine Wissenschaftssprache von fast „unmenschlicher Objektivität" übergeführt.[43]

Einer der Gründe, die vielleicht die relativ geringe Anzahl psychoanalytischer

Publikationen erklären könnten, beruht möglicherweise darauf, daß der Analytiker sich in seinen Schriften zu erkennen gibt (und dies als Analytiker notwendigerweise auch weiß). Es geht also um die Verwendung seiner exhibitionistischen Partialtriebe, anders ausgedrückt um die Polarität Exhibitionismus – Voyeurismus.

Wir wissen, daß Freud ein Meister der Selbstdarstellung und -verhüllung war, so konnte er sein eigenes Seelenleben in die wissenschaftliche Arbeit, z. B. die „Traumdeutung" einfließen lassen. Es ist vielleicht weniger bekannt, daß Freud seine eigenen Träume aufzeichnete, lange bevor er sie für die wissenschaftliche Arbeit verwendete.[44] Sättele drückt dies wie folgt aus: „im Werk Freuds wird Privatsprache in Gebrauchssprache überführt (z. B. in den Briefen an Fließ, die das Ringen Freuds um das Verbalisieren der selbstanalytischen Erkenntnisse belegen), Gebrauchssprache wird der Kritik unterzogen (in vielen Arbeiten, man denke z. B an die „Studien über Hysterie", an die „Bemerkungen über die Sexualmoral", an das „Buch über den Witz", etc.). Wissenschaftssprache wird geschaffen und verändert (vor allem in den metapsychologischen Schriften)."[45]

Es ist bekannt, daß man in den Schriften Freuds auch den ständigen Kampf gegen seine eigenen Widerstände entdecken kann, und daß jede wissenschaftliche Einsicht einen Sieg über Widerstände voraussetzt. Wörtlich sagt Freud: „Ich hoffe ferner, wer es in sich vermag, der Wahrheit zuliebe innere Widerstände zu überwinden, wird sich gerne zu meinen Schülern rechnen und die Reste von Zaghaftigkeit in seinem Denken austilgen."[46]

Hier habe ich nicht die Absicht, auf die psychologischen Bedingungen des Erkenntnisvorganges und folglich auch des wissenschaftlichen Fortschritts einzugehen. Bachelard[47] hat dies bereits in überzeugender Form von einem nichtanalytischen Standpunkt aus getan. Für uns alle ist es offensichtlich, daß die Kreativität Freuds in direkter Beziehung zum Fortschritt seiner Selbstanalyse stand.

Ich glaube, man kann das, was Freud über künstlerische Kreativität sagte, auf alle Arten von Produktivität anwenden, auch wenn sie nur wenige wirklich kreative Elemente enthalten.[48] Mit Heinz Kohut und Kurt Eissler wollen wir zwischen Produktivität und Kreativität unterscheiden. Als Korrelat dazu muß man auf der Ebene der Phantasie zwischen Defäkation und Prokreation unterscheiden. Für Freud war die Kreativität eine Alternativlösung zur Neurose. So sagt er in seiner Arbeit über Leonardo da Vinci, daß der künstlerisch Begabte seine „Phantasien anstatt in Symptome in künstlerische Schöpfung umsetzen kann."[49] Heutzutage konzentriert sich der Widerstand der Gesellschaft nicht mehr in erster Linie auf die Psychoanalyse als therapeutisches Verfahren, sondern vielmehr auf die Tatsache, daß die Psychoanalyse „weit über ihr anfängliches Ziel hinausgreift".[50] *Die Ausweitung der Psychoanalyse auf neue Anwendungsgebiete stößt aber nicht nur auf äußere, sondern auch auf Widerstände der Psychoanalytiker selbst, Widerstände die in der Armut ihrer Produktivität und Kreativität zum Ausdruck kommen* – wie Dahmer 1973 bemerkt hat: „Freud wußte, daß er mit der Aufklärung der Neurosen weit mehr als nur die Lösung eines medizinischen Spezialproblems in Angriff nahm (...).

Von der neuen Seelenkunde sagt er: ‚Der Weg ins Weite zum Weltinteresse ist hier eröffnet‘“.[51]

Diese Hoffnung Freuds ist kaum erfüllt worden. In Wirklichkeit haben Interessen vorgeherrscht, die die Psychoanalyse auf eine therapeutische Methode reduzieren wollten. (Dies gilt vor allem für die USA.)

Heinz Kohut erwähnt in bezug auf die spezifische Kreativität der Analytiker zwei bedeutsame Tatsachen: der Analytiker neige dazu, genau solche Gebiete zum Studienobjekt zu machen, die in seiner eigenen Analyse nicht genügend erhellt wurden. Einige Autoren geben dies offen zu, aber natürlich nur dann, wenn es sich nicht um eine sehr intime Angelegenheit handelt. Außerdem werde die Kreativität blockiert, wenn das Bewußtsein der Unbeendbarkeit der Analyse verdeckt bleibt, statt sich mit ihr zu konfrontieren. Kohut sagt: „... die potentiell befruchtende Kraft der nach Beendigung der Lehranalyse persistierenden psychischen Spannung kann für schöpferische psychologische Forschung blockiert werden ..., wenn man der Unvollständigkeit nicht offen begegnet, sondern sie verdeckt.“[52]

Georges Devereux[53] hat hervorgehoben, wie Angstreaktionen auf das Studienobjekt die Produktivität stören und zu „blinden Flecken“ führen, die das Forschungsfeld auf bloßes Theoretisieren eingrenzen und die Distanz zur humanwissenschaftlichen Praxis beträchtlich erhöhen. (Vielleicht ist David Rapaport hier ein gutes Beispiel.[54]) Angesichts solcher Angstreaktionen gibt es keinen anderen Weg, als den der Analyse der eigenen Ängste vor dem Forschungsgegenstand und dies heißt nichts anderes, als ständige Analyse der Gegenübertragung. Die Gegenübertragungsangst im umfassenden Sinne verhinderte, daß Breuer fortfuhr, zusammen mit Freud die Sexualität zu erforschen. Deshalb sind Qualität und Quanität der Arbeiten über die Gegenübertragung weiterhin ein guter Gradmesser dafür, inwiefern die authentische psychoanalytische Methode verwendet wird.

Kohut[55] macht auch mit Recht auf einen häufigen Fehler in der Endphase von Lehranalysen aufmerksam: es wird versucht, mit pädagischen und suggestiven Mitteln massive Identifikationen mit dem Lehranalytiker hervorzurufen, eine Ich-Erweiterung zu erzielen,statt aufgrund von Interpretationen vorzugehen. Dies kann den Narzißmus des Lehranalytikers befriedigen, zerstört aber die Autonomie, Produktivität und Kreativität des Analysanden.

Um den Zustand der psychoanalytischen Literatur nach der Zeit von Freud als ‚elend‘ zu bezeichnen, fehlt mir natürlich jede Objektivität. Denn, wie Kohut bemerkt, ist „Freud für uns eine Übertragungsgestalt par excellence (besonders weil wir dazu neigen, eine idealisierende Übertragung auf ihn zu bilden oder umgekehrt, uns dagegen durch eine Reaktionsbildung zu wehren)“.[56] Für mich ist die erstgenannte Tendenz eher eine Gefahr. Kohut führt die Idee noch weiter aus. Er sagt: „Wir Analytiker [haben] zu Freud eine besondere Einstellung ..., nämlich eine fest verankerte Identifizierung mit einer idealisierten Vaterfigur.“[57]

Er macht auch darauf aufmerksam[58], daß die wissenschaftliche Produktivität einer Gruppe durch ein Gruppenzugehörigkeitsgefühl gesteigert wird. Daher sollte man versuchen, das Spiel von Neid, Eifersucht und Rivalität, das sich vor allem gegen die produktiven Mitglieder richtet, durch die Förderung eines Gruppen-Selbst oder eines Wir-Ich-Gefühls im Sinne Carusos[59] auszugleichen. Die Identifizierung mit Freud oder noch die „umwandelnde Verinnerlichung"(Kohut) scheint bis zu einem gewissen Grad auch darin zum Ausdruck zu kommen, daß die meisten Autoren, die zu einem höheren Niveau der psychoanalytischen Literatur in den USA beitragen, jüdischer Herkunft sind, deren Muttersprache deutsch ist, oder die sogar in Wien geboren sind. (Dieser letzte Aspekt begünstigt natürlich eine Identifizierung mit der Kreativität Freuds noch stärker. Schauen wir uns folgende Namen an: Franz Alexander (†) (Budapest), Therese Benedek (Budapest), Kurt Eissler (Wien), Rudolf Ekstein (Wien), Erik H. Erikson (Frankfurt), Ralph Greenson, Martin Grotjahn, Hein Hartmann (†) (Wien), Edith Jacobson (Wien), Heinz Kohut (Wien), Ernst Kris (†), Hans W. Loewald, Margaret Mahler (Wien), Max Schur (†) (Wien), René Spitz (†) (Wien), Max M. Stern, Robert Waelder (†), Edith Weigert.

Ich möchte hier nicht simplifizieren, aber ich kann doch diese Tatsachen nicht von der Hand weisen, die vielleicht in Beziehung stehen zu dem, was Kohut eine „narzißtische Verschmelzung mit der archaischen Vater-Imago"[60] nennt.

Schlußbemerkung: Der Psychoanalytiker als Schriftsteller?

Die Praxis der Psychoanalyse bringt durch ihre Betonung der mündlichen Verbalisierung in der Therapie die Gefahr mit sich, andere Aspekte des Sprachlichen gering zu schätzen. Die sekundäre Reflexion aber, die sich in der geschriebenen Sprach objektiviert, ist ein Weg zur Tat. So kann man denn fragen, bis zu welchem Grad in jedem Analytiker ein unterdrückter oder mißglückter Schriftsteller steckt.

Ich stelle mir vor, Karl Kraus würde – wenn er noch lebte – vielleicht ausrufen: „Versucht um Gottes Willen nicht, die endlose Liste schlechter Schriftsteller durch Legionen schlechter Analytiker zu verlängern!" oder: „Die Welt hat schon genug an den Psychoanalytikern. Fordert diese nicht auch noch zum Schreiben auf!" Ich frage mich jedoch, ob der Psychoanalytiker nicht einen Teil seiner Funktion verfehlt, wenn er nicht schreibend zu seiner Zeit und seiner Gesellschaft kritisch Stellung bezieht. Ich sage dies, ohne der Täuschung zu verfallen, wir könnten ansatzweise die Anteile von Selbstbehauptung, Prestigesucht und Machtstreben, die mit dem Schreiben verbunden sind, überwinden. In jedem Fall jedoch bedeutet das „Auf-der-Seite-der-Bewußtseinsbildung-Stehen" implizit auch, „das Schicksal der Vereinsamung in der Opposition auf sich zu nehmen" und auf die bequeme Anpassung an die „kompakte Majorität" zu verzichten.[61] „Schriften zu stellen" impliziert gewissermaßen, sich als Dissident, als Andersdenkender auszuweisen.[62] Diese Andersdenkhaftigkeit ist die *raison d'être* des Schriftstellers.

Anmerkungen

[1] Was Zeitschriften anbelangt, denke ich z. B. an die ausgezeichneten *Psyche* (Stuttgart), *Psycho-Analyse* (Salzburg), *Texte* (Innsbruck), *Fragmente* (Kassel), *Der Wunderblock* (Berlin) und nicht zuletzt an das *Sigmund-Freud House Bulletin* (Wien). Wenn von Jahrbüchern die Rede ist, erwähne ich hier das inhaltsreiche *Jahrbuch der Psychoanalyse* (in letzter Zeit in Stuttgart erschienen) mit Beiheften. Ein ebenfalls sehr gutes Jahrbuch, *Studien zur Kinderpsychoanalyse* wird seit 1981 von der Studiengesellschaft für Kinderpsychoanalyse herausgegeben. Auch möchte ich auf die Zeitschrift *Kindheit* hinweisen. Das Bulletin der *Europäischen Psychoanalytischen Föderation* ist leider für Psychoanalytiker, die nicht Mitglieder der Föderation sind, schwer zu erhalten. Im französischen Sprachraum haben wir die *Revue Belge de Psychoanalyse*, in der Schweiz ein *Bulletin der Swiss Psychoanalytic Society*, in Skandinavien *The Scandinavian Psychoanalytic Review*, in Portugal erscheint die *Revista Portuguesa de Psicanalise* und in Italien die *Revista di Psicoanalisi* und *Cuaderni di Psicoterapia Infantili*. In London werden die zwei repräsentativsten Organe der Internationalen Psychoanalytischen Vereinigung veröffentlicht: die *International Journal of Psychoanalysis* und *International Review of Psychoanalysis*.

[2] Irion, U.: Erwartungen eines Hardcore-Intellektuellen an einem psychoanalytischen Forschungsinstitut. In: Lohmann, H. M. (Hg.): Die Psychoanalyse auf der Couch. Frankfurt: Qumran 1984, S. 159.

[3] Anzieu, D.: J'image, le texte et la pensée. Nouvelle Revue de Psychoanalyse (1977), No. 16, S. 160.

[4] May, U.: Psychoanalyse in den USA. In: Die Psychologie des 20. Jahrhunderts. Bd. 2: Freud und die Folgen (1). München: Kindler 1976, S. 1224.

[5] Es finden sich gesellschaftskritische Bemerkungen in folgen Schriften Sigmund Freuds: Studien zur Hysterie. Gesammelte Werke (GW) 1. Frankfurt: Fischer, 4. Aufl., 1968, S. 75 f.; Die Sexualität in der Ätiologie der Neurosen. GW 1, a. a. O., S. 489 f.; Die ,kulturelle' Sexualmoral und die moderne Nervosität. GW 7, a. a. O., S. 143 f. – um nur seine frühen Schriften zu erwähnen.

[6] Freud, S. (1930): Geleitwort zu Medical Review of Reviews. GW 14, a. a. O., S. 570.

[7] Dahmer, H.: Libido und Gesellschaft. Frankfurt: Suhrkamp 1973, S. 12.

[8] Vgl. Robinson, P. A.: La izquierda Freudiana. Madrid. Grancia 1971.

[9] Sättele. H.: Drei Sprachebenen in der psychoanalytischer Literatur. Vortrag gehalten auf dem 3. Internationalen Kongreß der Förderation der Arbeitskreise für Tiefenpsychologe. Manuskript. Berlin 1977.

[10] Reichmayr. J.: Psychoanalytische Standesideologie und Grenzen der psychotherapeutischen Versorgung. Allgemeines Seminar. Salzburger Arbeiskreis. Manuskript 1975.

[11] Parin, P.: Warum die Psychoanalytiker so ungern zu brennenen Zeitproblemen Stellung nehmen. Psyche 32 (1978), 385-399.

[12] Zeuge dieser Polemik ist z. B. der gesamte 36. Jahrgang von *Psyche*. Außerdem: Lingen, E.: Psychoanalyse unter dem Nationalsozialistischen Regime. Sigmund Freud House Bulletin 7 (1983); Braining, E. & Kaminer, I.: Psychoanalyse und Nationalsozialismus. Jahrbuch der Psychoanalyse (1984), Beiheft 8 und vor allem: Parin, P.: Warum die Psychoanalytiker so ungern zu brennenden Zeitproblemen Stellung nehmen. a. a. O., sowie ders.: Befreit Grönland vom Packeis. Psyche 34 (1980), 1056-1063. Auch möchte ich in diesem Zusammenhang noch hinweisen auf: Redaktion der Zeitschrift Psyche (Hg.): Psychoanalyse unter Hitler. Dokumentation einer Kontroverse. April 1984.

[13] Nur als kleines Beispiel für viele Worte mit wenig Sinn: „Durch die Vorherrschaft des Phallus magnetisiert der Spiegel des Narzißmus die Erinnerung einer Szenographie, deren Hieroglyphen einen heimlichen Pakt mit der Lust und dem Tod schließen (...). Die Lust. Der Phallus ist die Bedeutung der Lust und das Verlangen, für die Mutter Verlangen zu sein, Phallus zu sein. Durch die Entfremdung in dem Spiegel, da die Illusion der Ganzheit in dem

anderen ist, entsteht der Wunsch, der den Diskurs des Lapsus-Traum-Symptoms produziert". (Koolhass, G.: El Objeto Onirico. Revista Uruguaya de Psicoanálisis 58 (1978), 112 f.
[14] Brückner, P.: Sigmund Freuds Privatlektüre. Köln: Harst 1975, 19 f.; Jones, E.: Das Leben und Werk Sigmund Freuds. 3 Bde. Bern: Huber 1960.
[15] Freud, S. (1920): Zur Vorgeschichte der analytischen Technik. GW 12, a. a. O., S. 312.
[16] Marcuse, L.: Einführung zu L. Börne (1786-1837). In: Ein Panorama des Europäischen Geistes. Bd. 2. München: Kindler 1977, S. 404.
[17] Zit. n. Igor A. Carusos Rezension des Buches „Freud als Schriftsteller" von Walter Muschg (München: Kindler 1975). In: Materialien zu kontroversen Fragen der Psychologie und ihrer Grenzgebiete (1976), No. 6, 84-87, hier S. 84. (Hervorhebung von R. P.-O.) – Für Muschg ist also Freud der entgegengesetzte Pol des spanischen Eroberers Franciso Pizarro, welcher den Grundsatz ‚die beste Feder ist das Schwert und die beste Tinte das Blut' vertrat. Überflüssig zu sagen, daß Pizarro Analphabet war. (Ich danke meinem Freund Richard Lapan dafür, mich auf Pizarro aufmerksam gemacht zu haben.)
[18] Hegelheimer, A.: Zeitung „Die Furche" vom 7. Juli 1962, Wien.
[19] Canetti, E.: Der Beruf des Dichters. München: Hanser 1976.
[20] Grupo de Estudios de Sigmund Freud: Einige Beispiele von Fehlern und Mängeln der spanischen Übersetzung vom Werk Sigmund Freuds. Cuadernos Psicoanalíticos (1982), No. 3.
[21] Als Anekdote möchte ich auf zwei Kollegen hinweisen, deren Muttersprache Deutsch ist und die ihre psychoanalytische Ausbildung nicht im deutschen Sprachraum gemacht haben. Beide sind Mitglieder in internationalen psychoanalytischen Föderationen. Der eine liest Freud in der spanischen, der andere in der englischen Übersetzung! Hier können wir u. a. beobachten, wie stark der Einfluß der psychoanalytischen Lehrinstitute ist.
[22] Caruso, I. A.: Rezension des Buches „Freud als Schriftsteller" von Walter Muschg. a. a. O., S. 86.
[23] Müller, H. U.: Fachsprache und Dialogsprache. Psyche 30 (1976), 338-345.
[24] Grotjahn, M.: Freuds Briefwechsel. In: Psychologie des 20. Jahrhunderts. Bd. 2., a. a. O., S. 36.
[25] Freud, S. (1909): Protokoll der Diskussion vom 10. März 1909 in der Wiener Psychoanalytischen Vereinigung. Zit. n.: Dahmer, H.: a. a. O., S. 271.
[26] Metzger, W.: Psychologie zwischen Natur- und Geisteswissenschaften. In: Psychologie des 20. Jahrhunderts. Bd. 1: Die Europäische Tradition. Tendenzen, Schulen, Entwicklungslinien. a. a. O., S. 38.
[27] Oliveira, T. de: Interview mit Igor A. Caruso. Técnica Protocolos Analíticos. Introdução as análisis de controle. No. 2. Brasilien, 1969 (Portugiesisch).
[28] Dies sind: The Psychoanalytic Quaterly, The Psychoanalytic Review, The Journal of the Philadelphia Association for Psychoanalysis, The Bulletin of the Menninger Clinic, The Psychoanalytic Study of the Child, The American Journal of Psychoanalysis, The Psychoanalytic Forum, The International Journal of Psychoanalytic Psychotherapy und ein Jahrbuch der Psychoanalytic Society of Chicago.
[29] Brecht, B.: An die Nachgeborenen. Zit. n.: Brückner, P.: a. a. O., S. 27.
[30] Eissler, K.: Freud, sein Leben in Bildern und Texten. Biologische Skizze. Frankfurt: Suhrkamp 1977.
[31] Freud,S. (1910): Über Psychoanalyse. GW 8, a. a. O., S. 54.
[32] Matthaus, W.: Kreativität. In: Ritter, J. & Gründer, K. (Hg.): Historisches Wörterbuch der Philosophie. Bd. 4, Basel: Schwabe 1976, S. 1194 f.
[33] Kohut, H.: Narzißmus. Frankfurt: Suhrkamp 1976, S. 58 f.
[34] Abraham, K.: Zur narzißtischen Bewertung der Exkretionsvorgänge in Traum und Neurose. In: Psychoanalytische Studien. Gesammelte Werke in zwei Bänden. Frankfurt: Fischer 1969.
[35] Kohut, H.: Forschung in der Amerikanischen Psychanalytischen Vereinigung. Psyche 26 (1971), 738–767.

[36] Heimann, P.: Bemerkungen zur analen Phase. In: Psychologie des 20. Jahrhunderts. Bd. 2., a. a. O., 603-607.

[37] Natürlich ist dies Freud nicht entgangen. Er schreibt z. B. in einem Brief an Jung: „Manches, z. B. der Aufsatz über die ‚zwei Prinzipien des psychischen Geschehens' quält mich bereits wie ein verhaltener Stuhl. (Auch das Gleichnis hat seine gute Begründung.)" (Freud, S. & Jung, C. G.: Briefwechsel. Frankfurt: Fischer 1974, S. 379).

[38] Heimann, P.: ebda., S. 605.

[39] Freud, S. (1918): Aus der Geschichte einer infantilen Neurose. GW 12, a. a. O., S. 143.

[40] Auf einem oberflächlichen Niveau, das aber eventuell mit dem unbewußten tieferen zusammenfallen kann, kommt es ja häufig vor, daß der Autor sein Werk irgendeiner für ihn bedeutenden Person „widmet".

[41] Freud, S. (1914): Der Moses des Michelangelo. GW 10, a. a. O., S. 198.

[42] Freud, S.: Karte an Romain Rolland. In: Briefe (1873–1939). Frankfurt: Fischer 1960. (Hervorhebung von R. P.-O.).

[43] Caruso, I. A.: Rezension des Buches „Freud als Schriftsteller" von W. Muschg. a. a. O.; vgl. auch Sättele, H.: a. a. O.

[44] Durch einen Brief von Ernest Jones an Siegfried Bernfeld vom 21. August 1952 wissen wir, daß Freud seine Träume seit 1892 aufschrieb, dann aber alles vernichtete. (Vgl. Trosman, H. & Wolf, E. S.: Bernfelds Mitarbeit an Jones' Freud-Biographie. Psyche 29 (1975), S. 766.

[45] Sättele, H.: a. a. o., S. 3.

[46] Freud, S.: Brief an Jung vom 7. Oktober 1906. In: Freud, S. & Jung, C. G.: a. a. O., S. 6.

[47] Bachelard, G.: La formación del espíritu científico. Buenos Aires: Siglo XXI 1974 (dt.: Die Bildung des wissenschaftlichen Geistes. Frankfurt: Suhrkamp 1978).

[48] Hierzu möchte ich auf den wichtigen Beitrag von Lajos Székely hinweisen: Die schöpferische Pause. Schweizer Zeitung für Psychologie und ihre Anwendungen 27 (1968), 95-119. Vom gleichen Verfasser, vgl. auch: Über den Beginn des Maschinenzeitalters. Psychoanalytische Bemerkungen über das Erfinden. Schweizer Zeitung für Psychologie und ihre Anwendungen 29 (1970), 273-282.

[49] Freud, S. (1910): Eine Kindheitserinnerung des Leonardo da Vinci. GW 8, a. a. O., S. 147.

[50] Freud, S. (1925): Selbstdarstellung. GW 14, a. a. O., S. 73.

[51] Dahmer, H.: a. a. O., S. 50.

[52] Kohut, H.: Narzißmus. a. a. O., S. 348 f.

[53] Devereux, G.: De la ansiedad al método en las ciencias del comportamiento. Mexico: Siglo XXI 1977 (dt.: Angst und Methode in den Verhaltenswissenschaften. München: Hanser 1973). (Der Begründer der Ethno-Psychoanalyse verstarb am 30. Mai 1985 nach langer Krankheit in Paris.)

[54] David Rapaport war nur in kaum erwähnenswertem Ausmaß in der psychoanalytischen Praxis tätig.

[55] Kohut, H.: Kreativität, Charisma, Gruppenpsychologie. Gedanken zu Freuds Selbstanalyse. Psyche 29 (1975), S. 681.

[56] Kohut, H.: ebda.

[57] Kohut, H.: ebda.

[58] Kohut, H.: ebda.

[59] Caruso, I. A.: Über Rationales und Irrationales in den Wir-Ich-Gefühlen. Vortrag gehalten auf dem 2. Internationalen Kongreß der Förderation der Arbeitskreise für Tiefenpsychologie in Igls, 1973.

[60] Kohut, H.: Narzißmus. a. a. O., S. 358 f.

[61] Freud, S. (1925): Selbstdarstellung. GW 14, a. a. O., S. 35; Freud, S. (1926): Ansprache an die Mitglieder des Vereins B'nai B'rith. GW 17, a. a. O., S. 52.

[62] In der Bundesrepublik Deutschland ist die tapfere Haltung Peter Brückners ein Beispiel dafür. Brückner war ein Psychoanalytiker im echten Sinne, ein wahrer Schüler Freuds, obwohl er die Psychoanalyse als Therapie nie praktizierte.

5. Probleme der Mutter-Kind-Trennung im frühen Kindesalter

„Das Kind darf im frühen Alter nicht von seiner Mutter getrennt werden, außer unter außergewöhnlichen Umständen".
Erklärung der Vereinten Nationen über die Rechte des Kindes,
20. September 1959.[1]

Einführung

Meiner Meinung nach sind die Folgen der frühen Mutter-Kind-Trennung ein von der sozialen Medizin heute stark vernachlässigtes Gebiet. Diese Problematik, die in die Zuständigkeit der Kinderheilkunde, Geburtshilfe und seelischen Hygiene fällt, stellt ein schweres soziales Problem dar. Sie beinhaltet zwei Hauptaspekte:
1. Störungen, die das Kind durch frühe, sehr lange oder von der Mutter falsch gehandhabte Trennungen erleidet.
2. Emotionale Probleme der Mutter, die ich hier als *Syndrom einer beschädigten Mutterfunktion* bezeichne.

Wie Anna Freud[2] bemerkt, hat sich die Forschung über die Mutter-Kind-Trennung bisher auf das Gebiet der Trennung erstreckt, die durch äußere Umstände erzwungen wurde, wie. z. B.:
a) In Kriegszeiten, wo große Massenbewegungen der Bevölkerung stattfinden;
b) in Hospitälern;
c) in Waisenhäusern und Säuglingsheimen;
d) beim Eintritt in den Kindergarten; (dies geschieht jetzt in einem immer zarteren Alter – heute um die dreieinhalb Jahre oder früher.)
e) außergewöhnliche Umstände; Einlieferung in Tagesbewahranstalten in einem sehr frühen Alter (weniger als drei Jahre), meist bedingt durch die wirtschaftliche Lage, die beide Eltern zur Berufstätigkeit zwingt.

In diesem letzten Punkt wird die Trennung freiwillig vollzogen und kann aus den verschiedensten Motiven erfolgen. Soviel ich weiß, gibt es noch keine Langzeitstudien über die Folgen, vor allem, weil diese Trennungen im frühen Alter ein relativ neues Phänomen sind und, wie es scheint, ein Merkmal unserer kapitalistischen Industriegesellschaft darstellen. Trotzdem ist die Literatur in den anderen vier Punkten so reichhaltig, daß mit Anna Freud bestätigt werden kann: „Wir haben gelernt, daß jede Unterbrechung oder Zerstörung dieser Bindung die gesamte Gefühlsentwicklung des jungen Kindes aufs schwerste beeinträchtigt."[3]

Das Trennungstrauma

Das Trennungstrauma äußert sich in einer Vielfalt verschiedenartiger Reaktionen, je nach Schwere der Verletzung, Alter des Kindes usw. Die Reaktionen können z. B. sein:

1. sofortige Äußerung gleich beim ersten Wiedersehen, ein energisches und grollendes Wegwenden des Gesichtes;
2. spätere Schlaflosigkeit;
3. spätere Trennungsangst mit vielen direkten oder indirekten Auswirkungen, wie z. B. Schulverweigerung und verschiedene andere Phobien.
4. Als weitere sofortige Äußerung ist die Überbeanspruchung der Mutter zu beobachten, sobald sie zurückkommt(oder der Ersatzperson, die an ihre Stelle getreten ist).
5. Eine gewisse Apathie, oftmals begleitet von einem montonen Ausbalancieren des Körpers und manchmal schnellen, kreisförmigen Bewegungen des Kopfes kann ebenfalls entstehen.
6. Eine vom Laien häufig unbeachtete gefährliche Reaktion ist die Entwicklung einer fröhlichen, jedoch oberflächlichen Aufgeschlossenheit jedem erreichbaren Erwachsenen gegenüber, ohne Unterschied der Person. Letzteres ist ein bedenklicher Hinweis darauf, daß keine tiefe Beziehung zur Mutter oder zu irgendeinem anderen Menschen besteht und das Kind infolgedessen nicht fähig ist, zwischen Nahestehenden und Fremden zu unterscheiden. In diesen Fällen erscheint die „Acht-Monate-Angst" nicht. Sie wurde von René Spitz[4] als eine gesunde Reaktion und Fähigkeit beobachtet, zwischen einer vertrauenerweckenden Umwelt und einer möglicherweise bedrohenden zu unterscheiden. In dieser Phase ist jedes Gesicht außer dem der Mutter böse und erweckt Angst.
7. Auf die gleiche Art täuscht die Reaktion des Kindes, wenn es anscheinend seine Mutter vollkommen vergessen hat, denn dieses Vergessen ist auf eine Verdrängung mit schweren Folgen für die spätere seelische Gesundheit des Kindes zurückzuführen.
8. Jahrzehnte später können sich mannigfaltige Auswirkungen einstellen, wie verschiedene Arten von Depression, die Unfähigkeit allein zu sein und – im weitesten Sinne des Wortes – zu reisen, sei es geographisch oder in verschiedenartige Erfahrungen. Sowohl im emotionellen Bereich wie im intellektuellen können Beeinträchtigungen entstehen.

Gewiß entspricht die Anziehungskraft der durch Drogen bewirkten ‚Reisen' einer symbiotischen Regression zur Mutter, da das Allmachtsgefühl und die verfeinerte Wahrnehmung eine neue Version der früheren Erfahrungen im Mutterleib und der ersten Lebensmonate darstellt, in denen schrittweise eine wunderbare Welt entdeckt wird. In dieser Welt ist dank der Verschmelzung mit der Mutter alles möglich.

Faktoren, die den Grad des Traumas bestimmen

Bowlby beobachtete drei Phasen in den Reaktionen des von der Mutter getrennten Kindes:

a) Protest,

b) Verzweiflung und

c) Liebesentzug.[5]

Der Schaden, den diese Trennung verursachen kann, hängt von der Kombination vieler Faktoren ab. Als Beispiele seien hier genannt:

1. Das Alter, in dem die Trennung stattfindet. Paradoxerweise ist die Gefahr eines möglichen Schadens größer, wenn das Kind ein Jahr alt ist, als wenn es erst das Alter eines Monats erreicht hat. Schädigende Folgen sind wahrscheinlicher im Alter von einem Jahr als im Alter von zwei Jahren. Vielleicht ist die Gefahr auch im dritten Lebensjahr größer als im zweiten Monat.

2. Die Dauer der Trennung.

3. Die Qualität der Mutter-Kind-Beziehung vor der Trennung.

4. Der interne Entwicklungsstand des Kindes (z. B. Sprache).

5. Ob die Trennung von einer Verdrängung der vertrauten, bekannten Umwelt begleitet ist.

6. Ob die Essensgewohnheiten geändert werden.

7. Die allgemeine Atmosphäre der neuen Umgebung. Die Forschungen von Robertson & Robertson[6] beweisen, daß eine Ersatzperson mit stark ausgeprägter Mütterlichkeit die traumatischen Folgen der Trennung erheblich mildern kann. In diesem Fall jedoch entsteht ein neues Problem, wenn das Kind von der guten Ersatzmutter getrennt wird. Häufiger Personalwechsel in Hospitälern und Säuglingsheimen wirkt sich offensichtlich negativ aus.

8. Ob das Kind einige seiner gewohnten Sachen bei sich hat, wie z. B. sein Kopfkissen, Spielzeug usw. (Winnicotts „Übergangsobjekte").

9. Ob das Kind auf die Trennung vorbereitet wurde.

10. Ob es sich um eine oder um viele Trennungen handelt.

11. Ob es zusätzlich streßerzeugende Elemente gibt, z.B. Krankheit, Hospitalisierung, usw.: „Wenn das Kind erkrankt, wird es dazu verurteilt, seine Familie zu verlieren."[7] In Wirklichkeit besteht der „Hospitalismus"[8] – kurz gesagt – „in der institutionalisierten Organisation des Liebesverlustes."[9]

12. Die Handhabung der Trennung beim Wiedersehen.

13. Die Existenz der Phantasien, die der Wirklichkeit nicht entsprechen oder sie verschlimmern. („Meine Mutter wird nicht mehr zurückkommen", „meine Mutter liebt mich nicht mehr" usw.).

Die Untersuchungen Margaret Mahlers[10] erlauben eine differenziertere Sichtung der vielen verschiedenen Varianten des Entwicklungsstandes des Kindes, indem die Beziehung zur Mutter stattfindet. Sie weist z. B. darauf hin, daß zwischen dem fünften und dem zehnten Lebensmonat (Differenzierungsphase) das Kind normalerweise auf die Abwesenheit der Mutter nicht mit Tränen oder offener Besorgnis reagiert, sondern mit dem, was die Autorin „Gefühl der Entmutigung" nennt, was seinerseits wieder vom Entwicklungsstand des Kindes abhängt, von seiner Freude, Neues zu entdecken und dem Ausmaß seiner Beweglichkeit. Die Studien von Margaret Mahler und ihren Mitarbeitern folgen den komplizierten Umwegen, die von der vollkommenen Symbiose zur vollkommenen Individuation führen: die psychische Geburt des Menschen.

Die gleiche Autorin spricht weiter unten über den günstigen Einfluß der liebenden Zuwendung des Vaters, vor allem auf die Entwicklung der sexuellen Identität. Der Vater spielt eine viel wichtigere Rolle als bisher zugegeben worden ist.[11] Die Erkenntnis der Bedeutung dieser Rolle hat zur Folge, daß die Mutter nunmehr ihre Verantwortung mit dem Vater teilen kann. Die mütterliche Funktion schließt selbstverständlich die väterliche Mitarbeit nicht aus.[12] Es ist Jacques Lacans Verdienst, darauf hingewiesen zu haben, daß der Vater immer zwischen der Mutter und dem Kind anwesend ist. Selbst wenn der Vater physisch nicht gegenwärtig ist, besteht sein Bild trotzdem in der Psyche der Mutter weiter; selbst wenn er gehaßt oder zurückgestoßen wird, beeinflußt der Vater die Entwicklung des Kindes frühzeitig und indirekt. Selbst in extremen Fällen stellt die potentielle Anwesenheit des Vater – sei es nur in der Phantasie der Mutter – einen wichtigen bewußten oder unbewußten Faktor dar.[13] Trotzdem fordern gewisse Frauenbewegungen eine Mutterschaft ohne Intervention des Vaters, d. h. sie verlangen ein Mutter-Kind-Zusammenleben ohne einen Mann!

Bedürfnisse des Kindes: Entwicklung des Narzißmus

Alice Miller[14] hat sehr treffend auf die berechtigten narzißtischen Bedürfnisse des Kindes hingewiesen, von der Mutter verstanden, ernstgenommen und respektiert zu werden. Sie spricht davon, daß das Kind während der ersten Wochen und Monate seines Lebens eine Mutter braucht, die es idealisieren kann, und in der es sich widerspiegelt. Wenn die Mutter unruhig und unsicher ist, sieht das Kind nicht sich in ihrem Antlitz widergespiegelt, sondern nur die emotionellen Störungen, die sich nicht verbergen lassen. Auf diese Weise bleibt das Kind ohne Spiegel und wird sein ganzes Leben lang vergeblich einen Spiegel suchen, in dem es sich vorteilhaft sehen kann. Aus dem Zusammenspiel dieser Faktoren kann sich das für diese Situation adäquate Regulationssystem der Selbstwertschätzung entwickeln: der Narzißmus. Damit aber die Mutter diese Spiegelfunktion erfüllen kann, benötigt sie die Fähigkeit, die Bedürfnisse des Säuglings wahrzunehmen. Leo A. Spiegel[15] hat darauf hingewiesen, daß die mütterliche Sorgung am günstigsten ist, die von Sicherheit, Angstfreiheit, Vorausschau, Vertrauen und nicht von Aggressivität getragen ist. Wenn die Mutter diese Eigenschaften nicht besitzt, und sie im Gegenteil unentschlossen, schwankend ist, wird sie ihrem Kind nicht die geeignete Grundlage für die „Individuationsphase" (Mahler) geben. Der Säugling findet dann in seinem natürlichen symbiotischen Partner, der Mutter, keine emotionelle Bestätigung. Das Ergebnis wird eine primitive Störung des Selbsts sein. Alice Miller stellte fest, daß Mütter von Patienten mit narzißtischen Persönlichkeitsstörungen nicht die oben erwähnten Bedingungen erfüllten. Heinz Kohut[16] ist zu den gleichen Schlußfolgerungen gekokmmen und fügt außerdem hinzu, daß er häufig Depressionen bei Erwachsenen beobachtet hat, die in ihrer frühen Kindheit Liebe entbehrten.

Hierzu schreibt Melanie Klein folgendes: „Eine frühe befriedigende Beziehung zur Mutter (nicht unbedingt auf das natürliche Stillen beschränkt, da die Flasche symbolisch auch die Brust repräsentieren kann) impliziert einen engen Kontakt zwischen dem Unbewußten der Mutter und dem des Kindes; dieses bildet das Grundprinzip der Erfahrung, vollkommen verstanden zu sein, und ist vor allem an die präverbale Phase gebunden. Und wenn es im Laufe des Lebens noch so befriedigend sein mag, die eigenen Gedanken und Gefühle einem mit uns harmonierenden Menschen mitzuteilen, bleibt doch die unbefriedigte Sehnsucht nach einem Verständnis ohne Worte; letzten Endes etwas der ersten Mutterbeziehung ähnlichem. Diese Sehnsucht ist der Kern des Einsamkeitsgefühls und entspringt dem depressiven Erlebnis eines unheilbaren Verlustes".[17] (Aus dem Spanischen rückübersetzt). Die erwachsene Liebesbeziehung ist der einzige Ersatz dieses verlorenen ersten, ursprünglich vertrauensvollen und glücklichen Zustandes.

Das Syndrom der beschädigten Mutterfunktion

Klinische Erfahrungen mit Müttern oder Frauen, die in dem Alter sind, wo sie Mütter sein könnten, legen den Gedanken nahe, daß die Schwangerschafts- und Erziehungsprobleme mit Störungen der Mutterfunktion zusammenhängen. Eigentlich gehört dies zum alten, konsolidierten psychoanalytischen Gedankengut. Der Verfall der Mütterlichkeit, der wohl die letzte Phase des „Syndroms der Verleugnung der Sexualität"[18] darstellt, wird dazu führen, daß Frauen freiwillig inadäquate Trennungen vollziehen. Inadäquat, weil sie unnötig, vorzeitig oder falsch gehandhabt sind. Der gemeinsame Nenner in diesen Fällen ist eine grundlegende Zurückweisung des Kindes, oder anders gesagt, ein falscher Umgang mit den ambivalenten Gefühlen. Ein Kind zu haben, bedeutet eine komplexe und schwere Probe der Gesamtpersönlichkeit – sowohl in biologischer, psychologischer wie auch sozialer Hinsicht. In Wirklichkeit gibt es nur wenige Frauen, die diese Probe bestehen. Normalerweise sind Frauen mit *dem Syndrom der beschädigten Mutterfunktion* ihrerseits physisch oder psychisch verlassene Kleinkinder gewesen. Die Untersuchungen von Harry F. Harlow[19] beweisen dies auf experimentelle Art mit Säugetieren. Harlow berichtet, daß bei Rhesusaffen, die von ihrer Geburt an ohne Mutter oder mit simulierten Müttern (aus Papier oder Draht) aufwuchsen, schwere sexuelle Störungen eintraten, selbst wenn sie später und bis zu ihrer sexuellen Reife viele Jahre mit ihren Artgenossen zusammenlebten. Diese Affen zeigten überhaupt

kein Interesse für das andere Geschlecht und statt eines normalen Begattungsver-
haltens, griffen sie die brünstigen Weibchen an. Unter den mit Drahtmüttern
aufgezogenen Tieren waren es häufig die Weibchen, die aggressiv wurden. Als
endlich eine Begattung zwischen weiblichen, isoliert aufgewachsenen Tieren und
normal aufgewachsenen Männchen stattfand, *waren die Mütter unfähig, auf ihre
Jungen aufzupassen.* Sie stießen sie zurück, behandelten sie grausam und unvor-
sichtig. Bei späteren Würfen näherte sich das Betragen der Weibchen jedoch
allmählich mehr dem Normalen.

Erinnern wir uns, daß bei dem homo sapiens nahestehenden Primaten die Zeit
der Abhängigkeit von der Mutter immer länger wird, je höher der Entwicklungsstand ist. Dieses geschieht in den Gattungen, wo das Überleben von der Intelligenz-
entwicklung abhängt[20]. Diese „biologische Überlastung" die sekundär in eine
„soziale Zementierung" übergeht, hat noch keinen Ausgleich in der sozialen
Organisation gefunden. Meiner Meinung nach sind die bisherigen Versuche, eine
Lösung zu finden, sowohl für das Kind als auch für die Mutter verderblich, obwohl
wir nicht vergessen dürfen, daß das Kind der Schwächere ist. Vom evolutionären
Standpunkt aus gesehen, zwingt das Aufrechtgehen und der Verlust des Körper-
haars das Weibchen, ihren Jungen eine größere Aufmerksamkeit zuzuwenden. Die
Mutter kann sich also nicht mehr mit der gleichen Freiheit bewegen, die sie hatte,
als sie ihr Junges am Körper hängend trug. Der erwähnte Verlust des Körperhaares
erschwert eben entscheidend das Tragen. Letztes ist eine der Erklärungen für die –
phylogenetisch gesehen – wachsende Mutter-Kind-Bindung, die durch die
bekannte frühzeitige Geburt des Menschen noch vergrößert wird.[21]

Mütter, die ihre Kinder während des ersten Lebensjahres vernachlässigen oder gar
verlassen, sind meist Frauen, die die Schwangerschaft nicht akzeptierten – also
bewußt oder unbewußt ungewollte Schwangerschaften hatten – und selbst in der
Kindheit vernachlässigt wurden: Es handelt sich also um eine Äußerung des
Verfalls der Mutterschaft. Schwierigkeiten schwanger zu werden, Tendenz zu
Fehlgeburten aus emotionellen Gründen, Unfähigkeit zu stillen, inadäquate Ein-
stellungen dem Kind gegenüber, Vernachlässigung oder direkte Aggression sind
Ausdruck von Konflikten in der mütterlichen Funktion. Da diese Funktion einen
Teil des sexuellen Lebens darstellt, finden wir nicht selten sexuelle Störungen in
Zeitabschnitten vor der Schwangerschaft.

Die Anwesenheit der Mutter garantiert auf keinen Fall, daß es sich um eine *gute*
Anwesenheit handelt. Es geht auch nicht um eine ständige Anwesenheit. Das
Ausschlaggebende scheint der gute oder schlechte Zustand der ‚Mütterlichkeit' zu
sein. Es gibt Fälle, in denen die Zerrüttung dieser Funktion so groß ist oder der
Konflikt mit anderen weiblichen Anforderungen so stark ist, daß – in Ausnahmefäl-
len – eine Trennung angebracht sein kann,die schwerere Schäden vermeidet. In
diesem Fall können andere, ersetzende Muttergestalten günstige Auswirkungen
haben, vor allem wenn sie zuverlässig sind. Klinische Studien verweisen auch auf
Fälle, in denen die Schwangerschaft einer Frau mit stark beschädigter Mutterfunktion nicht wünschenswert ist. Wenn in diesen Fällen kein Abortus vorgenommen

wird, tritt nach der Geburt die Ablehnung des Kindes mit ernsten Folgen für Mutter und Kind ein. Das gleiche kann – mutatis mutandis – von der väterlichen Funktion gesagt werden. Es ist leider nicht selten, daß Männer und Frauen unter dem Druck ihrer Vater- bzw. Mutterschaft schwere psychische Gleichgewichtsstörungen erleiden.

B. Gordon schreibt: Die „Unfähigkeit einer Mutter, die Bedürfnisse ihres Kindes zu befriedigen, rührt in den meisten Fällen von der Tatsache her, daß *sie* keine befriedigende Beziehung zu *ihrer* Mutter hatte."[22] Die Störungen in der Mutterfunktion setzen sich meist von einer Generation zur anderen fort und enden logischerweise in Unfruchtbarkeit. In der Tat ist die genannte Störung ein häufiger Grund der Unfruchtbarkeit. Natürlich dürfen die Schwierigkeiten nicht einseitig betrachtet werden; das Problem betrifft beide Partner.[23]

Die Schwierigkeit einer Frau, Mutter zu sein, steht wie gesagt oft in enger Verbindung mit der gestörten Beziehung zur eigenen Mutter – damit einhergehend – mit narzißtischen Störungen (da sie sich selber nicht schätzt, weil sie von jener nicht geschätzt wurde). Letzlich bedeutet das Akzeptieren der Mutterschaft auch die Annahme des Frauseins – bis in seine letzten Konsequenzen. Und heutzutage scheint es nicht leicht zu sein, dies zu erreichen … oder, um wieder die Meinung einer Frau zu zitieren: „… auf der einen Seite geht es darum zu erkennen, daß es für jeden nur ein einziges mögliches Geschlecht gibt; daß das eine Geschlecht weder das defekte, noch der ausschließliche Referent des anderen ist. Im Entwurf des Realen existiert eine Differenz des Körpers. Diese ist es, die die unabänderlichen Grenzen errichtet."[24] Ich glaube, daß dieser Gedankengang einen Weg zur Entfaltung der weiblichen Identität weist, so frei wie möglich von mißglückten Wünschen diese ,unabdingbare Tatsache' zu überwinden; oder, um einen sehr unbeliebten Ausdruck zu gebrauchen, eine vom ,Penisneid' freie Identität.

Eine Mutter, die unfähig ist, die physischen und emotionalen Bedürfnisse ihrer Töchter zu spüren, macht es ihnen schwer – wenn sie später selber Mütter sind –, ein befriedigendes Ausmaß dieser Fähigkeit zu erreichen. Mit anderen Worten, die so wichtige empathische Funktion der Mutter erleidet komplexe Verzerrungen. Wenn die Eltern während der Schwangerschaft einen Knaben ersehnen und statt dessen ein Mädchen zur Welt kommt, wird dieses bewußte oder unbewußte Schwierigkeiten haben, sein Geschlecht zu akzeptieren.

Autorinnen, die diese narzißtischen Störungen am besten erforscht haben, sind meiner Meinung nach Lotte Köhler[25] und Alice Miller.[26] Ich empfehle allen, die sich in dieses Thema vertiefen möchten, die Lektüre ihrer Schriften. Alice Miller geht zwar nicht im einzelnen auf die Mutterfunktion ein; trotzdem sind viele ihrer Bemerkungen für die Problematik wertvoll.

Die Gesamtzahl der während des Lebens – vor allem in der Kindheit – erlittenen Aggressionen rächen sich trotz der angeborenen aggressionshemmenden Mechanismen des Säuglings am Kind. Manchmal geschieht dies, weil das Kind Charakteristika von einem Elternteil, anderen Menschen oder den Großeltern aufweist.[27] Auch die körperliche Ähnlichkeit mit anderen kann aggressive Impulse auf das

Kind leiten, und die Vernachlässigung ist einer der schädlichsten. Die Vernachlässigung ist außerdem subtil genug, um schwer als Aggression erkenntlich zu sein. Das *Syndrom des mißhandelten Kindes* hat sein Korrelat im *Syndrom des vernachlässigten Kindes*. Dieses Problem wird auch von Kinderärzten in psychoanalytischer Gruppenarbeit bestätigt. In der Tat haben Kinderärzte eine ausgezeichnete Möglichkeit, die Störungen in der Mütterlichkeit direkt zu beobachten.[28]

Die Zusammenarbeit von Psychoanalytikern und Kinderärzten (Balint Methode) brachte die Erkenntnis, daß Mütter, die die Gesundheit ihrer Kinder ernstlich vernachlässigen und sie wiederholt zu spät zum Kinderarzt bringen, damit ihrem Wunsch, das Kind möge sterben, Ausdruck verleihen. Auf der anderen Seite unterdrückt der Kinderarzt meist seine Beobachtungen, weil er ebenfalls Todeswünsche hegen kann, die möglicherweise tiefer gelagert sind. Nur wenn die Kinderärzte sich dessen ganz klar bewußt sind, können sie den Teufelskreis gefährlicher Fahrlässigkeit der Mütter in bezug auf die Gesundheit ihrer Kinder unterbrechen.[29] Daß Mütter über den Tod ihrer Kinder phantasieren, ist an sich kein alarmierendes Zeichen, sondern der Ausdruck einer grundlegenden Ambivalenz, die bewußt sein sollte. Außerdem kann diese Ambivalenz bei beiden Eltern vorhanden sein, (ganz zu schweigen von der altbekannten Tatsache, daß jeder psychische Vollzug ambivalent ist) und zwar schon vor der Schwangerschaft, wie Luis Feder und Emma Moersch bestätigen.[30] Nur Mütter mit zu hohen, strengen Ideal-Ichanforderungen werden dazu neigen, diese Phantasien nicht zu bemerken, sie zu verdrängen usw.

Es ist erstaunlich,daß ein so ausgezeichnetes Buch wie Evelyne Sullerots „Le fait féminin"[31], trotz der Mitarbeit so vieler Spezialisten, nicht ein einziges Kapitel der Mutterschaft vom psychoanalytischen Standpunkt aus widmet.

Ein anderes, subtiles Zeichen von Störungen in der Mutterfunktion, obwohl anscheinend genau das Gegenteil davon, ist das Verwöhnen oder die Überbetonung der Symbiose; d. h. die Schwierigkeit sich langsam und fortschreitend vom Kinde zu trennen, es zu respektieren und zu erkennen, daß es sich um ein andersartiges, unabhängiges Wesen handelt. Diese Situation kann so weit gehen, daß die Mutter auf verschiedene Weisen, manchmal fast nicht bemerkbar, versucht, die Entwicklung ihres Kindes zu hindern. (Alice Balint hat darauf schon 1939 hingewiesen.[32]) Oftmals steht ein Zurückbleiben im Sprechen – und Laufenlernen oder im Lernen überhaupt mit dieser Tatsache in enger Verbindung. Mütter, die sich schwer von eigenen Müttern trennen können, haben meist Schwierigkeiten, die Loslösung von ihren eigenen Kindern zum richtigen Zeitpunkt harmonisch zu vollziehen.

Das Syndrom der beschädigten Mutterschaft äußert sich manchmal erst sehr spät und läuft öfters kollateral mit einer wichtigen Krise in der Beziehung zum Partner. Es hat dann den Anschein, der Grund liege in dieser problematischen Beziehung, aber wenn wir tiefer dringen, so handelt es sich in Wirklichkeit um eine sich im Leerlauf befindende Mütterlichkeit. Meist fällt dies mit der *Krise des mittleren Alters* zusammen, wenn die Frau sich der Grenzen ihrer Entfaltung bewußt sind, nicht nur jener direkt durch die Kindererziehung bedingten Grenzen (manchmal ohne die entsprechenden Befriedigungen), sondern auch der durch andere Ursachen hervorgerufenen Limitierungen und Frustrationen. Muttersein und Frausein ist eben nicht dasselbe: die Frau muß nicht Mutter sein, die Mutter jedoch offensichtlich unbedingt Frau. Peter Kutter hat ähnliche Gedanken geäußert:[33] Für die gesellschaftliche Bedingtheit gewisser nicht klassischer Krankheitsbilder, die jedoch mit dem Fehlen der Mutter verbunden sind, prägte er den Begriff „mutterlose Gesellschaft."

Die erwähnten Störungen scheinen auch Begleiterscheinungen gewisser Formen der weiblichen Emanzipation zu sein: Ein Kind zu gebären und es aufzuziehen, bedroht die Entwürfe der Selbstverwirklichung, die nicht immer frei von Rivalität mit dem Mann sind. Die persönliche Erfüllung in der Mutterschaft wird unterschätzt. Wenn die frauenfeindlichen herrschenden Kräfte bisweilen die Schwangerschaft als Versklavung gestaltet haben, bedeutet das auf keinen Fall, daß die Mutterschaft aufgehört hat ein wichtiger Teil der harmonischen Entwicklung im Leben einer Frau zu sein.[34]

Es ist von größter Wichtigkeit und Bedeutung, die Mütterlichkeit wieder aufzubauen, die durch gewissen (also nicht alle) feministische Bewegungen bedroht ist. Diese Bewegungen weigern sich im Grunde, ihre Kastrationsangst (Penisneid) durchzuarbeiten und hier bildet sich ein Teufelskreis mit den Störungen in der Mutterfunktion: Je tiefer die Störungen sind, desto weniger wird die reale sexuelle Identität akzeptiert[35] und diese beschädigt wiederum die Mutterschaft. Damit ist der circulus vitiosus geschlossen. Paradoxerweise wächst der Penisneid, je größer die genannten Störungen sind; denn wer einen Penis hat, muß die Verantwortung und Schwierigkeiten des biologischen Mutterseins nicht tragen. Die Frauen sind dadurch gehindert die Freuden und Befriedigungen sowohl der Schwangerschaft wie der Mutterschaft überhaupt zu genießen. Die Vaterschaft wird weiterhin wenig untersucht und die Tatsache, daß sie weniger offensichtlich (und schwerer zu beweisen) ist, erschwert es dem Mann, seine Verantwortung als Vater zu übernehmen.

Die Macht der Mutter

Die der Mutterfunktion innewohnende Macht ist immer noch ausschlaggebend für den Lauf der Geschichte. Und dies sowohl auf persönlichem wie auf sozialem Niveau und selbst auf der Ebene der menschlichen Gattung.[36] Obwohl die Frau unterdrückt wurde – und immer noch wird – ist trotzdem wahr was María Antonieta Macchiotti schreibt: „Es sind die Frauen, die die Geschichte formen; die Machtübernahme der Frauen betrifft den Gang des menschlichen Geschlechts"[37] (d. h. bei den Frauen ruht der Hauptanteil der Fortpflanzung.) Die Gesellschaft scheint dies jedoch nicht wahrhaben zu wollen. Die Mutter ist weiterhin auch das wichtigste Glied der Sozialisation, oder anders ausgedrückt, sie leitet die exogene Erbschaft weiter, d. h. jenes Erbe, das nicht genetisch weitergegeben wird.[38] Mehr denn je rebellieren die Frauen heute gegen die Last der Verantwortung, die Biologie und Gesellschaft ihnen auferlegen. Ihre Aggressivität dem Kinde gegenüber wächst, und eine Auswirkung hiervon ist die Vernachlässigung der Kinder oder ein radikales Nein zur Mutterschaft. Sie haben auf jeden Fall ein Recht auf dieses Nein. Ich möchte hier ausdrücklich darauf hinweisen, daß ein grundsätzlicher Unterschied besteht zwischen den Frauen, die ganz bewußt aus Verantwortungsgefühl beschließen auf die Mutterschaft zu verzichten und denjenigen, die aus komplizierter neurotischer Unfähigkeit nicht Mütter sein können. Diskutierbar wäre nur die nicht verantwortungsbewußte Schwangerschaft. Es ist für Frauen besonders schwierig, ihre Aggressivität zu akzeptieren, denn die Gesellschaft hat einen Mythos fabriziert; den Mythos der perfekten, reinen, aufopferungsvollen Mutter; und diese Merkmale stellen das Gegenteil von Egoismus, Aggressivität und Grausamkeit dar.

Alice Balint stellt in ihrem Aufsatz „Liebe zur Mutter und Mutterliebe" die gewagte These auf, daß einer der unbewußten Gründe für die gesetzliche Strafbarkeit des Abortus der ist, die gefährliche Macht der Mutter über das Kind zu vermindern. Und so ist es: keine andere Gattung ist so viele Jahre und auf so absolute Weise der Mutter ausgeliefert.[39]

Alice Balint berichtet (Geza Roheim zitierend) wie die Mütter in den Wüsten Zentralaustraliens sich während Hungersnöten selber eine Fehlgeburt provozieren, um den Fötus zu essen, ohne die geringsten Gewissensbisse zu zeigen. Sie betrachten die Frucht ihres Leibes – im wahrsten Sinne des Wortes – als ihr Eigentum, über das sie völlig frei verfügen können.

Jeder Wunsch, jedes Bedürfnis eines Menschen kann sich in die Macht dessen verwandeln, der die Erfüllung gewähren kann. Wenn ein menschliches Wesen keine Alternativen hat, seine Bedürfnisse zu befriedigen, so wird es umso abhängiger sein von der einzigen Quelle, die auf diese Art an Macht gewinnt. Sobald Alternativen auftreten, schrumpft die Macht zusammen.

Die Mutter vereint in ihrer Person die von J. W. French und J. L. Raven genannten fünf Formen der Macht[40]:

1. die Möglichkeit, Aufmerksamkeit und Belohnung zu spenden (reward power)
2. die Möglichkeit, Strafen zu verhängen (coercive power)
3. die Möglichkeit, Identifikationen zu bieten oder Modelle darzustellen (referent power)
4. die Möglichkeit, durch Kenntnis und Geschicklichkeit, Einfluß auszuüben (expert power)
5. die Möglichkeit, sich auf Normen und Abmachungen zu beziehen (legitimate power).

Betrachtet man diese fünf Möglichkeiten der Machtausübung in Bezug auf das Mutter-Kind-Verhältnis, so kann man sich schwerlich eine andere Beziehung vorstellen, in der ein Mensch soviel Macht in seiner Person vereint.

Zwei komplementäre Mythen:
glückliche Kindheit – selbstlose Mutter

Unsere Kultur sah die Notwendigkeit, zwei Mythen zu schaffen, die – wie wir sehen werden – sich ergänzen:

a) der Mythos der „guten Mutter", frei von Aggressivität und Egoismus und
b) der Mythos der „glücklichen oder unschuldigen Kindheit", der besagt, daß dem Kind Sorgen, Ängste und Sexualität völlig fremd sind.

Beide Mythen sind insgeheim miteinander verbunden. Das Unglücklichsein in der Kindheit wird verdrängt und fällt der Amnesie anheim und die negativen Aspekte der Mutter verwandeln sich in eine reaktive Verherrlichung der Mutterfigur. In beiden Fällen wird ein inadäquater Weg beschritten, nur um die Ambivalenz nicht anerkennen zu müssen: Die Kindheit ist meist sehr glücklich und sehr unglücklich; und die Mutter ist – in den Augen des Kindes – gut und böse, auch in hohem Ausmaß.

Diese Schwärmerei für die Mutter hat Folgen nicht nur für das Individuum; darüber hinaus beeinflußt sie die Funktionen des Clans, der Gruppe und letztlich auch des menschlichen Geschlechts, das „die Lebensspenderin" zugleich verehrt und fürchtet.

Wenn eine Tochter ihre Mutter haßt, entwickelt sie Schuldgefühle, weil sie es wagt, ein Wesen, von dem sie so stark abhängig ist oder war, zu verabscheuen. Später wird die Tochter des öfteren Angst vor der Mutterschaft haben, weil sie fürchtet, selber von ihren Kindern gehaßt zu werden. Dies trübt ganz offensichtlich die Fähigkeit, Mutter zu sein.

Die Notwendigkeit, beide Mythen parallel zueinander zu entwickeln, bannt die Gefahr des Inzestes noch mehr; demnach hätte die Mutter kein Interesse an einem eigenen Lustgefühl und das Kind „kennt keine sexuelle Lust". So werden zwei Mythen zu Verschwörern. Beide haben das gleiche Ziel: den Inzest zu vermeiden. So stören sowohl die Verherrlichung als auch die Unterschätzung der Mutter die Ausübung ihrer lebenswichtigen Funktion.

Anmerkungen

[1] 25 Jahre später hat noch keine Generalversammlung der Vereinten Nationen das Recht der Frau auf ein NEIN zur Schwanger- und Mutterschaft bestätigt!

[2] Freud, A. & Bergmann, T.: Kranke Kinder. Frankfurt: Fischer 1977.

[3] Freud, A.: Der Eintritt in den Kindergarten. In: Psychologie des 20. Jahrhunderts. Bd. 11: Konsequenzen für die Pädagogik (1). Das Kind im Elternhaus. München: Kindler 1980, S. 562. Was die biologischen Folgen betrifft, so haben neurologische Forschungen ohne Zweifel bewiesen, daß sich das im Gehirn befindliche genetische Potential nach der Geburt weiterentwickeln muß. Diese Weiterentwicklung hängt von bereits bestehenden, internen embryologischen Kräften und ihrer Zusammenarbeit mit äußeren Reizen ab. Die Beziehung zur Mutter ist ein wichtiges Element, das den Prozeß beeinflußt und die fortschreitende Verzweigung der Dendriten während der ersten Lebensmonate fördert, wie auch die Zunahme an Vaskularisation einiger anatomischer Gehirnstrukturen und dem spätern Myelinisationsprozeß. Vgl. auch: Bowlby, J.: Some pathological processes set in train by early mother-child separation.

Journal of Mental Science 99 (1953), 265-267. Bowlby J.: Separation anxiety. International Journal of Psychoanalysis 16 (1960), Part 2- 3, 1- 25. Bowlby, J.: Trennungsangst. Psyche 15 (1961/62), 411-463. Bowlby, J. Process of mourning. International journal of Psychoanalysis 42 (1961). Bowlby, J.: El psicoanálisis y el cuidado del niño. In: El psicoanálisis y el pensamiento contemporáneo. Buenos Aires: Paidos 1962. Bowlby, J.: Los cuidados maternos en la salud mental. Buenos Aires: Ediciones Humanitas 1964. Bowlby, J.: Attachment and loss. Vol. 1: Attachment. New York: Basic Books 1969. Bowlby, J.: ebda. Vol. 2: Separation (1973). Bowly, J.: ebda.: Vol. 3: Loss (1980). Edelston, H.: Separation anxiety in young children. A study of hospital cases. Genetic Psychology Monographs 28 (1943), 3-95. Furman, E.: A child's parant dies. London: Yale University Press 1974 (dt.: Ein Kind verwaist. Untersuchungen über Elternverlust in der Kindheit. Stuttgart: Klett-Cotta 1977.) Meers, D. R.: Psychiatric ombudsmen for day care. Clinical Proceedings 30 (1974), 1. 19-29.Pappenheim, E. & Sweeney, M.: Separation anxiety in mother and child. Psychoanalytic study of the child. New York: International Universities Press 1952. Schaffer, H. R. et al.: Psychologic effects of hospitalization in infancy. Pediatrics 24 (1959), 528-539. Schmalohr, E.: Frühe Mutterentbehrung bei Mensch und Tier. München: Reinhardt 1968. Robertson, James & Robertson, Joyce: Film: „John. 17 Monate alt, 9 Tage in einem Säuglingsheim." 16 mm, schwarz-weiß, 43 Minuten. Institut für den wissenschaftlichen Film Göttingen (1969). Robertson, James & Robertson, Joyce: Reaktionen kleiner Kinder auf kurzfristige Trennung von der Mutter im Lichte neuer Beobachtungen. Psyche 29 (1975), 626-664. Robertson, James & Robertson, Joyce: Film: „Luce, 21 Monate." Institut für den wissenschaftlichen Film Göttingen (1976). Robertson, James & Robertson, Joyce: Mutter-Kind-Interaktionen im ersten Lebensjahr. Psyche 31 (1977), 167-182. Spitz, R. & Wolf, K.: Die anaklitische Depression. In: Erziehung in früher Kindheit. München: Piper 1968, 104-135. Spitz, R. & Wolf, K.: Die Bedeutung der ersten Lebensjahre. In: Das Kind in unserer Zeit. Stuttgart: Kröner 1958, 23-36. Spitz, R. & Wolf, K.: El primer año de la vida del niño. Mexico: Fondo de Cultura Económica 1969.

[4] Spitz, R. & Wolf, K.: El primer año de la vida del niño. a. a. O.

[5] Bowlby, J.: El Psicoanálisis y el cuidado del niño. a. a. O.

[6] Robertson, James & Robertson, Joyce: Reaktionen kleiner Kinder auf kurzfristige Trennung von der Mutter im Lichte neuer Beobachtungen. a. a. O.

[7] Escardo, F. & Gilberti, E.: Hospitalismo. Buenos Aires: Editorial Universitaria 1964, S. 10f.

[8] Vgl. Spitz, R. & Wolf, K.: Die anaklitische Depression. a. a. O.; Spitz, R: Hospitalism. Psychoanalytic Study of the Child (1945), No. 1, 53-74; Spitz, R.: Die Bedeutung der ersten Lebensjahre. In: Cremerius, J. (Hg.): Psychoanalyse und Erziehungspraxis. Frankfurt: Fischer 1971.

[9] Escardo, F. & Gilberti, E.: ebda.; vgl. auch Biermann, G. & Biermann, R.: Das kranke Kind und seine Umwelt. München: Reinhardt 1982.

[10] Mahler, M. S.: Symbiose und Individuation. Psyche 29 (1975), 609-625; Mahler, M. S., Pine, F. & Bergmann, A.: Die psychische Geburt des Menschen. Frankfurt: Fischer 1981.

[11] Rotmann, M.: Über die Bedeutung des Vaters in der Wiederannäherungsphase. Psyche 32 (1978), 1105-1147.

[12] Hierzu möchte ich auf den ausgezeichneten Aufsatz von Spannenberger, N. & Altevogt-Brauns, A.: Warum Kinder kriegen? (Psychoanalyse 4 (1983), No. 2/3, 89-132) hinweisen.

[13] Páramo-Ortega, R. et al.: La pareja: Apuntes sobre una vision dialéctica. Cuadernos Psicoanalíticos 5 (1984).

[14] Miller, A.: Depression und Grandiosität als wesensverwandte Formen der narzißtischen Störungen. Psyche 33 (1979), 132-156.

[15] Spiegel, L. A.: zit. n.: Miller, A., a. a. O.

[16] Kohut, H.: Narzißmus als Widerstand und Antriebskraft in der Psychoanalyse. In: Introspektion, Empathie und Psychoanalyse. Frankfurt: Suhrkamp 1977, S. 45.

[17] Klein, M: Sobre el sentimiento de soledad. In: El sentimiento de soledad y otros ensayos. Buenos Aires. Horme 1969, S. 156.

[18] Dieser Begriff stammt von Delfino Gallo. Persönliche Mitteilung 1979.
[19] Harlow, H. F.: Behavioral aspects of reproduction in primates. Journal of Animal Science 25 (1966), 49-67.
[20] Jonas, D. F.: Aufstieg und Niedergang weiblicher Macht. Biologische Faktoren. In.: Fester, R. et al.: Weib und Macht. Frankfurt: Fischer 1979, S. 160.
[21] Vgl. Konner, M.: Die unvollkommene Gattung. Basel: Birkhäuser 1984. – Konner hat zwar die klassischen Forschungen Portmanns und Tinbergens nicht berücksichtigt, ist aber dennoch sehr informativ.
[22] Gordon, B.: Die Psychoanalyse in der Kinderheilkunde. Psyche 29 (1975), S. 57. (Hervorhebung von B. Gordon)
[23] Langer, M.: Maternidad y sexo. Buenos Aires: Paidos 1951.
[24] Enriquez, M.: Analyse possible ou impossible. Topique (1977), No. 18, 49-62, hier, S. 56.
[25] Köhler, L.: Über einige Aspekte der Behandlung narzißtischer Persönlichkeitsstörungen im Lichte der historischen Entwicklung psychoanalytischer Theoriebildung. Psyche 32 (1978), 1001-1048.
[26] Miller, A.: a. a. O.
[27] Vgl. hierzu Mause, L. de (Hg.): Hört ihr die Kinder weinen. Frankfurt: Suhrkamp 1974; und Richter, H. E. : Eltern, Kind und Neurose. Stuttgart: Klett 1963.
[28] Raimbault, G.: Arzt – Kind – Eltern. Frankfurt: Suhrkamp 1977; vgl. vor allem Kap. 2.
[29] Raimbault, G.: ebda
[30] Feder, L.: Preconceptive ambivalence and external reality. International Journal of Psychoanalysis 61 (1980), 161-178; und Moersch, E. & Menne, K.: Zur Psychoanalyse von Schwangerschaftskonflikten. Psyche 34 (1980), 121-151.
[31] Sullerot, E.: Le fait féminin. Paris: Librairie Artheme Fayard 1978 (dt.: Die Wirklichkeit der Frau. München: Bertelsmann 1979).
[32] Balint, A.: Liebe zur Mutter und Mutterliebe. In: Balint, M. & Balint, E.: Die Urformen der Liebe und die Technik der Psychoanalyse. Frankfurt: Fischer 1969.
[33] Kutter, P.: Über moderne Neuroseformen und ihre gesellschaftliche Bedingtheit. In: Goppert, S. (Hg.): Die Beziehung zwischen Arzt und Patient. München: List 1974.
[34] Benedek, T.: Psychobiological aspects of mothering in psychoanalytic investigation. In: Benedek, T.: Psychoanalytic investigations. Selected Papers. New York: Quadrangle 1973.
[35] Ich beziehe mich hier auf den anatomischen Aspekt. Offensichtlich sind die anderen Aspekte der Identität viel beeinflußbarer.
[36] Macchiotti, M. A.: La mujer y el paso del fascismo. Textos 2 (1976), No. 11, 1-9, hier S. 2.
[37] Macciotti, M. A.: ebda.
[38] Vgl. auch Short R. V.: La evolución de la reproducción humana. In: Sullerot, E.: El hecho feminino. Barcelona: Argos Vergara 1979, S. 196 (dt.: Die Wirklichkeit der Frau. a. a. O.); und Jonas, D. F. Aufstieg und Niedergang weiblicher Macht. a. a. O.
[39] Wenn ich hier auf subtile Tatsachen hinweise, die kaum Beachtung finden, bedeutet dies selbstverständlich nicht, daß ich gegen den Abortus bin. Die gesetzliche Regelung des Abortus, vor allem in den Ländern der Dritten Welt, ist eine Notwendigkeit.
[40] Zit. n.: Eisendle, H.: Macht und Mutterliebe oder der Versuch, einen Mythos zu zerstören. Materialien zu kontroversen Fragen der Psychologie und ihrer Grenzgebiete 2 (1974), 39-53.

Zusätzliche Literatur

Portmann, A.: Biologische Fragmente zu einer Lehre vom Menschen. Basel, Stuttgart: Schwabe, 3. erw. Aufl., 1969.
Portmann, A.: Metamorphose der Tiere. In: Erasmus Jahrbuch 23. Zürich 1955.
Spurlock, J.: Social deprivation in childhood and character formation. Journal of American Psychoanalytic Association 18 (1970), 622-630.
Tanner, J. M. & Barbel, I.: Discussion on child development. New York: International Universities Press 1971.

6. Bemerkungen zur Sexualität

Geschlecht und Gesellschaft

Wir gehen von der Annahme aus, daß allgemeine Übereinstimmung herrscht, wenn wir die Sexualität des Menschen als eine der offensichtlichsten Expressionen seiner Soziabilität betrachten. Sexualität und Gesellschaft sind auf das engste miteinander verbunden. Die Gesellschaft wird versuchen, die Sexualität zu bändigen und zu reglementieren. Die Sexualität wird einerseits einen *unentbehrlichen sozialen Zement* darstellen und andererseits versuchen, der Unterdrückung auszuweichen. Wie man sieht, ist die Beziehung zwischen Gesellschaft und Sexualität äußerst problematisch, zumindest bis heute und in den uns bisher bekannten sozialen Organisationsformen. Es ist eine Tatsache – auf die wir momentan nicht weiter eingehen – daß Utopien, die diese Faktoren harmonisch verbinden möchten (z. B. die Entwürfe Charles Fouriers) keinen Erfolg gehabt haben.

Freud hat 1930 in seinem Buch „Das Unbehagen in der Kultur" mit großer Klarheit darauf hingewiesen, daß „... die wirtschaftliche Struktur der Gesellschaft ... auch das Maß der restlichen Sexualfreiheit" beeinflußt.[1]

Hier können wir uns fragen, ob die Frauen immer stärker gegen die traditionellen sexuellen Einschränkungen rebellieren, gerade weil sie wirtschaftlich unabhängiger werden. Freud fährt fort: „Wir wissen schon, daß die Kultur dabei dem Zwang der ökonomischen Notwendigkeit folgt, da sie der Sexualität einen großen Betrag der psychischen Energie entziehen muß, die sie selbst verbraucht. Dabei benimmt sich die *Kultur gegen die Sexualität* wie ein Volksstamm oder eine Schicht der Bevölkerung, die eine andere ihrer Ausbeutung unterworfen hat. Die Angst vor dem Aufstand der Unterdrückten treibt zu strengen Vorsichtsmaßregeln. Einen Höhepunkt solcher Entwicklung zeigt unsere westeuropäische Kultur. Es ist psychologisch berechtigt, daß sie damit einsetzt, die Äußerungen des kindlichen Sexuallebens zu verpönen, denn die Eindämmung der sexuellen Gelüste des Erwachsenen hat keine Aussicht, wenn ihr nicht in der Kindheit vorgearbeitet wurde. Nur läßt es sich auf keine Art rechtfertigen, daß die Kulturgesellschaft so weit gegangen ist, diese leicht nachweisbaren, ja auffälligen Phänomene auch zu leugnen. Die Objektwahl des geschlechtsreifen Individuums wird auf das gegenteilige Geschlecht eingeengt, die meisten außergenitalen Befriedigungen als Perversionen untersagt".[2]

Hier wird deutlich, daß die Sexualität in eine soziale Sturktur eingebettet ist, deren wirtschaftliche Ordnung schwerlich mit einer größeren sexuellen Freiheit und dem Verzicht auf die unnachgiebigen Ketten des streng Heterosexuellen, der Monogamie, des Lebenslänglichen, Institutionalisierten, Genitalen in Einklang zu bringen ist. Schon 1848 wies das Kommunistische Manifest darauf hin, daß die bürgerliche Ehe der Gegenwart eine Art Prostitution sei, da der Mann ein unbegrenztes Besitzrecht über die von ihm gekaufte Frau ausübe. Freud führt aus, daß eine solche Unterwerfung nicht realisierbar ist. Er schreibt: „Nur die Schwächlinge haben sich einem so weitgehenden Einbruch in ihre Sexualfreiheit gefügt."[3] – Ein emanzipationsträchtiger Gedankengang Freuds.

Solche Einschränkungen zu akzeptieren, bringt bedauerlicherweise negative Folgen für die menschliche Sexualität mit sich, wenigstens was „ihre Bedeutung als Quelle von Glücksempfindungen, also in der Erfüllung unseres Lebenszweckes"[4] anbelangt. Und dieser Aspekt scheint mir äußerst wichtig zu sein.

Freud bestätigt, daß „die Erfahrung, daß die geschlechtliche (genitale) Liebe dem Menschen die stärksten Befriedigungserlebnisse gewähre, ihm eigentlich das Vorbild für alles Glück gebe (...). Wir setzten fort, daß man sich auf diesem Wege in bedenklichster Weise von einem Stück der Außenwelt, nämlich vom gewählten Liebesobjekt, abhängig mache und dem stärksten Leiden aussetze, wenn man von diesem verschmäht werde oder es durch Untreue oder Tod verliere."[5]

Zärtlichkeit als Lebensförderung

Achtzig Jahre klinisch-psychoanalytischer Beobachtung sowie Experimente mit Rhesusaffen legen die Annahme nahe, daß die liebevolle körperliche Zuwendung der Mutter zu ihrem Kind während der ersten Lebensjahre beim Füttern und Säubern für die spätere Entwicklung der sexuellen Liebesfähigkeit von größter Bedeutung ist. Die Studien von René Spitz[6] und John Bowlby[7] haben ohne Zweifel bewiesen, daß der direkte körperliche Kontakt von größter Wichtigkeit als Lebensspender ist, weit über die bloße Fütterung und Säuberung hinausreichend. René Spitz machte umfassende Beobachtungen bei Neugeborenen, die sich trotz bester ärztlicher Pflege schlecht entwickelten, weil sie unter dem Einfluß von Müttern litten, die durch unbewußte Konflikte unfähig waren, ihren Kindern die notwendige emotionale Wärme zu geben. Er wies deutlich darauf hin, daß die ständige oder zeitweilige Entbehrung der Mutterliebe schwere Schäden verursacht, die vom „Hospitalismussyndrom" bis zur „anaklitischen Depression" und Marasmus gehen. Sie können sogar zum Tode führen. John Bowlbys und René Spitz' Beobachtungen zeigen, daß eine gute, liebevolle Beziehung zwischen Mutter und Kind im wahrsten Sinne des Wortes lebensspendend ist und gegen Krankheit schützt. Auch Harry F. Harlows[8] Experimente mit Rhesusaffen zeigen das gleiche, was René Spitz an Kindern beobachtete: Selbst die beste körperliche Pflege ist ungenügend, wenn sie nicht von einem emotionalen Kontakt begleitet wird. Denn ohne emotionale Wärme ist keine normale Entwicklung möglich.[9]

Eines von Harlows Experimenten bestand darin, den ohne Mutter aufwachsenden Rhesusäffchen zwei künstliche Ersatzmütter zu geben. Eine gab dem Äffchen mechanisch das notwendige Essen, jedesmal wenn dieses danach verlangte. Im Gegensatz dazu lieferte die andere keine Nahrung, hatte jedoch ein weiches, warmes Fell, das dem der wirklichen Mutter sehr ähnlich war. Harry F. Harlow bemerkte, daß das Tierchen bei starker Angst oder großem Hunger stets deutlich die Ersatzmutter bevorzugte, die ihm den Schein von Wärme gab, und nicht die, die ihm Nahrung bot. Mutatis mutandis ist dies auch auf viele soziale Probleme anwendbar: z. B. – um nur zwei zu nennen – wenn Bauern eine bestimmte Nahrung mit mehr Proteinen zurückweisen oder Handwerker sich weigern, ihre schlechten Hütten zu verlassen, obwohl man ihnen bessere, mit mehr Komfort ausgestattete Wohnungen anbietet. Es wäre interessant, diese Ähnlichkeit zu erforschen.

Der Mensch in unserer westlichen Kultur verliert anscheinend nach und nach immer mehr die „Fähigkeit zur Zärtlichkeit", wie Paul Ricoeur[10] es nennt, d. h. Zärtlichkeit zu spenden und zu empfangen. Heutzutage sind die hysterischen Ausdrucksformen der sexuellen Verdrängung der viktorianischen Zeit fast ausgestorben. Dagegen nimmt der Verlust an emotionalem Kontakt, an Wärme und Zärtlichkeit zu. Die Normen unserer Zivilisation, die Organisation unserer Gesellschaft als Arbeitsgesellschaft, die gewöhnlich den herzlichen, intimen Kontakt verhindert, wirken wie Dämme gegen die tiefe menschliche Sehnsucht danach. Von diesem Standpunkt aus ist die wachsende, genau gesehen unechte Erotisierungswelle die Folge einer vorhergehenden repressiven Enterotisierung, die versucht, den Menschen in ein immer geeigneteres Werkzeug pragmatischer Leistung zu verwandeln, in ein Wesen, das sich den entfremdenden Verwaltern des vermeintlichen jenseitigen Glückes immer vollkommener unterwirft, auf Kosten seiner realen, diesseitigen emotionalen Bedürfnisse. Jene repressive Enterotisierung ist es, die pathologische und unreife erotische Ausdrucksformen verursacht. Zu diesen gehören sowohl das Zölibat, wie die sexuellen Verbrechen, die beide Extremfälle einer Karikatur der Liebe darstellen, in der das Gleichgewicht zwischen den immer ambivalenten Bestandteilen der Haß-Liebe in der Sexualität verloren gegangen ist.

Einen dramatischen Beitrag für die adäquate Bewertung der lebenswichtigen Bedeutung der Sexualität leisteten paradoxerweise die furchtbaren Experimente der Nazis im Konzentrationslager von Dachau in den Jahren 1941-1943. Alexander Mitscherlich[11] veröffentlichte mutig in seinem Buch „Medizin ohne Menschlichkeit" die grauenhaften Dokumente jener Experimente, die an Menschen vorgenommen wurden, um herauszufinden, welches die besten Mittel seien, um Individuen am Leben zu erhalten, die extrem kalten Bedingungen ausgesetzt worden waren (Darmtemperatur von 30°C). Diese Temperaturen führten zu Bewußtseinsverlust, mamnchmal sogar zum Tode. Um mit der größtmöglichen Effizienz und Schnelligkeit den normalen Zustand der Versuchspersonen wiederherzustellen, wurden verschiedenartige physische und medizinische Mittel erfunden. Es wurde folgende Tatsache beobachtet: Wenn der dem Experiment unterworfene KZ-Insasse von einer nackten Frau sexuelle Aufmerksamkeit geschenkt bekam, so war seine Wiederherstellung erstaunlicherweise viel besser und schneller, als wenn andere Mittel benutzt wurden. Es wurde sogar mit dem sexuellen Reiz von zwei Frauen experimentiert. Obwohl anzunehmen war, daß die rein physische Wärme von zwei Frauen arithmetischerweise effektiver sein würde, zeigte es sich, daß dieses nicht der Fall war. Damals schon nahmen die Wissenschaftler an, daß mit einer einzigen

Frau die psychische und persönliche Stimulierung bessere Bedingungen für die physische Wiederherstellung erzeugte, so daß es in einigen Fällen sogar bis zum Koitus kam.

Leistungsprinzip versus „polimorph-perverses" Wesen

Das „Leistungsprinzip" (Herbert Marcuse) scheint heutzutage auch in die Sexualität einzudringen, so daß diese – anstatt ein Ausdruck von Liebe zu sein – in eine Pflicht oder eine kastrationsangstmildernde Leistung verwandelt und unter Umständen fast olympischen Forderungen unterworfen wird. Das Quantitative beeinträchtigt hier das Qualitative. Auf der anderen Seite schaltet die Promiskuität jede Möglichkeit einer tieferen Verbindung aus. Das Leistungsprinzip zielt auf größtmögliche Erfolge in einem Mindestmaß an Zeit, wodurch der Praxis der Liebe und der Liebe selber keine Zeit gelassen wird. Die Akzentuierung auf das Genitale reduziert die liebevollen, in den prägenitalen Partialtrieben vorhandenen, Ausdrucksformen: anschauen, enthüllen, berühren, küssen, lecken, streicheln – und zwar nicht nur die genitale Zone, sondern den ganzen Körper.[12] Dem Genitalen den Vorrang zu verleihen, ist ein Teil desselben Prozesses, der dem Körper die Sexualität zu entfremden sucht, damit er vor allem in den Dienst produktiver Arbeit gestellt werden kann. Die Sexualität soll auf die Genitalität beschränkt bleiben, so lautet die Forderung unserer abendländischen Kultur. Der Mythos der Leistung als Wert par excellence wird mit einer ad-hoc-Psychologie umgeben, die der Genitalitätsphase als Zeichen von ‚Reife' den Anschein von Wissenschaftlichkeit geben soll. Damit begeht man den großen Fehler, die ganze prägenitale Geschichte beiseite zu schieben, anstatt sie in der geschlechtlichen, persönlichen, ‚vollkommenen' Liebe aufzuheben. Freud hatte ja in dieser Hinsicht entdeckt, daß die Sexualität gewisse Phasen durchläuft, die sie niemals vergißt.

Die Verneinung der prägenitalen Sexualität geht Hand in Hand mit der Verleugnung der Sexualität in der Kindheit. Die Familie sieht die Äußerungen der geschlechtlichen Sinnlichkeit des·Kindes höchst ungern, unter anderem weil sie gegen die ideologisch untermauerten Prinzipien verstoßen, die besagen, daß Geschlechtlichkeit nur im Erwachsenenalter und ausschließlich zum Zweck der Fortpflanzung existiert.

Wenn religiöse Ideologien gegen schwangerschaftsverhütende Mittel kämpfen, weil diese die ‚natürlichen' Prozesse unterbrechen, fürchten sie vor allem, daß diese Verhütungsmittel die Sexualität befreien könnten für die Liebe und das Lustgefühl. Damit würden sie einer großen Macht verlustig gehen: der Macht über die Sexualität des Menschen. Der Vorwand, die ‚natürlichen' Prozesse zu verteidigen, verrät ihr idealistisches und abstraktes Konzept der menschlichen Natur, als ob diese unveränderlich und von vornherein festgelegt sei, wie ein Objekt, das aus den Händen eines Handwerkers hervorgeht. Forschungen wie die über die „Wilden

Kinder"[13] zeigen, wie absurd es ist, Begriffe wie ‚menschliche Natur' als etwas Unwandelbares zu betrachten.[14]

Es ist fast überflüssig hier zu bemerken, daß meiner Meinung nach der Fortpflanzung nur eine zweitrangige Bedeutung in der Sexualität zukommt. Es geht vor allem um den Ausdruck der Affekte und die Stärkung der wichtigsten menschlichen Bindung: die Liebe zwischen Mann und Frau, Zärtlichkeit, Unterstützung, Trost und Erbarmen, welche bis zu einem gewissen Grad unausweichlich das biologische Modell menschlicher Bindung widerspiegelt: die Mutter-Kind-Beziehung. *Das Bedürfnis, geliebt zu werden wurzelt in der biologischen Tatsache der Geburt, d. h. der vollkommenen körperlichen und affektiven Abhängigkeit von der liebevollen Betreuung einer Frau: der Mutter.* Wenden wir uns an Freud: „Die Intrauerinexistenz des Menschen scheint gegen die der meisten Tiere relativ verkürzt; er wird unfertiger als diese in die Welt geschickt. Dadurch wird der Einfluß der realen Außenwelt verstärkt (...). Die Gefahren der Außenwelt in ihrer Bedeutung [werden] erhöht und der Wert des Objekts, das allein gegen diese Gefahren schützen kann ... enorm gesteigert. Dies biologische Moment stellt also die ersten Gefahrsituationen her und schafft das Bedürfnis, geliebt zu werden, das den Menschen nicht mehr verlassen wird."[15] Und in einem früheren Werk: „Der Sexualtrieb – oder richtiger gesagt: die Sexualtriebe, denn eine analytische Untersuchung lehrt, daß der Sexualtrieb aus vielen Komponenten, Partialtrieben, zusammengesetzt ist – ist beim Menschen wahrscheinlich stärker ausgebildet als bei den meisten höheren Tieren und jedenfalls stetiger, da er die Periodizität fast völlig überwunden hat, an die er sich bei den Tieren gebunden zeigt. Er stellt der Kulturarbeit außerordentlich große Kraftmengen zur Verfügung, und dies infolge der bei ihm besonders ausgeprägten Eigentümlichkeit, sein Ziel verschieben zu können, ohne wesentlich an Intensität abzunehmen."[16]

Freud fragt sich, ob die von der Gesellschaft dem Individuum auferlegten sexuellen Einschränkungen nicht seine Toleranz- und Aufnahmefähigkeiten überschreiten, so daß sie über kurz oder lang ihn in seiner Suche nach Glück behindern werden. Mit anderen Worten, es scheint, daß der Preis, den wir für die Sozialisation des Eros gezahlt haben, viel zu hoch war. Es geschieht des öfteren, wie Freud es ausdrückt, daß vielen Menschen kein anderer Ausweg als die Krankheit bleibt, um ihre Tugend zu wahren. Oder, in Freuds eigenen Worten: „Nichts anderes schützt die Tugend so sicher wie die Krankheit."[17] Freuds Kritik der herrschenden Sexualmoral ist einschneidend: „Wir können es der Gesellschaft glatt vorrechnen, daß das, was sie ihre Sittlichkeit heißt, mehr Opfer kostet, als es wert ist, und daß ihr Verfahren weder auf Wahrhaftigkeit beruht noch von Klugheit zeugt."[18]

Eros als gesellschaftliche Kohäsion par excellence

Meines Erachtens findet unser tiefverwurzeltes Verlangen nach Zweisamkeit, unser Wunsch, eins zu sein mit einem anderen Menschen, seinen höchsten Ausdruck in der Sexualität. Es gibt nur ein einziges, tieferes Band: die frühe Mutter-Kind-Beziehung. Auf diesem Modell wird sich später jede sexuelle Verbindung aufbauen, da jedes spätere Liebesverhältnis Elemente beinhalten wird, die an jene erste Beziehung erinnern: die Möglichkeit gegenseitiger Identifikation, Regression, die Fähigkeit, aktiv oder passiv zu sein, das Wiedererwachen der Partialtriebe. In der Struktur des Ich ist das Verlangen nach dem anderen schon gegenwärtig.[19]

Der sexuelle Verkehr ist der Versuch des Verschmelzens mit dem anderen. Er beinhaltet die Trauer, auf immer getrennt und nur in fliehenden Augenblicken verschmolzen zu sein. Dem anderen Lust zu schenken, ist der Ausdruck von Einigkeit und ein tragendes Element ihrer Förderung. *Eros ist somit das unentbehrlichste, zusammenfügendste Bindeglied jeder sozialen Struktur.* Wenn Eros das Spiel verliert, gibt es keine menschliche Bindung mehr. Sogar in der Erschaffung einer Arbeitsgemeinschaft ist aus zwei Gründen eine gewisse Dosis Erotik unentbehrlich: Eros als in Arbeit zu verwandelnde Energie und Eros als vereinendes Element unter den Mitarbeitern. Mit Recht hat Freud seinerzeit betont, daß Eros den Gegenpol zum Todestrieb und zur Aggressivität bildet. Er weist darauf hin, daß so, wie der Hunger der Ausdruck des Selbsterhaltungstriebs des Menschen ist, die Libido den Überlebenstrieb der Gattung repräsentiert. Diese Bemerkung wird jedoch bewußt dahingehend mißverstanden, daß die Libido gattungserhaltend sei, weil sie zur Befruchtung führen könne. Dies widerspricht der Tatsache, daß die Fortpflanzung direkt tödlich für das menschliche Geschlecht sein kann. (Ich beziehe mich auf die todbringende Bevölkerungsexplosion.) Freud betrachtet den sexuellen Trieb als vereinigendes Element, das für das Zusammenleben unersetzlich ist. Wenn zwischen den Menschen nicht genug erotische, libidinöse, sexuelle Bindungen bestehen, bewegen wir uns direkt auf die Zerstörung zu. Auch die Ethologen haben die Wichtigkeit der Sexualität als aggressivitätshemmendes Moment hervorgehoben. Die in unsere Tätigkeit und unsere Beziehungen eingebrachte Libidomenge wird lebens- und einheitsfördernd sein: Daraus werden komplexere Organisationsformen hervorgehen, die dem Todestrieb direkt entgegenwirken, der sich in Haß, Trennung, Gleichgültigkeit, Teilnahmslosigkeit und Grausamkeit zeigt. Der uralte, jedoch äußerst lebendige Widerstand gegen die Anerkennung der Sexualität ist nur mit dem gleichfalls sehr lebendigen Widerstand gegen die Anerkennung des Todestriebes (oder des Todes überhaupt) vergleichbar.[20] Freud schrieb seine „Drei Abhandlungen zur Sexualtheorie" im Jahre 1905.[21] Die „Drei Abhandlungen zur Theorie des Todestriebes" – einziger gefährlicher Gegner der Sexualität – warten noch auf ihren Autor.

Psychoanalytische Auffassung der Liebe, kurze Schlußbemerkung

Für Freud ist der Sexualitätsbegriff weitumfassend; er deckt sich fast mit dem Begriff der Liebe: „Diese Erweiterung [des Begriffs der Sexualität – R. P.-O.] ist eine zweifache. Erstens wird die Sexualität aus ihrer allzu engen Beziehung zu den Genitalien gelöst und als eine umfassendere, nach Lust strebende Körperfunktion hingestellt, welche erst sekundär in den Dienst der Fortpflanzung tritt; zweitens werden zu den sexuellen Regungen alle die bloß zärtlichen und freundschaftlichen gerechnet, für welche unser Sprachgebrauch das vieldeutige Wort: ‚Liebe‘ verwendet.“[22] und „Wir heißen Libido die ... Energie solcher Triebe, welche mit all dem zu tun haben, was man als Liebe zusammenfassen kann.“[23] Ein Jahr später schreibt Freud die Libido sei die dynamische Äußerung des Sexualtriebes im Seelenleben.[24] Später vereint er alle Lebenstriebe, die die Termini Libido oder Eros umfassen (im Gegensatz zum Todestrieb), und beschreibt den Eros als Tendenz der lebenden Organismen, die lebendige Substanz zu vereinen und neue höhere Organisationsformen hervorzubringen.

Wenn die psychoanalytische Konzeption der Liebe derartige Widerstände provoziert, dann deswegen, weil es Freud gelungen ist, drei grundlegende Tatsachen zu bemerken, die normalerweise verdeckt sind:

1. die grundlegende Bisexualität (Männlichkeit – Weiblichkeit, bzw. die Veranlagung jedes Menschen zu Homosexualität und Heterosexualität),
2. daß sich die Liebe in ihren Anfängen auf die betreuende, nahrungsspendende Person richtet. Mit anderen Worten, die erste Liebe gilt der Mutter, der Vater tritt dazwischen (Ödipuskomplex),
3. die unabdingbare Ambivalenz (Haß – Liebe).

Der Widerspruch zwischen Haß und Liebe darf nicht – wie nach der traditionellen aristotelischen Logik als einander ausschließende Gegensätze und ohne andere Möglichkeiten verstanden werden, denn dieser Widerspruch ist ein dialektischer: Es herrscht Opposition, Polarität zwischen zwei Mächten, die in einem instabilen Gleichgewicht oder – wenn man so will – in einem stabilen ständigen Gleichgewicht miteinander stehen. Wir dürfen nicht vergessen, daß *sich die Psychoanalyse letzten Endes die Erforschung der menschlichen Widersprüche zur wichtigsten Aufgabe gemacht hat.* Die Liebe birgt den Haß, geboren aus der Frustration vor der Unmöglichkeit einer vollkommenen, liebenden Vereinigung; sie birgt ihn in dem Maß, in dem der andere meinen eigenen, unerschöpflichen Wünschen nicht entspricht. Nebenbei bemerkt: dieser innere Widerspruch der Liebe kann lebensspendend sein; alles Lebendige schließt derartige dialektische Gegensätze ein. Die psychoanalytische Methode ist im übrigen selbst ein gutes Beispiel dialektischen Denkens.

Vom Freudschen Standpunkt aus gesehen, ist das Kind „polymorph-pervers“. Die Perversionen sind nur Überbleibsel früher, d. h. prägenitaler sexueller Organisationen. Sie sind ein normaler Bestandteil der sexuellen Entwicklung und treten erst später exklusiv in den Vordergrund. Es ist ein langer Weg bis es uns gelingt, die reife Liebe zum anderen, nicht zu uns selbst, die Liebe zum anderen Geschlecht, nicht zum gleichen, mit genügend Zärtlichkeit, ohne allzuviel Aggressivität, mit genitaler, nicht prägenitaler Vorherrschaft, frei, nicht vom Gesetz oder aus einem Kompromiß heraus erzwungen zu erlangen. Dieser Weg kann sich leicht verlieren in Narzißmus, Homosexualität, Sadomasochismus, Fetischismus, Moralismus, Kastrationsangst (bzw. Penisneid) und der Angst vor dem Inzest als universellem Tabu. Es ist notwendig, daß der Ödipuskomplex, von dem die Angst vor dem Inzest abstammt, auf die bestmögliche Art aufgehoben wird, damit sie so wenig Schaden wie möglich in der späteren Liebesbeziehung anrichtet.

Anmerkungen

[1] Freud, S. (1930): Das Unbehagen in der Kultur. Gesammelte Werke (GW) 14, Frankfurt: Fischer, 4. Aufl., 1968, S. 464.
[2] Freud, S. (1930): ebda., S. 465 (Hervorhebung von R. P.-O.).
[3] Freud, S. (1930): ebda.
[4] Freud, S. (1930): ebda., S. 460.
[5] Freud, S. (1930): ebda., S. 441.
[6] Spitz, R.: El primer año de vida del niño. Mexico: Fondo de Cultura Económica 1969.
[7] Bowlby, J.: Los cuidados maternos y la salud mental. Buenos Aires: Humanitas 1964.
[8] Harlow, H. F.: Basic social capacity of primates. In: Spuhles, J. M.: Evolution of man's capacity for culture. Detroit: 1959, 40-63.
[9] Vgl. Kapitel 5 diese Buches.
[10] Ricoeur, P.: La maravilla, lo errático, el enigma. In: La sexualidad. Barcelona 1966, 9-21.
[11] Mitscherlich, A. (Hg.): Medizin ohne Menschlichkeit. Dokumente des Nürnberger Ärzteprozesses. Frankfurt: Fischer 1960.
[12] Ausführliches hierzu bei Döpp, H. J.: Minimal Erotic oder Erosion der Genitalität im Zeichen des Narzißmus. Psychoanalyse 4 (1983), 133-185.
[13] Malson, L., Itard, J. & Manonni, O.: Die wilden Kinder. Frankfurt: Suhrkamp 1972, S. 39.
[14] Moscovici, S.: Sociedad contra natura. Mexico: Siglo XXI 1975.
[15] Freud, S. (1926): Hemmung, Symptom und Angst. GW 14, a. a. O., S. 186.
[16] Freud, S. (1908): Die kulturelle Sexualmoral und die moderne Nervosität. GW 7, a. a. O., S. 150.
[17] Freud, S. (1908): ebda., S. 158.
[18] Freud, S. (1917): Vorlesungen zur Einführung in die Psychoanalyse. GW 11, a a. O., S. 450.
[19] Caruso, I. A.: Psychoanalyse und Gesellschaft. In: Psychoanalyse, Marxismus und Sozialwissenschaften. S'Gravenhage: Rotdruck 1972.
[20] Zugegebenerweise sind die Theorie des Todestriebes und die Verleugnung der eigenen Sterblichkeit nicht das gleiche. Trotzdem deute ich hier an, daß eine innere Verwandtschaft besteht. Eine weitere Auslegung kann ich in diesem Rahmen nicht vornehmen. Vgl. dazu das vorletzte Kapitel dieses Buches.
[21] Freud, S. (1905): Drei Abhandlungen zur Sexualtheorie. GW 5, A. A. O., S. 67.
[22] Freud, S. (1925): Selbstdarstellung. GW 14, a. a. O., S. 63.
[23] Freud, S. (1921): Massenpsychologie und Ich-Analyse. GW 13, a. a. O., S. 98.
[24] Freud, S. (1921): Psychoanalyse und Libidotheorie. GW 13, a. a. O., S. 220.

Zusätzliche Literatur

Glaser, H.: Eros in der Politik. Köln: Wissenschaft und Politik 1969.

Gunther, H. F. K.: Formen der Urgeschichte der Ehe. Göttingen: Musterschmid 1951.

Michel, E.: Ehe – Eine Anthropologie der Geschlechtsgemeinschaft. Stuttgart: Klett 1948.

Páramo-Ortega, R.: Introducción a la mesa redonda „Sexo y Sociedad". Revista Médica del Sanatorio Guadalajara 6 (1974), No. 1.

Schelsky, H.: Soziologie der Sexualität. Reinbek: Rowohlt 1960.

Will, M.: Jahrbuch für sexuelle Zwischenstufen. Frankfurt: Qumran 1984.

Wölpert, F.: Sexualität, Sexualtherapie, Beziehungsanalyse. München: Urban & Schwarzenberg 1983.

7. Psychoanalyse, Psychiatrie und Medizin

Es ist wohlbekannt, daß der Begründer der Psychoanalyse, Sigmund Freud, aus dem Bereich der Medizin kam, in dem er Hervorragendes leistete. Freud wandte sich ihm nach der Lektüre eines (Goethe zugeschriebenen) Aufsatzes *Über die Natur*[1] zu. Jahrzehnte später, verließ er wegen seiner Unzufriedenheit mit den Resultaten der ärztlichen Hypnose schrittweise dieses Feld, bis er das Gebäude einer Psychologie entwickelte, die nicht nur genügend Elemente beinhaltete, um die Medizin zu revolutionieren, sondern auch andere wissenschaftliche Disziplinen. Freud verließ die Medizin und gab uns ein kritisches System der menschlichen Beweggründe, das nicht nur die Quelle, aus der es entsprang, überstieg, sondern auch über die Tätigkeit des Psychoanalytikers, wie wir sie bisher kennen, hinausgehen sollte. Heutzutage sollte die Psychoanalyse so weit kommen, den gleichen Prozeß wie sein Gründer zu durchlaufen. Freuds Revolutionierung der Medizin ist nicht nur noch nicht beendet, sondern wird in vielen Fällen nicht einmal in ihrer ganzen Dimension begriffen. Gleichsam als Kompromiß mit den revolutionären Elementen verteidigt sich die ärztliche Tradition gegen die Erschütterung der psychoanalytischen Konzepte, indem sie einen neuen Zweig schafft: die psychosomatische Medizin. Diese versucht auf der einen Seite einige *insights* der Psychoanalyse einzubauen, schottet sich auf der anderen jedoch gegen sie ab, indem sie sie auf gewisse, sogenannte „psychosomatische Krankheiten" begrenzt.[2]

Im Bereich der psychischen Konflikte wehrt sich die klassische Psychiatrie, Trägerin der traditionellsten Konzepte, gegen die Schlagkraft der Psychoanalyse, indem sie ängstlich an den – zweifellos realen – Aspekten der biochemischen Störungen des Nervensystems festhält. Daher ist es für die Psychiatrie schwieriger, einen Kompromiß mit der Psychoanalyse zu schließen. Aus dem Zusammenprall erwächst entweder die sogenannte dynamische Psychiatrie oder die *Antipsychiatrie*. Dieser letzte Trend kann als legitimes Kind der Psychoanalyse betrachtet werden, ohne sie mit ihr zu verwechseln. Die traditionelle Psychiatrie hat bereits ihre feste Stellung: den Institutionen, wie wir sie kennen, zu dienen.

Die Psychoanalyse stellt einen epistemologischen Bruch in bezug auf die Psychiatrie dar. Freud war, ohne Zweifel, der erste *Antipsychiater*.[3] Er hat jedoch darauf geachtet, seine wissenschaftlichen Einstellungen nicht in persönliche Angriffe übergehen zu lassen. Sein rigoroser und ritterlicher Beitrag zur akademischen Zurechtweisung des Psychiaters Wagner-Jauregg ist ein Beispiel für diese Haltung.[4] Außerdem ist es seiner Vermittlung zu verdanken, daß die von Fritz Wittels 1908 geschriebene Broschüre gegen die Psychiater Wiens nicht veröffentlicht wurde.[5]

Die Psychoanalyse trägt auch heute noch schwer an ihrem medizinischen Erbe. Mit anderen Worten, sie trägt auf ihren Schultern die schwere Last der typischen Einstellungen, die die Patienten (und die Gesellschaft überhaupt) dem Arzt und der

Medizin entgegenbringen. Darunter finden wir z. B. die passive und kindliche Hingabe an den Arzt, in seine angeblich allmächtigen und weisen Hände. Auf der anderen Seite unterliegt der Arzt auch der Bürde dieser Haltungen, die anfangs dem Hohenpriester oder dem Schamanen entgegengebracht wurden. Die typische Einstellung des Patienten ist durchdrungen von infantiler Passivität gegen den, der die Krankheit schon ausrotten wird, indem er Substanzen verschreibt, die in den Körper eindringen. Dabei wird die Krankheit immer als Phänomen betrachtet, das unabhängig von Leidenden existiert. Im Gegensatz dazu erklärt die Psychoanalyse, daß die Krankheit nichts anderes ist, als die Folge des Scheiterns in der Auseinandersetzung mit der Außenwelt, der umrahmenden Gesellschaftsordnung und der Geschichte, oder das Resultat des internen Widerstreits des konfliktreichsten Wesens überhaupt: des homo sapiens, der Spezies, die intelligent, sozial und aggressiv zugleich ist. Die Psychoanalyse gibt uns die unbequeme Botschaft, daß ‚Krankheit' nicht etwas Äußerliches ist, unserer eigenen Verantwortung fremd, sondern die unglaublich komplexere Folge menschlicher Konflikte, die meist aus unseren gesellschaftlichen Verhältnissen geboren werden. Die Psychoanalyse verneint die biologischen Aspekte der Krankheit nicht, sondern sie sucht zu vermeiden, daß diese benutzt werden, um andere Seiten des menschlichen Dramas zu ignorieren: unsere Unfähigkeit „die Beziehungen der Menschen zueinander zu regeln."[6]

Kopernikus' Entdeckung, daß unsere Erde nicht der Mittelpunkt des Universums ist, war unbequem für unser Selbstgefühl. Darwin bewies uns, daß unsere Verwandschaft mit anderen Gattungen der Tierwelt viel größer ist, als unser Stolz zugeben möchte. Freud verursacht uns ein noch größeres Unbehagen. Er erklärt uns u. a., daß wir den Urteilen unseres bewußten Ichs nicht trauen können. Mit anderen Worten: ‚Wir sind nicht die Herren im eigenen Haus'. Die von uns als grundlegend betrachteten Beweggründe unseres Handelns sind nicht unbedingt die realen. Sogar unsere Gefühle geben uns keine Garantie innerer Wahrheit. Erinnern wir uns an Freuds Kommentar, daß es „... im Unbewußten ein Realitätszeichen nicht gibt".[7] Unser „Ich" ist keine Gewähr für die externe Wahrheit und noch weniger für die interne. Aus dieser Tatsache heraus beschreibt E. M. Cioran das Bewußtsein als das Vermögen, mit nichts übereinzustimmen. Es gibt keine Übereinstimmung zwischen unserem Sein und unserem Bewußtsein. Dieses Thema stand sowohl für Marx als auch für Freud im Mittelpunkt. Des Menschen Fähigkeit zur Selbsttäuschung ist grenzenlos. Es gibt Menschen, die sogar nach monatelanger Analyse noch nicht begreifen, daß gerade das zur Diskussion steht, worauf sie am stolzesten sind: ihre bewußte Urteilskraft: „Das kann nicht sein", „so fühle ich nicht", „das glaube ich nicht". Verzweifelt klammern sie sich an ihre bisherigen Überzeugungen. Ein langer, schmerzlicher Kraftaufwand ist notwendig, um zu verstehen, daß ihre Vergeßlichkeit nicht unschuldig ist, auch nicht ihre Irrtümer und ihre Träume. Es ist schmerzhaft festzustellen, daß das was wir als den reinen und klaren Antrieb unseres Handelns ansahen, nichts anderes ist, als ein konfuses Netz vielfältiger Beweggründe, hervorgegangen aus unserer Feigheit, subtilem

Selbstbetrug, unserer vergessenen Vergangenheit, aus historischen Gegebenheiten und sozialen Strukturen. Anscheinend ist der Grund für diese ganze Inszenierung die Flucht vor unserer eigenen Verantwortung, basierend auf der falschen Annahme, daß wir nur für unser bewußtes Handeln und Denken verantwortlich sind. Dieses uralte christliche Erbe verwandelt sich in den schärfsten Widerstand gegen die Psychoanalyse, die uns beweist, daß wir gerade all das, wofür wir die Verantwortung nicht übernehmen wollen, ins Unbewußte verdrängen. Obwohl dies offensichtlich nicht die Realität des Unbewußten erschöpft. Im übrigen bezieht sich jede psychologisierende Auffassung, die die materielle Basis der Produktionsverhältnisse beiseite läßt, nicht auf Freud, sondern auf seine reaktionärsten Epigonen. Die Psychoanalyse zeigt uns die vielfältigen Mechanismen, die wir benutzen, um unserer Verantwortung zu entgehen: „Jemand anderes ist verantwortlich", „dies ist nie geschehen", „das Gegenteil davon ist wahr", „jenes ist äußerlich, gehört nicht in mein Inneres", „dies hat nichts mit jenem zu tun", „wenn ich das Gegenteil tue, wer wird schon dahinter kommen?", „wenn ich so handle, wie die herrschenden Normen es verlangen, wer wird schon die primitiven, triebhaften Grundlagen vermuten?", „es handelt sich um ein historisches Gesetz", „die Vorsehung" (für die Christen) und „die Geschichte" (für die Marxisten) „wird vermutlich letzten Endes alles zum Guten führen."

Die Rolle des Psychoanalytikers

Angesichts des Zerfalls der Priesterfigur, sucht die Gesellschaft diese durch einen ‚Laienpriester' zu ersetzen und möchte dem Psychoanalytiker diese Rolle aufbürden. Der Analytiker muß sie jedoch zurückweisen und der Gesellschaft ihre Bedürfnisse interpretieren. Der Psychoanalyse wird (nicht immer explizit) der sonderbare Vorwurf gemacht, sie biete keine letzten und endgültigen Wahrheiten an. Mit anderen Worten, es wird verlangt, daß die Psychoanalyse eine Art Religion sei; mehr noch: eine Religion mit einer ewigseligmachenden Lehre. Hier muß sich die Psychoanalyse ihrer Grenzen bewußt sein. Dieses Eingeständnis ihrer Grenzen verhindert, daß sie dort Trost spenden will, wo sie nüchtern gesehen, keinen spenden *kann. Der Trostlosigkeit des Todes gegenüber bleibt nur die eine mögliche Antwort der konkreten Liebe in diesem diesseitigen, einzigen Leben.*[8] *Das menschliche Elend enthüllt sich mit schmerzlicher Klarheit besonders denen, die gelernt haben, auf den Trost der entfremdenden Illusionen zu verzichten.* Die Psychoanalyse postuliert, daß es vorzuziehen ist, an der Krankheit ‚Menschsein' zu leiden, als Opfer der durch die Gesellschaft aufgezwungenen Tröstungsphantasien zu werden.[9]

Die Gefahr der Medizin für die Psychoanalyse

Diese Gefahr ist an sich in der Psychoanalyse selber beinhaltet, da diese immer noch von den Ärzten dominiert wird. Wir haben uns zwar von den weißen Kitteln befreit, aber nicht von der ideologischen Ansteckung der Medizin. Anfangs stützte sich Freud bewußt auf die Medizin, um für die Psychoanalyse das Bürgerrecht zu erwerben, aber es war auch seine Absicht „die Psychoanalyse vor der Medizin zu schützen."[10]

Sowohl Freud als auch Breuer und Fließ waren Ärzte, aber sie waren nicht vollkommen in die Ideologie ihrer Disziplin eingesponnen. Die ärztliche Mentalität beeinflußt die Psychoanalyse, unabhängig davon, ob der Psychoanalytiker Arzt ist oder nicht. Igor A. Caruso – obwohl selber Psychologe – kritisierte den Ausbildungsgang der Psychologen, indem er fragte, was für Psychologen denn jene seien, die nie einem Sterbenden oder einer Gebärenden beigestanden hätten. Die Gefahr liegt somit nicht in den ärztlichen Kenntnissen und Erfahrungen, sondern in der Ideologie der Medizin, die für die aus den menschlichen Beziehungen entstehenden Konflikte Alibis findet. Das am stärksten beeinflußte Gebiet ist die Psychiatrie. Sie verwandelt sich in eine polizeiliche Überwachung der herrschenden Werte. Hier stützt sie sich auf das alte biologische Ansehen der naturwissenschaftlichen Medizin.

Psychoanalyse und Bourgeoisie

Es ist eine oberflächliche, stark verbreitete Meinung, daß die Psychoanalyse nur für die Bourgeoisie da ist, was ich für vollkommen falsch halte. Offenbar ist sie für das Proletariat unerschwinglich, was ihre wirtschaftliche Seite betrifft, wenigstens in ihrer individuellen und intensiven Form. Die Bourgeoisie ist jedoch für die Psychoanalyse unempfänglich, da ihre Mentalität auf der irrigen Annahme beruht, alle menschliche Problematik sei mit Geld zu lösen. Sie glaubt, es sei damit getan, einen Psychoanalytiker damit zu beauftragen und vergißt, daß die Psychoanalyse einen hohen Gehalt an Wahrheitsliebe und Anstrengung verlangt – Charakteristika, die die Bourgeoisie bereits verloren hat, vielleicht gerade, um ihre privilegierte wirtschaftliche Stellung zu erreichen. Zu den mit Geld nicht käuflichen Dingen gehören die Vorteile der psychoanalytischen Therapie. Sie ist eine Methode, die den Horizont des Bewußtseins erweitert. Sich dieser Anstrengung auszusetzen, erfordert vom Analysanden sehr viel Mut und innere Bereitschaft. Die wirtschaftliche Lage der Bourgeoisie erweist sich oft als Quelle unüberbrückbarer Schuldgefühle. Um sich mit der eigenen Problematik zu konfrontieren, müßte sie einen Mut aufbringen, über den sie für gewöhnlich weder verfügt noch dazu bereit ist.

Über die Psychoanalyse wurde ein weiterer Mythos geschaffen, der besagt, daß das ‚vollkommen' analysierte Individuum über Depressionen und Leid steht. Diese Legenden können nur aus billigen Verallgemeinerungen entstehen und scheinen eine Laienversion des Bedürfnisses nach Heiligen darzustellen, die einen gewissen Grad von Glück erreicht haben, selbst wenn es auf Kosten radikaler Entfremdung geschah. Die psychoanalytische Auffassung der Wirklichkeit ist dem völlig entgegengesetzt. Erinnern wir uns an die Bemerkung Heinz Hartmanns, daß der Mensch „die Fähigkeit zu leiden und sich zu deprimieren haben muß".[10] Im Kampf um das Glück versagen wir immer wieder, und Unglücklichsein ist – bis zu einem gewissen Grad – weiterhin eine implizite Denunzierung der Gesellschaftsordnung.

Widerstand gegen die Psychoanalyse

Nach Marx waren „... die herrschenden Ideen einer Zeit stets nur die Ideen der herrschenden Klasse".[12] Mit anderen Worten, sage mir, wie die Machthaber denken und ich sage Dir, welches die dominierenden Ideen sind. Wie bereits bemerkt, kann das psychoanalytische Gedankengut die herrschenden Klassen nicht erreichen, da diese zur asketischen Wahrheitsliebe der Psychoanalyse nicht fähig sind. Das psychoanalytische Denken wird demnach nie zum herrschenden Denken gehören. Es wird immer gegen den Strom schwimmen. Schon Freud sagte, die Psychoanalyse würde in unserer Gesellschaft nie siegen; denn das wäre ein Widerspruch in sich, da sie in Abrede stellt, daß die Gesellschaft den Menschen glücklich gemacht hat noch es jemals könne: „Die Gesellschaft wird sich nicht beeilen, uns Autorität einzuräumen. Sie muß sich im Widerstande gegen uns befinden, denn wir verhalten uns kritisch gegen sie; wir weisen ihr nach, daß sie an der Verursachung der Neurosen selbst einen großen Anteil hat. Wie wir den einzelnen durch die Aufdeckung des in ihm Verdrängten oft zu unserem Feinde machen, so kann auch die Gesellschaft die rücksichtslose Bloßlegung ihrer Schäden und Unzulänglichkeiten nicht mit sympathischem Entgegenkommen beantworten, weil wir Illusionen zerstören ..."[13]

Dieses Zitat belegt eindeutig, wie sehr ein großer Teil der psychoanalytischen Bewegung Freuds Geist verraten hat. Wer das nicht glaubt, braucht nur an jene zu denken, die der Anpassung an die herrschenden Werte Vorschub leisten, indem sie vorgeben, ‚das Ich zu stärken', wenn sie in Wirklichkeit gerade das, was im Ich nicht Ich ist, unterstützen.

Es ist die Aufgabe des Analytikers, dem Analysanden behilflich zu sein, seinen Selbstbetrug wahrzunehmen, ihm seine Widerstände aufzuzeigen, ihm sein Unbewußtes bewußt zu machen. Wenn diese Aufgabe einmal erfüllt ist, muß der Analysand die harte Arbeit übernehmen, für sich selber zu entscheiden, welche Richtung er einschlagen will. Dabei können, aus der Sicht des Analytikers gesehen, bedauerliche Irrwege und Rückfälle in feige Haltungen durchaus vorkommen. Darum ist der Versuch, die Methode oder die Person des Analytikers von dem Benehmen des Analysanden her zu beurteilen, von vornherein verfehlt. Dies käme vielleicht für das alte medizinische oder pädagogische Modell in Frage, aber nicht für ein autonomieförderndes Verfahren, das kindliche Illusionen zerstört. Kein anderer Berufsstand – neben den Politikern – ist so sehr den Witzen und dem Sarkasmus ausgesetzt wie der des Psychoanalytikers. Eine Psychoanalyse, die zur Mode wird, wäre hochgradig verdächtig, da die Psychoanalyse prinzipiell subversiv gegen die herrschende Ordnung angelegt ist. Der Analytiker versucht, das psychische Material zu interpretieren, das ihm der Analysand zur Verfügung stellt. Aber der Analysand stellt ihm nicht das ganze Material zur Verfügung, sondern nur einen Teil, für dessen Verarbeitung er genügend inneren Mut aufbringt. Und nicht alle Analysanden – auch nicht alle Analytiker verfügen über die gleiche Dosis an Courage bei der Suche nach der Wahrheit. Daher deutete schon Freud an: „... daß man gerade den wertvollsten und höchstentwickelten Personen ... am ehesten Hilfe bringen kann."[14]

Anmerkungen

[1] Vermutlich war aber der Schweizer Theologe Georg Christoph Tobler der Verfasser.

[2] Das nächste Kapitel diese Buches behandelt diesen Aspekt ausführlicher.

[3] Der Begriff *Antipsychiatrie* umfaßt bereits verschiedene Strömungen. Vgl. u. a. Suárez, A. (Hg.): Razón, locura y sociedad. Mexico: Siglo XXI 1978 und Heinrich, H. J.: Antipsychiatrie, Sozialpsychiatrie und die Idee einer anderen Gesellschaft. Psychoanalyse 1 (1980), No. 2.

[4] Eissler, K. R.: Sigmund Freud als Gutachter im Verfahren gegen Wagner-Jauregg. Wien: Löcker 1979.

[5] Nunberger, H. & Federn, E.: Protokolle der Wiener Psychoanalytischen Vereinigung. Bd. 1: (1906-1908). Frankfurt: Fischer 1976, S. 269.

[6] Freud, S. (1930): Das Unbehagen in der Kultur. Gesammelte Werke (GW) 14. Frankfurt: Fischer, 4. Aufl., 1968, S. 444.

[7] Freud, S.: Brief an Fließ vom 1. September 1897. In: Aus den Anfängen der Psychoanalyse. Briefe an Wilhelm Fließ, Abhandlungen und Notizen aus den Jahren 1887-1902. Frankfurt: Fischer 1950, S. 187.

[8] Vgl. hierzu Caruso, J. A. Soziale Aspekte der Psychoanalyse. Reinbek: Rowohlt 1972.

[9] Vgl. hierzu das Werk Igor A. Carusos, in dem immer wieder darauf hingewiesen wird, sowie Rositzchner, L.: Freud y los limitos del individualismo burgués Argentina. Buenos Aires: Siglo XXI, S. 27.

[10] Dies schrieb Freud am 25. November 1928 an Oskar Pfister. Vgl. Freud, S. & Pfister, O.: Briefe. 1909-1939. Frankfurt: Fischer 1963.

[11] Hartmann, H.: zit. n.: Schafer, R.: Die psychoanalytische Anschauung der Realität. Psyche 26 (1972), S. 969.

[12] Marx, K.: Marx-Engels-Werke (MEW) 4. Berlin, DDR: Dietz, 1971, S. 480.

[13] Freud, S. (1910): Die zukünftigen Chancen der psychoanalytischen Therapie. GW 8, a. a. O., S. 111.

[14] Freud, S. (1905): Über Psychotherapie. GW 5, a. a. O., S. 22.

8. Bemerkungen zur sogenannten Psychosomatischen Medizin

Einführung

Dieses Kapitel wendet sich einem Thema zu, das für die klassische Medizin von größter Bedeutung ist: das Problem der ‚psycho-physischen' Genese des Krankwerdens. Es scheint mir unentbehrlich, den engen Rahmen zu sprengen, der den Menschen außerhalb seiner sozialen und geschichtlichen Organisation situiert. Dieser Rahmen ist meiner Meinung nach eine Fiktion, die vor allem im Paradigma der klassischen Medizin gefördert wird. Und dieses trotz der überlieferten Medizin eines Hypokrates und eines Galen, die die soziale und geschichtliche Organisation sehr wohl in Betracht gezogen haben.

Da es an dieser Stelle nicht möglich ist, alle Aspekte ausführlich darzustellen, werde ich mich auf die Betrachtung einiger genereller Probleme beschränken. „Meistens ignoriert die Medizin die privilegierte Position ihrer Beobachtungsperspektive, an der verschiedenartige soziale Widersprüche zusammentreffen."[1] Die ‚Symptome' des ‚Kranken' verschleiern nur zu oft das Leiden des Individuums in und an den gesellschaftlichen Widersprüchen. „Der Arzt wird üblicherweise zum Komplizen dieses Versteckspiels, indem er sich zum Handlanger des Systems macht, auch wenn er sich dessen nicht bewußt ist."[2]

Unsere Definition

Ich verstehe hier unter Psychosomatik einen Zweig der Medizin, der der Erschütterung der Psychoanalyse entgegenwächst: unverständliche Symptome, anscheinend grundlose Krankheiten – vom klassichen, naturwissenschaftlichen Standpunkt der Medizin aus gesehen –, unerklärliche Erfolge oder Niederlagen. Auf der anderen Seite stellt die psychosomatische Medizin einen Versuch dar, die Beiträge der Psychoanalyse auszunutzen. Meiner Meinung nach bleibt diese Aufgabe jedoch auf halbem Wege stecken. In diesem Sinne weist sie die gleiche Struktur auf, wie das Symptom in der psychoanalytischen Theorie. Sie beinhaltet – wie jedes Symptom – einen positiven Versuch, Gedanken aufzunehmen, die von ihren großgepriesenen Standpunkten abweichen, und verteidigt gleichzeitig ihre altbekannten Wege. Die Psychosomatik ist also sowohl Schutzwall als auch Waffe, Fortschritt als auch Rückschritt. Sie weicht grundlegenden Problemen aus und irrt in deren Beurteilung, aber sie versucht sie auch zu lösen und zu überwinden.

Die Problematik des Dualismus

Meiner Meinung nach hat die Psychosomatik es nicht geschafft, sich des alten Leib-Seele-Dualismus' zu entledigen. Sie benimmt sich, als ob Körper und Seele getrennt voneinander existierten. Von der Freudschen Psychoanalyse aus gesehen, existieren Leib und Seele nicht. Wir können jedoch, wenigstens bis heute, dieser Terminologie nicht entsagen: Freud selber benutzt diese Konzepte, obwohl er gleichzeitig ihre Aufhebung beabsichtigt.

Diese Zielsetzung gehört zu den dialektischen Elementen, die für Freuds Gedankengut charakteristisch sind. Natürlich ist die angestrebte Aufhebung von ihrem Aufbau her problematisch, und Freud wußte es.[3] Das Konzept der Seele ist, laut Freud, die Kristallisierung eines Versuches, den Tod zu erklären. Das sogenannte ‚primitive Denken' an dem wir teilhaben, da es uns noch nicht gelungen ist, auf eine andere Art die Problematik unserer biologischen Anfälligkeit zu lösen, nimmt an, daß die Leiche von einem Geist, Seele genannt, verlassen worden ist. Für Freud beginnen hier alle Psychologien: „Die Veränderung des Todes legte ihm die Zerlegung des Individuums in einen Leib und in eine – ursprünglich mehrere – Seele nahe; in solcher Weise ging sein Gedankengang dem Zersetzungsprozeß, den der Tod einleitet, parallel. (...) Aus diesem Gefühlskonflikt wurde zunächst die Psychologie geboren."[4]

Daß der ‚Körper' (hier momentan noch zwischen Anführungsstrichen) auf adäquate Weise funktioniert, hängt seitdem von dem reibungslosen Gang der ‚Seele' ab. So erklären es die Spiritualisten. Damit die ‚Seele' (auch hier in Anführungsstreichen) ordentlich arbeitet, muß der ‚Körper' (physisch-chemische Mechanismen) in Ordnung sein. Diese Erklärung gibt der vulgäre Materialismus.

Angesichts dieses klassischen Dualismus' bestätigt die Psychoanalyse, daß der tiefe Ausdruck des Geistes gleichzeitig physisch-chemische Reaktionen beinhaltet, und daß komplizierte physisch-chemische Äußerungen gleichzeitig einen ‚psychischen' (so, zwischen Anführungsstrichen) Ausdruck hervorrufen.

Die psychoanalytische Alternative

Die Psychoanalyse biete eine provisorische Antwort dialektischen Charakters an: *Der Mensch ist weder Körper noch Seele, er ist jedoch auch nicht Körper und Seele.* Um dies zu begreifen, müßte eine wirkliche Aufhebung dieser konzeptuellen Gegensätze stattfinden, aus denen von Grund auf irrige Gesichtspunkte hervorgehen. Der ‚Körper' gibt keine ‚Erklärung' für die psychischen Realitäten ab, wie es z. B. die extrem biologische Einstellung der Genese der Schizophrenie zu beweisen versucht. Auch ist die ‚Seele' nicht die Grundlage der körperlichen Realität, wie z. B. verschiedene mystisch-religiöse Psychologien es uns glauben machen wollen. Die psychoanalytische Methode ist mit diesem Dualismus nicht einverstanden (und auch nicht mit anderen, wie wir später sehen werden). Für die Psychoanalyse beinhaltet diese Problematik eine unabdingbare Belastung, die eben schwerlich – wenn überhaupt – ausgeschaltet werden kann oder darf.

Der die Psychosomatik betreffende Zwiespalt äußerte sich auch bei dem Versuch, die Träume zu klären. Der Traum war für die Ärzte vor Freud nur Ausdruck somatischer Reize und nicht ein psychisches Phänomen. Für Freud hat er einen Sinn und ist „eine hoch komplizierte geistige Tätigkeit".[5] Gleichzeitig bestätigt Freud jedoch die Anwesenheit von körperlichen Reizen in der Traumbildung, obwohl sie nicht immer stark genug sind, um nicht den psychischen Zielen der sogenannten ‚Traumarbeit' zu dienen. Der somatische Reiz muß auf jeden Fall durch einen unbewußten Wunsch unterstützt werden, der ihm entgegenkommt.

Die klinische Realität

Für die Psychoanalyse wäre es interessant, die vulgären Argumente zu erforschen, mit denen die – wollen wir sie hier emotionale, nicht psychische nennen – Bestandteile z. B. der Migräne ausgeklammert werden, nur weil sie sich als sichtbare Veränderungen des Blutflusses im Schädel zeigen. Hier scheinen die alten, vorFreudschen Vorstellungen wieder aufzutauchen – wie im Falle der Hysterie – daß der ‚Kranke' etwas nicht Vorhandenes erfindet. Wenn damals etwas physisch nicht feststellbar, meßbar war, mußte es ‚Verstellung' des Kranken sein. Der Kranke wurde einfach als ‚Lügner' betrachtet.[6] Es war das mechanisch-materialistische Zeitalter der Medizin.[7]

Es steht außer Zweifel, daß eine sicht- und meßbare Veränderung des ‚körperlichen' Organismus nicht unbedingt ein psychisches Problem des Kranken ausschließt, ebenso wie ein klar hervortretender psychischer Konflikt nicht automatisch eine organische Krankheit ausschließt. Ein heftiger Kopfschmerz mit unterliegendem Aneurysma in einem wichtigen Blutgefäß des Gehirns darf nich ‚psychologisch' erklärt werden. In der alten Polemik zwischen den Organizisten und den Psychologisten können wir auf beiden Seiten Beispiele von Verspottung des anderen finden.

Das Unbewußte - ein unumgänglicher Faktor

Die Psychoanalyse ist bestrebt, sich auf die eingehende Erforschung eines *ständig anwesenden* Teils der menschlichen Wirklichkeit zu beziehen: das Unbewußte und seine Folgen. Wenn irgend etwas das Ziel der Psychoanalyse zusammenfassen könnte, so wäre es dies: das Studium des Unbewußten. Das Wort unbewußt wird manchmal als Substantiv, manchmal als Adjektiv benutzt, um die dem Bereich des Bewußtseins fremden Inhalte zu bezeichnen. In diesem deskriptiven Sinne git es keine Unterscheidung zwischen dem Vorbewußten und dem strikt Unbewußten.

Als Substantiv bezeichnet das Unbewußte das psychische System Freuds, das sich aus den verdrängten Inhalten bildet, denen der Zugang zum System Vorbewußtsein – Unbewußtsein durch die Verdrängung verwehrt wurde. Diese Inhalte können nur durch Überwindung der Widerstände bewußt werden. Das psychische Leben ist durchdrungen von wirksamen – wenn auch unbewußten – Gedanken, Affekten und Trieben, und aus diesen gehen nicht nur die Symptome hervor, sondern auch die Fehlhandlungen, Träume, realen Motivationen sowie die Vorsätze, die nicht mit denen der bewußten Oberfläche übereinstimmen.

Freud erkannte, daß im Unbewußten nicht das Realitätsprinzip waltet, sondern das Lustprinzip. Außerdem bemerkte er das Fehlen der Verneinung und die Möglichkeit gleichzeitiger, einander widersprechender Inhalte.

Im Unbewußten herrschen die spezifischen Mechanismen des sogenannten Primärprozesses, d. h. Verdichtung, Verschiebung und Verkehrung ins Gegenteil. Die unbewußten Inhalte sind „psychische Repräsentanzen von innersomatischen Reizquellen."[8] Diese mit triebhafter Energie angefüllten Vorstellungen versuchen ins Bewußtsein zurückzukehren, erreichen es jedoch nur durch Kompromißlösungen, d. h. nur nachdem sie den Deformierungen der Zensur unterzogen worden sind.

Der Begriff unbewußt, als Adjektiv, wird benutzt, um latente Aspekte, automatische Verhaltensweisen und selbst „Stücke von phylogenetischer Herkunft, eine archaische Erbschaft"[9] zu bezeichnen.

Es gibt keine bessere Charakterisierung des Unbewußten, als Freuds Beschreibung: „Das Unbewußte muß ... als allgemeine Basis des psychischen Lebens angenommen werden. Das Unbewußte ist der größere Kreis, der den kleineren des Bewußten in sich einschließt; alles Bewußte hat eine unbewußte Vorstufe, während das Unbewußte auf dieser Stufe stehen bleiben und doch den vollen Wert einer psychischen Leistung beanspruchen kann. *Das Unbewußte ist das eigentlich reale Psychische* (Hervorhebung von R. P.-O.); uns nach seiner inneren Natur so unbekannt wie das Reale der Außenwelt, und uns durch die Daten des Bewußtseins ebenso unvollständig gegeben wie die Außenwelt durch die Angaben unserer Sinnesorgane".[10]

Wer in seiner ärztlichen Praxis diese unbewußte Dimension nicht ernstlich in Betracht zieht, nähert sich auf gefährliche Art einer Veterinärpraxis und zwar einer Veterinärmedizin von schlechter Qualität.

Als Beispiel können wir folgendes nehmen: Der Arzt hat einen bettlägerigen Patienten, sei es mit einem gebrochenen Bein oder wegen einer ‚endogenen' Depression. Wenn man nur vom biologischen Evolutionsniveau ausgeht, das dieser Patient erreicht hat (der Gattung homo sapiens zugehörig), findet der Arzt sich mit folgenden Tatbeständen seines Patienten konfrontiert:

a) seine *symbolische* Kommunikationsstruktur, die im Prinzip seine ganze Realität einschließt, selbst wenn sie für ihn selber und seine Umgebung nicht durchschaubar ist. Das Symbol kann manchmal sogar einer zweiten Verdeckung unterliegen, d. h. sie findet wie in einer chiffrierten „Privatsprache" (Lorenzer) statt.

b) In seiner Erkenntnisweise handhabt er komplizierte psychische Repräsentanzen (Phantasien), die sein ganzes Sein durchdringen.

c) Er ist Träger von Instinkten und Trieben.

d) Seine Instinkte und Triebe werden von Affekten begleitet.

e) Sein Bewußtsein stimmt nicht immer mit seiner psychischen Realität überein, diese beinhaltet unbewußte Sektoren.

Diese hier so kurz skizzierten Aspekte der psychoanalytischen Theorie werden auf das Phänomen des Krankseins angewandt oder, anders ausgedrückt, auf das umfassendere Phänomen des Wohlbehagens oder Unbehagens.

Die oben erwähnten Faktoren können sich alle *pathologisch äußern,* ohne jedoch die physisch-chemischen Mechanismen ‚aufzuheben’, vielmehr benutzen sie sie eher. Als Beispiel: eine durch Meningococcus hervorgerufene Hirnhautentzündung wird die psychischen Realitäten, die jedoch mitverantwortlich sein werden für den Verlauf der Krankheit, auf keinen Fall ‚aufheben’. Oder, um ein anderes Beispiel zu geben: die anatomopathologische Untersuchung eines Blinddarms mit vielleicht sogar fortgeschrittenen Anzeichen einer Entzündung ‚erklärt’ auf keinen Fall die diesen Ausdruck suchenden psychischen Konflikte. Symbolische psychische Repräsentanzen, voller Affekte, die zur Blutung eines Magengeschwüres führen, „verwischen“ nicht die Wirklichkeit einer offenen Arterie, die das Leben des Individuums in Gefahr bringt, und auf jeden Fall einen, sagen wir mechanischen Eingriff des Arztes benötigt. Freud läßt keinen Zweifel an der Wichtigkeit der Biologie, wenn er sagt: „Die Triebe und ihre Umwandlungen sind das letzte, das die Psychoanalyse erkennen kann. *Von da an räumt sie der biologischen Forschung den Platz.*“[11] (Hervorhebung von R. P.-O.)

Psychosomatik oder psychoanalytische Auffassung des Krankwerdens?

Anstatt von psychosomatischer Medizin, spricht die Psychologie lieber von einer psychosomatischen Einstellung, oder anders von einer psychoanalytischen Einstellung des Krankwerdens. (Dieses beinhaltet selbstverständlich historische und soziale Elemente als grundlegende und vorrangige Faktoren.) Somit bekämpft die Psychoanalyse die Psychosomatik als einen Zweig der Medizin, der sich ausschließlich mit *einigen* Krankheiten beschäftigt. In Wirklichkeit ist die Anzahl von Leiden, in denen der Anteil von psychischen Konflikten zwar variiert, jedoch nie abwesend ist, sehr groß. Das gleiche kann von den physisch-chemischen Mechanismen gesagt werden. Die psychoanalytische Einstellung besteht darauf, daß der Schwerpunkt nicht auf die Krankheiten verlegt werden soll, sondern auf das konkrete, historische Individuum, das sich ‚schlecht fühlt’. Dieses ‚Sich-nicht-wohl-fühlen’ beruht auf sehr komplexen Ursachen (und scheinbarer Grundlosigkeit) und muß innerhalb eines theoretischen psychoanalytischen Rahmens erforscht werden, der darauf hinweist, daß das Individuum sich innerhalb eines Netzes von Beziehungen befindet, die meist seinem Bewußtsein unerreichbar bleiben. Außerdem nimmt es einen bestimmten Platz innerhalb eines konkreten, gesellschaftlichen und historischen Prozesses ein.

Trotz des vorher Gesagten zielt Psychoanalyse nicht darauf ab, das Wissen über den Kranken und die ‚Therapie' zu monopolisieren. Was letztere anbelangt, versucht die Psychoanalyse vielmehr die Fragmentierung der Spezialisierung zu überwinden, die die klassische Leib-Seele-Problematik widerspiegelt. Diese Fach-Zerstückelung kann dazu führen, daß jeder Spezialist in gefährlicher Weise seine eigene Unwissenheit ignoriert. Wenn die Psychoanalyse sich mit dem kranken Menschen beschäftigt, so ignoriert sie auf keinen Fall die Genese (weder die Onto- noch die Phylogenese) mit ihren folgerichtigen Erscheinungen (z. B. die sogenannte Konstitution). „Die Psychoanalyse vergißt niemals, daß das Seelische auf dem Organischen ruht."[12] Im Gegenteil, die Psychoanalyse fügt alldem noch etwas hinzu. Sie verneint nicht die genetischen Krankheiten, auch nicht den ‚Körper', sondern sie erweitert sie durch einen andersartigen Gesichtspunkt, der versucht, den evolutiven Stand zu erklären, der durch den Schritt zum reflexiven Bewußtsein erreicht wurde, das onto- und phylogenetisch so wenig befestigt und unvollkommen ist.

Die Realität des Krankwerdens soll und muß von verschiedenen anderen wissenschaftlichen Disziplinen beleuchtet werden (z. B. Soziologie), an die die Psychoanalyse notwendigerweise angrenzt, vor allem wenn wir sie weiterhin als eine Psychologie des Unbewußten sehen, die sich nicht kleinkariert an die oberflächlichen Grenzlinien zwischen den Wissenschaften hält. Die Psychoanalyse hat immer dort etwas zu sagen, wo das ‚Phänomen Mensch' existiert, und nicht nur in einem Zweig der Medizin: der an mögliche Irrwege gekoppelten Psychosomatik. Ein Arzt, der versucht, eine psychosomatische oder psychoanalytische Zugangsweise anzuwenden, um der Avantgarde anzugehören und ohne das notwendige Werkzeug dafür zu haben, schafft es, von unserem Standpunkt aus, meistens nur, ein grobes Verhör der Gefühle und des Innenlebens des Patienten zu führen (manchmal sogar in einem abfälligen Sinn) – meist mit negativen Folgen.

Zusammenfassend betrachtet die Psychoanalyse die Psychosomatik als eine Kompromißlösung, als Symptom; d. h. sowohl als Versuch der offiziellen Medizin, die Erkenntnisse der Psychoanalyse sozusagen unter Kontrolle zu halten als auch als gleichzeitige Bemühung, diese Erkenntnisse zu assimilieren und anzuwenden.

Anmerkungen

[1] Grupo de Estudios de Sigmund Freud: Zum Standort der Studiengruppe. Cuadernos Psicoanalíticos (1979), No. 1, S. 5.
[2] Grupo de Estudios de Sigmund Freud: ebda.
[3] Freuds Denken und seiner Verschränkung mit dem Denken seiner Zeit nachzuspüren, würde uns hier zu weit vom Thema wegführen. Vgl. daher Bindseil, L.: Psychoanalyse und die Grenzen der bürgerlichen Kategorien. Notizbuch (1979), No. 1; Erdheim, M.: Die gesellschaftliche Produktion von Unbewußtheit. Frankfurt: Suhrkamp 1982; Lorenzer, A.: Intimität und soziales Leid – Archäologie der Psychoanalyse. Frankfurt: Fischer 1984.

[4] Freud, S. (1915): Zeitgemäßes über Krieg und Tod. Gesammelte Werke (GW) 10. Frankfurt: Fischer, 4. Aufl., 1968, S. 347.

[5] Freud, S. (1900): Die Traumdeutung. GW 2/3, a. a. O., S. 127 u. S. 617 f.

[6] Für eine gute, historische Darstellung der verschiedenen Gesichtspunkte in der sogenannten Psychosomatik möchte ich auf den Aufsatz von Peter Kutter hinweisen: Die Dynamik psychosomatischer Erkrankungen damals und heute. Psyche 38 (1984), 544-562.

[7] Der Chemiker Lavoisier wurde 1865 (d. h. als Freud neun Jahre alt war) von der französischen Regierung (mit anderen zusammen) beauftragt, ein Gutachten über den "tiefen Magnetismus" von Messmer auszuarbeiten. Er hat die möglichen therapeutischen Ergebnisse nicht abgestritten, sondern sie als Wirkungen der „Phantasie" erklärt. Der Weg von dieser Erklärung bis zum Gebäude der psychoanalytischen Theorie ist ein sehr langer. Trotzdem lassen viele bekannte Mitglieder der medizinischen Zunft heute noch die theoretische und praktische Entwicklung seit 1865 beiseite. (Vgl. Ellenberger, H. F.: Die Entdeckung des Unbewußten. Bern: Huber 1973).

[8] Freud, S. (1905): Drei Abhandlungen zur Sexualität. GW 5, a. a. O., S. 67.

[9] Freud, S. (1937): Der Mann Moses und die monotheistische Religion. GW 16, a. a. O., S. 204.

[10] Freud, S. (1937): Der Mann Moses und die monotheistische Religion. a. a. O.

[11] Freud, S. (1910): Eine Kindheitserinnerung des Leonardo da Vinci. GW 8, a. a. O., S. 209.

[12] Freud, S. (1910): Die psychogene Sehstörung in der psychoanalytischen Auffassung. GW 8, a. a. O., S. 100.

9. Psychoanalyse, Spiel und Utopie

Nähern wir uns dem Spiel zunächst über seine Definition. In seinem berühmten Buch „Homo Ludens"[1] aus dem Jahre 1938 sagt Johan Huizinga, daß jedes Spiel vor allem eine freie Tätigkeit sei. Spiel auf Befehl ist kein Spiel. Der Mensch und auch das Tier spielen, weil sie Gefallen am Spiel finden; und hierin liegt gerade seine Freiheit. Es ist weder Aufgabe noch Luxus; es ist auch kein bloßer Überfluß an Energie, wie ältere Theorien behauptet haben. Spiel ist nicht „überflüssiges Leben" oder „Ernst des Lebens" an sich; Spiel heißt – genauer gesagt – vorübergehend aus dem Leben in eine Sphäre der Aktivität zu fliehen, die ihre eigene Tendenz hat, die in sich selbst ruht, ihr Geschehen und ihren Sinn in sich selbst erschöpft. Das Spiel beginnt in einem bestimmten Augenblick und endet in einem anderen – dies ist eines seiner Merkmale. Nachdem gespielt worden ist, bleibt das Spiel in der Erinnerung wie eine Schöpfung oder wie ein geistiger Schatz. Es wird durch Tradition weitervermittelt und kann jederzeit wiederholt werden. Diese Möglichkeit der Wiederholung des Spiels ist eines seiner zentralen Wesensmerkmale. Huizinga gelangte zu folgender Definition: „Der Form nach betrachtet kann man das Spiel also zusammenfassend eine freie Handlung nennen, die als ‚nicht so gemeint' und außerhalb des gewöhnlichen Lebens stehend empfunden wird und trotzdem den Spieler völlig in Beschlag nehmen kann, an die kein materielles Interesse geknüpft ist und mit der kein Nutzen erworben wird, die sich innerhalb ihrer eigens bestimmten Zeit und ihres eigens bestimmten Raumes vollzieht, die nach bestimmten Regeln ordungsgemäß verläuft und Gemeinschaftsverbände ins Leben ruft, die ihrerseits sich gern mit einem Geheimnis umgeben oder durch Verkleidung aus der gewöhnlichen Welt herausheben."

Schauen wir uns nun das Freudsche Verständnis des Spiels an, seinen Beitrag zu dieser Vision, und welche Beziehungen Spiel und Utopie verbinden.

Das Wesentliche der psychoanalytischen Spielauffassung finden wir in Freuds Aufsatz „Hemmung, Symptom und Angst" aus dem Jahre 1926. Freud sagt: „Das Ich, welches das Trauma passiv erlebt hat, wiederholt nun aktiv eine abgeschwächte Reproduktion desselben, in der Hoffnung, deren Ablauf selbsttätig leiten zu können. Wir wissen, das Kind benimmt sich ebenso gegen alle ihm peinlichen Eindrücke, indem es sie im Spiel reproduziert; durch diese Art, von der Passivität zur Aktivität überzugehen, sucht es seine Lebenseindrücke psychisch zu bewältigen."[2] Und in seinem Aufsatz „Über die weibliche Sexualität" aus dem Jahre 1931 macht er uns auf folgendes aufmerksam: „Es ist leicht zu beobachten, daß auf jedem Gebiet des seelischen Erlebens, nicht nur auf dem der Sexualität, ein passiv empfangener Eindruck beim Kind die Tendenz zu einer aktiven Reaktion hervorruft. Es versucht, das selbst zu machen, was vorhin an oder mit ihm gemacht worden ist. Es ist das ein Stück der Bewältigungsarbeit an der Außenwelt, die ihm auferlegt ist, und kann selbst dazu führen, daß es sich um die Wiederholung solcher Eindrücke bemüht, die es wegen ihres peinlichen Inhalts zu vermeiden Anlaß hätte. Auch das Kinderspiel wird in den Dienst dieser Absicht gestellt, ein passives Erlebnis durch eine aktive Handlung zu ergänzen und es gleichsam auf diese Art aufzuheben."[3]

In seinem Buch „Jenseits des Lustprinzips" aus dem Jahre 1920 schreibt Freud über das Spiel: „Man sieht, daß die Kinder alles im Spiel wiederholen, was ihnen im Leben großen Eindruck gemacht hat, daß sie dabei die Stärke des Eindrucks abreagieren und sich sozusagen zu Herren der Situation machen. Aber andererseits ist es klar genug, daß all ihr Spielen unter dem Einfluß des Wunsches steht, der diese ihre Zeit dominiert, des Wunsches: groß zu sein und so tun zu können wie die Großen."[4]

Erik H. Erikson bemerkt, „daß das Spiel am intensivsten wird, wenn die Periode der infantilen Sexualität zu Ende geht und wenn die große menschliche Schranke, das universelle ‚Inzest-Tabu' wirksam wird. Die sexuellen Triebe und zielgerichtete Energie müssen nun von eben den Elternfiguren abgelenkt werden, die zuerst die Zärtlichkeit des Kindes, seine Sinnlichkeit und seine amorphen sexuellen Phantasien erregten. Und sie werden auf eine Zukunft von zuerst phantastischen, aber dann mehr und mehr realisierbaren Zielen hingeleitet".[5]

Freud betont besonders den repetitiven Charakter des Spiels als bedeutsames Mittel, mit der komplexen inneren Welt der Triebe und einer erdrückenden äußeren Welt fertig zu werden. Fast ohne es zu merken, beschreiben wir damit Charakteristika der Utopie. Wenn wir von der Grundannahme ausgehen, daß das Spiel ein Versuch ist, die Wirklichkeit erträglicher zu gestalten, oder ein Versuch, uns mit der Realität zu konfrontieren, und wenn wir auch akzeptieren, daß die einzige Wirklichkeit, die der Mensch nicht zu akzeptieren scheint, die Idee des Todes ist, so können wir folgern, daß das ‚Versteckspiel' das Spiel ist, in dem wir am verzweifeltsten versuchen, uns mit dem Tode auseinanderzusetzen, mit der Trennung, mit dem Verschwinden eines geliebten Menschen. Dieses Spiel ist nach unserer Auffassung das Spiel *par excellence*. Freud, der sich so intensiv mit der Dialektik von Eros und Thanatos befaßte, beschäftigte sich natürlich auch mit dem Spiel, jemanden oder etwas oder sich selber, willkürlich und mit der Möglichkeit des Wiedererscheinens, verschwinden zu lassen. Freuds Beobachtung eines ‚Versteckspiels' (oder der dazugehörigen Varianten des wiederholten Erscheinen-oder-Verschwindenlassens eines Gegenstandes) sind in „Jenseits des Lustprinzips" beschrieben.

Freud hatte Gelegenheit für mehrere Wochen unter demselben Dach mit einem eineinhalbjährigen Kind und seinen Eltern zusammenzuleben. Im allgemeinen zeigte das Kind ein normales Benehmen, obwohl es ein merkwürdiges Spiel spielte, das es unaufhörlich wiederholte. Jedes Ding oder Spielzeug, das es in die Hand bekam, warf es so weit wie möglich von sich weg, außerhalb seines Blickfeldes, begleitet von Ausrufen oder einem Lallen, das leicht als „fort" und „da" interpretiert werden konnte. Dies wiederholte sich ohne Unterbrechung. Für Freud wurde allmählich der Sinn des Spiels klar, vor allem seine Beziehung zur Abwesenheit der Mutter, die das Kind mehrere Stunden am Tag verließ. Als eine Variante dieses Spiels verwandte das Kind eine Spule mit einem Bindfaden. Die Spule warf es so weit wie möglich außerhalb seines Blickfeldes; und anstatt mit ihr wie mit einem Auto zu spielen, wie man es von einem normalen Kind seines Alters erwarten könnte, zog es stattdessen langsam an dem Bindfaden, um die Spule allmählich wieder erscheinen zu lassen. Das Wiedererscheinen wurde freudig begrüßt. Das Kind fand eine weitere Variante in der Möglichkeit, sein eigenes Bild in einem Spiegel verschwinden zu lassen. Dieses Kind spielte praktisch mit nichts anderem, als mit dem freiwilligen Verschwinden- und Auftauchenlassen von Gegenständen, einem Spielzeug oder seinem eigenen Spiegelbild; ohne Zweifel, um aktiv seine passive Leiderfahrung zu wiederholen, d. h. : das Verschwinden und Wiederkommen seiner Mutter.

Um Freud zu zitieren: „Wie stimmt es also zum Lustprinzip, daß es dieses ihm peinliche Erlebnis als Spiel wiederholt? Man wird vielleicht antworten wollen, das Fortgehen müßte als Vorbedingung des erfreulichen Wiedererscheinens gespielt werden, im letzteren sei die eigentliche Spielabsicht gelegen."[6] Dennoch, in diesem von Freud beobachteten Fall der Akzentuierung der ersten Phase des Spiels, d. h. des Wegwerfens, liegt eine andere Bedeutung: die Befriedigung eines unterdrückten Impulses der Rache an der Mutter, weil sie ihr Kind verlassen hat, etwa in dem Sinn „du kannst weggehen, ich brauche dich nicht, ich bin derjenige, der dich rauswirft!" Dieses Spiel kann man als ursprünglichste Form späterer Spiele älterer Kinder ansehen, die unter dem Namen ‚Versteckspiele' bekannt sind. Bei diesen Spielen wird wiederholt die Angst durchlebt, die durch das Verschwinden der anderen oder des eigenen Spiegelbildes hervorgerufen wird, um sich dann an dem freiwilligen Wiedererscheinen aller zu erfreuen. Unserer Meinung nach handelt es sich dabei um einen Versuch, das Trauma der Trennung zu verarbeiten, welche die Vorläuferin der endgültigen Trennung ist: des Todes.

Die Psychoanalyse sucht in der präverbalen Sprache des Spiels die unbewußten Phantasien zu lesen, die in ihr zur Erscheinung drängen, um sich von einem Konflikt zu befreien oder einfach, um eine konflikthafte alltägliche Situation zu verarbeiten. Das Spiel ist ein Versuch, unbewußte Phatasien zu bearbeiten. Nach Melanie Klein, die die psychoanalytische Spieltherapie vielleicht am weitesten entwickelt hat, ist das Spiel nicht nur Wunscherfüllung, sondern auch Sieg und Herrschaft über die frustrierende Wirklichkeit mittels eines Prozesses, der die inneren Gefahren auf die äußere Welt projiziert. Daher der bekannte Satz: Das Spiel verwandelt die normale Angst des Kindes in Lust.

Man darf nicht vergessen, daß die Wirklichkeit vom Kind nicht voll erfaßt wird. Der Zeitraum, in dem Kinder anfangen, besser zwischen dem Reich der Phantasie und dem der Wirklichkeit unterscheiden zu lernen, beginnt erst im dritten Lebensjahr und endet ungefähr kurz vor Beginn der Pubertät. Wie Hans Zulliger[7] bemerkt, glauben wir als Erwachsene, daß ein Kind ‚spielt', wenn es spielt, aber es spielt nur nach dem falschen Kriterium des Erwachsenen. Für das Kind geschieht in

Wirklichkeit ‚etwas‘, was sehr ernst ist und nicht bloß ‚Spiel‘. Mit dem Ziel, sich von schmerzhaften Erfahrungen zu befreien, benutzt das Ich des Kindes alle Arten von äußeren Objekten, um Situationen durch Verkehrung des real Dargebotenen zu dramatisieren. Diese Realitätsverleugnung ist einer der allgemeinen Antriebe des Spiels in der Kindheit. Wenn das Kind neue Erfahrungen gemacht hat, die es ängstigen, versucht es später, die Situation zu beherrschen, indem es das Trauma wieder und wieder in seinen Spielen und seinen Träumen erlebt. Das Kind dramatisiert nicht nur die Vergangenheit; es antizipiert auch, was es als künftige Geschehnisse erwartet. Wir müssen also wieder einmal die Analogie mit der Utopie konstatieren. Häufig verlangen Kinder von Erwachsenen, daß sie bestimmte Erzählungen endlos wiederholen. Das erlaubt ihnen, ihre Ängste in der beruhigenden Anwesenheit der Erwachsenen zu verarbeiten. Jede Wiederholung mindert die Quantität des assoziierten Leidens, bis es im besten Fall erlöscht. So ist das Spiel des Kindes nicht einfach nur die Erfüllung eines Wunsches, sondern oftmals schließt es Mechanismen der Abwehr von Konflikten mit ein. Ein vollkommen verstandenes Spiel eines Kindes wäre ebenso nützlich wie ein vollkommen analysierter Traum. (Natürlich handelt es sich hier um ein unerreichbares Ideal.)

Unsere abendländische Zivilisation ist zu großen Anteilen lustfeindlich. Die Sozialisation des Eros hat einen viel zu hohen Preis gehabt. Lust wurde der Arbeit geopfert. „Sogar die ureigenste Form des menschlichen Spiels, die Arbeit"[8] ist ihm entfremdet worden, indem sie in eine bloße Unlust bringende Tätigkeit verwandelt wurde.

Auf dieser Grundlage ist hinsichtlich des kindlichen Spiels ein Vorurteil entstanden. Irrtümlicherweise nimmt der Erwachsene an, daß das Kind nur in jenen Augenblicken spielen darf, in denen es nicht mit ernsthaften Aufgaben beschäftigt ist; d. h. das Spiel hat sich in eine Tätigkeit der Nichtarbeit verwandelt, die für bestimmte Orte und Zeiten reserviert, von der Arbeit geschieden und getrennt ist. Nach dieser Auffassung hat das Kind nur dann ein Recht zu spielen, wenn es seine Schulaufgaben gemacht hat. Ja, diese grundsätzliche Haltung gibt es bei den Erwachsenen; auch wenn sie sich bemühen, dem Spiel einen pädagogischen Wert beizulegen, gehen sie von Anfang an von einer falschen Voraussetzung aus, die spiel- und lustfeindlich ist.

Einerseits muß die Arbeit ihre Freude wiedergewinnen, andererseits sollten die Grenzen zwischen Arbeit und Spiel nicht scharf gezogen sein. Der Erwachsene, vor allem jener Erwachsene, der in seiner Arbeit nicht genügend Freude findet, betrachtet das Spiel des Kindes mit Verachtung.

Eines der Mittel, eine Unterdrückungsstruktur zu verewigen, ist die Einkerkerung der Phantasie; und wie kann man das besser erreichen, als durch Einengung des Spiels?

Das Spiel erfüllt eine befreiende und subversive Funktion für alles Etablierte, da es eine lustvolle Betätigung *par excellence* ist. Das Spiel des Lebens ist das stärkste Gegenmittel gegen die Macht des Todes. Der Tod schleicht sich in das Leben ein als Trennung, Irrtum, als Aggressivität, Unterdrückung und Entfremdung. Das Leben ist dagegen Genuß, Lust, Befreiung. M. G. Derellizh[9] nimmt an, daß die kulturelle Struktur unserer Gesellschaft extrem hohe Anforderungen an uns stellt. Die Erhaltung der Dichotomie zwischen Spiel und Arbeit, d. h. zwischen Lust und Arbeit, bezeichnet Derellizh als Konsequenz der Unterwerfung durch die industrielle Kultur, in der eine Prädominanz des Leistungsprinzips herrscht. Dieses verwandelt Sport und Spiel in Arbeit zu Wettbewerbszwecken. Sogar der sexuellen Betätigung wird ein Charakter der Pflicht auferlegt. Das Vorspiel in der Sexualität ist derart mangelhaft, daß Freud auf den Gedanken kam, die menschliche Geschlechtlichkeit lasse eher Anzeichen einer Involution statt einer Evolution erkennen.

Nach Herbert Marcuse hat der utopische französische Sozialist Charles Fourier als erster auf den Unterschied zwischen einer freien und einer unfreien Gesellschaft hingewiesen.[10] Fourier spricht von einer möglichen Gesellschaft, in der die Arbeit ihre spielerischen Elemente wiedererlangt, in der die Arbeit – sogar die sozial notwendige – in Übereinstimmung mit den Neigungen der Individuen organisiert werden könnte. Das heißt: „der wachsende Bereich der Freiheit wird wirklich zu einem Bereich des Spiels – des freien Spiels der individuellen Fähigkeiten. So befreit, werden diese Möglichkeiten neue Formen der Realisierung und Weltentdeckung hervorbringen ..."[11]

Nicht entfremdetes Spiel ist nicht entfremdete Arbeit, z. B. die Arbeit, die Kinder freiwillig anfangen, indem sie die mit Freude verrichtete Arbeit der Erwachsenen nachahmen.

Fourier zeigt uns die Notwendigkeit auf, die sozialen Institutionen an die Bedürfnisse des Menschen anzupassen, statt zu verlangen, die natürlichen Bedürfnisse in extremer Weise an die Institutionen anzupassen, die zu ihrem eigenen Nutzen die Menschen überfordern. Fourier bestand auch darauf, daß die Arbeit auf natürliche Weise Freude bereiten und genügend abwechslungsreich sein sollte, um der natürlichen Verschiedenheit der psychischen Bedürfnisse zu entsprechen. Fouriers Auffassung war folgende: Er wollte, daß die Kinder ihren natürlichen Neigungen nachgehen könnten, indem sie verschiedene Berufe erlernten, in denen sie sich zusammen mit Erwachsenen betätigen könnten. Er vertrat auch die Auffassung, „daß die beste Form des Lernens die des Handelns ist; und damit die Kinder gerne lernen, der beste Weg der, ihnen die Möglichkeit zu geben, handelnd zu lernen. Wenn man sie frei wählen läßt, werden sie mit Leichtigkeit die Art von Erfahrungen machen, zu denen sie sich auf natürliche Weise hingezogen fühlen".[12]

Shaked meint: „Im Spiel wird eine soziale Situation ohne Unterdrückungsmerkmale geschaffen. Es ist eine Schöpfung des Lustprinzips, die die Herrschaft der unterdrückten Realität aufhebt. Eine Spannung wird erzeugt, die nach Entspannung strebt, wobei das Eintreten der letzteren als lustvoll erlebt wird. Dadurch wird das Streben der Triebe nach Entspannung, der Todestrieb Freuds, spielerisch dargestellt und verarbeitet ... Auch die Psychoanalyse bedient sich des Spiels, um den Patienten zu befreien. Nicht nur die reine Spieltherapie bei Kindern, sondern auch die freie Assoziation bei Erwachsenen, die eigentlich ein Phantasiespiel ist, führt zu einer Entspannung und Auflockerung der gehemmten Persönlichkeits-kräfte."[13]

Igor A. Caruso zeigt, daß „nicht unterdrückte Partialtriebe in einer nicht unterdrückenden Kultur letztlich zu einer Feldlockerung führen und das Ich in die Lage versetzen würden, auf Umwegen spielerisch eine lustbetonte Kultur zu schaffen"[14]

Sie mögen Utopie! rufen. In der Tat, es ist eine Utopie, aber nicht im pejorativen Sinn. Vergessen wir nicht, daß der Mensch als einziges Wesen fähig ist, Utopien zu realisieren. „Da der Mensch jede Grenze als Grenze zu erkennen vermag, kann er sie auch in Frage stellen. Die echte Utopie ist der Widerpart zur Entropie, des Todesprinzips … Ziel der Entropie ist letztlich Aufhebung des Todes … Erstens spiegelt die Utopie die Wünsche und Ängste des Menschen wider, und zweitens ist sie ein Versuch, seine Entwicklung bewußt in die Hände zu nehmen."[15]

Igor A. Caruso begreift die Utopie sogar als eine Art „angeborene Funktionsfä-higkeit des Menschen", die ungefähr dem entspricht, was Ernst Bloch „antizipie-rendes Bewußtsein", „Raum nach vorn" oder „Prinzip Hoffnung" nennt.[16] Caruso selbst hat den dialektischen Aspekt der Utopie, ihre doppelgesichtige Bedeutung aufgezeigt: Unzufriedenheit und Flucht. Die erste als positive, kritische und umgestaltende Kraft, die zweite als schützende Flucht aus dem realen Elend. Für diesen Autor konstituiert die „Utopie in ihrer besten Form Voraussetzung und Bedingung des Schöpferischen."[17]

Leszek Kolakowski sagt mit Recht, daß bis heute keine soziale Bewegung (und vielleicht keine wissenschaftliche Entdeckung, füge ich hinzu) auf Utopien verzich-ten konnte: „Die Utopie organisiert die Hoffnung, daß die Werte der Gruppe sich einmal realisieren lassen, … sie ist Vorbedingung sozialer Revolutionen."[18]

Utopie heißt wörtlich ‚an keinem Ort'. Die Notwendigkeit von Utopien wächst auf dem Bodes des Unglücks. Und die Unglücklichkeit par excellence ist die Melancholie. Nicht umsonst ist die Utopie eines der besten Heilmittel gegen die Melancholie.[19] Das andere heißt Revolution. Nicht von ungefähr leidet der Melancholiker unter akuter Impotenz – meist *unbewußter Impotenz* –, die gravie-renden, umwälzenden Veränderungen herbeizuführen. Utopie zeigt sich auch als manische Flucht vor der Melancholie (besser Flucht vor Traurigkeit und Trauer) in intellektuelle Bereiche.

Angesichts unglücklicher Zustände bleibt als Möglichkeit entweder der Versuch, die Unzufriedenheit produktiv umzuwandeln oder die Flucht vor dem wirklichen Elend. Diese beiden Aspekte hat die Psychoanalyse in aller Klarheit sowohl im Spiel des Kindes wie des Erwachsenen gefunden.

Apropos Utopie als ‚Ortlosigkeit': Caruso wies darauf hin, daß die „Menschen seltsamerweise das Glück meistens an einem Ort gesehen haben, an dem sie selber nicht sind."[20] Entweder hat man ihn verloren, weil man vertrieben wurde (z. B. der Mythos von Eden) oder man wird ihn nach dem Tode finden (z. B. der Mythos des Himmels). Oder, wenn wir uns in das Alltagsleben hinabbegeben, und es vielleicht in seiner tragischsten Form ausdrücken: „Wenn du nicht willst, daß jemand aufhört, dich zu schätzen, dann nähere dich ihm (oder ihr) nicht zu sehr, weil das, was er als ‚seinen Ort' fühlen kann, an Zauber verlieren wird."

Friedrich Engels[21] hat gezeigt, wie der wissenschaftliche Sozialismus im Unterschied zum utopischen Sozialismus seine Energien auf die Analyse der sozialen Kräfte konzentrieren muß, die Träger einer radikalen Neuerung sein werden, und die man nicht durch die naive Predigt abstrakter Ideale gewinnt. Es ist nicht möglich, eine neue Gesellschaft zu gründen, indem man einfach an das Bewußtsein der Menschen appelliert, an ihren rationalen Willen, ohne die historischen Umstände des Augenblicks, die ökonomischen Grundstrukturen und die blinden Labyrinthe des Unbewußten zu berücksichtigen. Die Psychoanalyse hat keine Utopie erzeugt. Niemand entwuchs dem Rahmen der Psychoanalyse, um eine neue Gesellschaft zu proklamieren, in der das Unbewußte in einer Form erobert wird, die nur rationale und bewußte Motivationen vorherrschen läßt. Dennoch: sowohl die Psychoanalyse wie auch der Marxismus kämpfen um einen Weg, das Bewußtsein der Menschen zu erweitern, die Entfremdung hinter sich zu lassen. Eine degenerierte Manifestation der Psychoanalyse hat sich in jener Form psychoanalytischer Praxis verkörpert, die sich der etablierten Ordnung zur Verfügung stellt, statt sie zu hinterfragen, wie es der revolutionäre Freud tat. In ihrem Trachten nach Bewußtseinserweiterung ist die Psychoanalyse Ideologiekritik – und das nicht in geringem Umfang. Die Psychoanalyse beansprucht aber auch die Analyse privater Utopien, d. h. der Träume und Spiele. Sie sucht die in ihnen verborgenen Elemente einer versteckten Realität zu entziffern, vor der man flüchtet, und eine Transformation zu erreichen, auf die sie hinzielt. „Die Psychoanalyse ist eine merkwürdige Mischung von militantem Optimismus und theoretischem Pessimismus ohne jede Illusion."[22]

Jede Utopie beinhaltet eine Kritik ihrer Zeit, sogar die Utopien, die als lähmendes, tröstliches Versprechen auftreten. Hierzu gehören die religiösen Utopien, zu denen auch die Wissenschaften degenerieren können, wenn sie bestimmte Charakteristika aufweisen. Die Utopien entspringen unserer radikalsten Hilflosigkeit. Je radikaler unsere Machtlosigkeit ist, desto intensiver wird unser Bedürfnis nach Utopien sein. Da der Mensch die Grenze, die er als solche intuitiv erkennt, immer hat überschreiten wollen, d. h. daß er immer sucht, was jenseits seines Verstandes oder jenseits des Todes ist, wollte man ihm einen Beweis geben, daß dieses ‚Jenseits' existiert, einfach durch die naive Finalität; demnach könnte der Mensch nicht nach etwas streben, von dem es kein glückliches Ende gibt.

Diese Argumentation ist rührend kindlich. Sie liegt völlig im Reich der Wünsche, der Phantasie und der Utopie: „Es muß ein Jenseits geben, weil wir ein Jenseits brachen, das dem Sinnlosen – Trennungen, Tod, unnützes und absurdes Leid –, in das wir versunken sind, einen Sinn gibt." Es scheint, daß dies das Motto von vielen ist: „Wir müssen uns ein Paradies im Jenseits bauen, das uns für unser Unglück entschädigt". Diese Art von Wünschen scheint sehr deutlich von einem universellen, religiösen Bedürfnis zu zeugen, das nichts anderes ist als ein allgemeines Bedürfnis nach Utopien (als angeborene Funktion), in der sich unsere Unzufriedenheit und unsere Flucht vor dem Tod und die abertausend Facetten einer Verneinung widerspiegeln.

Es würde keinen Sinn haben, sich mit allen diesen kindlichen Illusionen zu beschäftigen, wenn sie nicht eine wirksame, politische Kraft für unsere ‚diesseitigen' Aufgaben bildeten. Für Marx wie für Freud (sogar für jemanden, der als religöses Wesen gilt: Ghandi) ist die Kraft, die aus der Religion kommt, ein bedeutsamer Spiegel und ein Vehikel politischer Kräfte und Realitäten, die man nicht straflos vernachlässigen kann. Für Marx „verwandelt sich die Kritik des Himmels in die Kritik der Erde."[23] Die Kritik des Himmels *ist* Kritik der Erde, ist eine irdische Sache. Derselbe Marx sagt auch: „Die Kritik der Religion ist die Voraussetzung *aller* Kritik".[24] Gerade die tröstliche Illusion ist eine degenerierte Form des utopischen Denkens. Letzteres weist in Richtung gesellschaftsverändernder Aktion und weiß, daß das Realisierbare vom Menschen selbst abhängt. Die tröstliche Illusion hingegen lähmt die Umwälzung der Verhältnisse und ordnet sich der Vorsehung oder den ‚Gesetzen der Geschichte' unter. In dieser letzten Version kann sich eine abweichende Form des Marxismus ergeben. Ernst Bloch bemerkt hierzu: „Die Vernunft kann nicht blühen ohne Hoffnung, die Hoffnung nicht sprechen ohne Vernunft, beides in marxistischer Einheit – andere Wissenschaft hat keine Zukunft, andere Zukunft keine Wissenschaft."[25]

Als Denkmethode ist die Utopie – d. h. das, was Ruyer „utopische Methode"[26] genannt hat, die in dem Wagnis steht, alle möglichen Alternativen und selbst die extremsten Fiktionen zu denken, die ein neues Licht geben können – zu einer epistemologischen Kategorie avanciert. Im utopischen Experimentieren, im freien Spiel der Phantasie kündigt sich der Ursprung neuer Entdeckungen an. Auf keine andere Art und Weise als durch die Methode der freien Assoziation war es möglich, die untergegangenen Schichten des Unbewußten zu entdecken. Dies ist in allen Bereichen des Wissens vorgekommen. Offenbar ist das utopische Denken eine Konstante des menschlichen Geistes. Sogar heute kann man von einer „Auferstehung der Utopie"[27] sprechen, die vielleicht eine verzweifelte Reaktion angesichts der Machtlosigkeit darstellt, die Realität in zweckmäßiger Weise zu verändern.

Etwas als „utopisch" im pejorativen Sinn zu erklären, ist der Versuch, sich am Etablierten festzuhalten, das zu verändern die Utopie beansprucht. Utopien zu bekämpfen ist die klassische Form, den *Status quo* zu bewahren. Daher kommt es, daß in unserer konformistischen und statischen Umgebung die entwertende Nuance des Begriffs überwiegt, die ihm selbst jedoch nicht notwendig immanent ist. Hier ist deutlich sichtbar, wie die Entwicklung der Sprache die soziale Umgebung widerspiegelt, in der sie verwendet wird. Da „die Wissenschaft (nach Aristoteles) mit dem Erstaunen beginnt, ist die Utopie der Anfang der Wissenschaft."[28] In diesem Sinne macht uns Le Roy darauf aufmerksam, daß „in ihrer ersten Phase, die die eigentliche schöpferische Phase ist, den echten Entdecker nichts vom Utopisten unterscheidet".[29] Auf der anderen Seite kann die Utopie ein Seufzer und ein täuschender Trost für die Zukunft sein. Caruso hat dies am Christentum und Marxismus – den zwei virulentesten Utopien des Abendlandes – aufgewiesen.[30]

Schon vorher hatte Antonio Gramsci das Christentum die größte Utopie überhaupt genannt, die je vom Menschen geschaffen wurde: „Das Christentum hatte mehr Sinn für das Absurde .. und zauberte ein Jenseits hervor ... Der Marxismus hingegen verschmähte solche Kompromisse mit dem Tod und beschloß die Welt zu verändern, damit sie menschlicher und sinnvoll werde."[31] In diesem Punkt simmen Psychoanalyse und Marxismus erneut überein.

„Der Mensch ist sozusagen gezwungen, das Beste aus seiner prekären Situation zu machen. Auffallend ist die Ideologie der Psychoanalyse, daß sie ganz bestimmt an keine heile Welt glaubt, sondern daran, daß die Welt sehr wenig heil ist. Auch der Marxismus glaubt an keine heile Welt, er glaubt aber, daß er diese heile Welt herbeischaffen kann."[32]

Eine illusionslose Gegenwartsbetrachtung kann sich in ein reaktionäres, paralysierendes Alibi verwandeln, das mit dieser Betrachtung selbst nichts zu tun hat. Eine optimistische Auffassung kann ebenfalls zu einem paralysierenden und reaktionären Verhalten führen. Es wäre eine Abweichung vom Freudschen Denken, wenn man glaubte, es sei möglich, ‚die Welt zu verbessern', ohne gleichzeitig die Basisstrukturen der Produktionsverhältnisse zu ändern. Hier sei Igor A. Caruso das Wort überlassen: „Zweifellos war die Utopie des Marxismus, bei aller Verflachung, eine entscheidende Entmystifizierung der jüdisch-christlichen Eschatologie, weil der Marxismus erkannte, daß das Wettrennen zwischen Leben und Tod nicht durch Projektionen in ein Jenseits und auch nicht durch zeitlose und mystische Rationalisierungen zu gewinnen ist, und sich daher anschickte, die Welt durch kritisches, auf das Diesseits bezogenes, dialektisches Denken und die mit dem letzteren kongruente Praxis zu verändern. Die Welt verändern heißt doch wohl – unausgesprochen – die Macht des Todes durch die Macht des größeren und praktischeren Bewußtwerdens überwinden zu wollen" (und hier stimmen Marxismus und Psychoanalyse wieder überein – R. P.-O.). „Daher sind die ‚Freudomarxisten' inkonsequent, die den Freudschen ‚Todestrieb' aus taktisch-optimistischen Gründen leugnen. Allein, gerade der Optimismus des Marxismus ist eine ebenso große Schwäche wie der jenseitige Triumphalimus des Christentums"[33].

An diesem Punkt verstehen wir den marxistischen Optimismus als Ausweichen. Erinnern wir uns an einen so authentischen Marxisten wie Antonio Gramsci, der sagt: „Man muß beachten, daß der Optimismus häufig eine Form ist, um die eigene Müdigkeit zu rechtfertigen, die Verantwortungslosigkeit, den Wunsch, nichts zu tun ... Man vertraut Faktoren, die unabhängig vom eigenen Willen und der Arbeitsamkeit sind; sie werden erhöht und der Mensch scheint in ihnen mit einem heiligen Enthusiasmus zu brennen. Und der Enthusiasmus ist nichts mehr als eine äußerliche Anbetung von Fetischen. Die einzige berechtigte Begeisterung ist jene, welche von einem intelligenten Willen begleitet ist, einer intelligenten Arbeitsamkeit, Reichtum an Erfindungsgabe konkreter Initiativen, die die existierende Realität verändern."[34] Die religiösen Formen der Utopie sind mit ihrer Verlagerung des Glücks in ein versprochenes Jenseits entfremdend, da niemand dort sein wird, um die Versprechungen einzulösen. Die wissenschaftlichen Formen der Utopie scheinen notwendige Fermente zu sein, um die Wirklichkeit neu entdecken zu können. Die sozialen Formen der Utopie sind in ihrem Keim Revolutionen. Wir können die Utopie vielleicht in ihren zwei Facetten betrachten: als Wunschlösung und als Wunsch zur Lösung.

Anhang

Das „Prinzip Hoffnung" (Bloch) ist keine Fortsetzung der christlichen Tugendvorstellung der Hoffnung, sondern eine Philosophie menschlicher Orientierung auf die Zukunft hin oder – so der Begriff bei Ernst Bloch selber – eine „Ontologie des Noch-Nicht-Seins", die gleichzeitig aus dem „Noch-Nicht-Bewußten" und aus dem „Noch-Nicht-Gewordenen" in der Natur besteht. Im „Prinzip Hoffnung" wird diese universelle Intentionalität als „Selbsterweiterung nach vorwärts" begriffen. Für Bloch ist die Materie das „In-Möglichkeit-Seiende".[35]

Den Zusammenhang zwischen Utopie und Revolution sieht man am folgenden Zitat von Ernst Bloch: „Das Nein zum vorhandenen Schlechten, das Ja zum vorschwebenden Besseren wird von Entbehrenden ins revolutionäre Interesse aufgenommen."[36] Es handelt sich also um "aktiv werdende Unzufriedenheit".

Der atheistische Humanismus des „Prinzips Hoffnung" verwandelt die biblische Erwartung des Reiches Gottes in die Idee der Selbstverwirklichung der Zukunft des Menschen, die er selber in dieser Welt aufbaut, die versprochene Erde. Für Bloch existiert im Menschen auf die Dauer eine „utopische Absicht". Das „Prinzip Hoffnung" könnte vielleicht „Prinzip Utopie" genannt werden.

Anmerkungen

Die Übersetzung dieses Kapitels wurde von Cristián Cortés Ahumada, Raúl Páramo-Ortega, Elisabeth Schöndube und Ali Wacker vorgenommen.

[1] Huizinga, J.: Homo ludens. Buenos Aires. Emecé Editores 1968, S. 29 (dt.: Homo Ludens. Vom Ursprung der Kultur im Spiel. Reinbek: Rowohlt 1981).

[2] Freud, S. (1926): Hemmung, Symptom und Angst. Gesammelte Werke (GW) 14. Frankfurt: Fischer, 4. Aufl., 1968, S. 200.

[3] Freud, S. (1931): Über die weibliche Sexualität. GW 14, a. a. O., S. 529.

[4] Freud, S. (1920): Jenseits des Lustprinzips. GW 13, a. a. O., S. 11.

[5] Erikson, E. H.: Einsicht und Verantwortung. Stuttgart: Klett 1966, S. 109.

[6] Freud, S. (1920): Jenseits des Lustprinzips. GW 13, a. a. O., S. 13.

[7] Zulliger, H.: Heilende Kräfte im kindlichen Spiel. Bern: Huber 1969.

[8] Caruso, I. A.: persönliche Mitteilung 1974.

[9] Derellizh, L.: Las interrelaciones entre trabajo y juego. Revista de Psicoanálisis 28 (1971), S. 214.

[10] Marcuse, H.: El fin de la utopía. Mexico: Siglo XXI 1968, S. 11 (dt.: Das Ende der Utopie. Vorträge und Diskussionen in Berlin. Frankfurt: Neue Kritik 1980).

[11] Marcuse, H.: Triebstruktur und Gesellschaft. Frankfurt: Fischer 1979, S. 190.

[12] Fourier, C., zit. n.: Cole, C. D. H.: Historia del pensamiento socialista. (Bd. 1). Mexico: Fondo de Cultura Económica 1964.

[13] Shaked, J.: Spielelemente in der Personalisation. In: Edelweiss, M., Tanco-Duque, R. & Schindler, S. (Hg.): Personalisation. Wien: Herder 1964, S. 65.

[14] Caruso, I. A., zit. n.: Shaked, J.: ebda., S. 105.

[15] Caruso, I. A., zit. n.: Suárez, A.: Glossar einiger Begriffe mit spezieller Bedeutung in der Anthropologie Igor A. Carusos. In: Edelweiss, M., Tanco-Duque, R. & Schindler, S. (Hg.): a. a. O., S. 162.

[16] Bloch, E.: Das Prinzip Hoffnung. 3 Bde. Frankfurt: Suhrkamp 1963.

[17] Caruso, I. A.: Zur Sozialpsychologie der Eroberung des Kosmos. In: Graf, O. A. (Hg.): Die Epoche überfließenden Sehvermögens. Wien: Österreichischer Bundesverlag 1970, S. 44.

[18] Kolakowski, L.: Der Mensch ohne Alternative. München: Piper 1960.

[19] Vgl. hierzu Lepenies, W.: Melancholie und Gesellschaft. Frankfurt: Suhrkamp, 2. Aufl., 1981.

[20] Caruso, I. A.: persönliche Mitteilung 1977.

[21] Engels, F.: Marx-Engels-Werke (MEW) 19. Berlin, DDR 1971, 181-228.

[22] Caruso,.I. A.: Soziale Aspekte der Psychoanalyse. Reinbek: Rowohlt 1972, S. 151.

[23] Marx, K.: MEW 1, a. a. O., S. 379.

[24] Marx, K.: ebda., S. 378.

[25] Bloch, E.: Über Karl Marx. Frankfurt: Suhrkamp 1971, S. 32.

[26] Ruyer, R.: El método utópico. In: Neusüss, A.: Utopía. Barcelona: Seix Barral 1971.

[27] Duveau, G. In: Neusüss, A.: a. a. O.

[28] Ruyer, R.: a. a. O.

[29] Le Roy, zit. n.: Ruyer, R.: a. a. O.

[30] Vgl. dazu Caruso, I. A.: Soziale Aspekte der Psychoanalyse. a. a. O., S. 158.

[31] Gramsci, A. In: Fetscher, I. (Hg.) Der Marxismus (Bd. 1), München: Piper 1962, S. 100.

[32] Caruso, I. A.: Soziale Aspekte der Psychoanalyse. a. a. O., S. 152.

[33] Caruso, I. A.: ebda., S. 159 f.

[34] Gramsci, A.: Antología. Mexico: Siglo XXI 1972, S. 355.

[35] Über die versäumte Auseinandersetzung zwischen Ernst Bloch und Sigmund Freud vgl. den interessanten Aufsatz von Alfred Lorenzer: Die Kontroverse Bloch – Freud. Eine versäumte Auseinandersetzung zwischen Psychoanalyse und Historischem Materialismus. In: Lohmann, H. M. (Hg.): Die Psychoanalyse auf der Couch. Frankfurt: Qumran 1984, 69-73.

[36] Bloch, E.: zit. n.: Raddatz, F.: Rezension über „Das Prinzip Hoffnung". Zeitung Die Zeit vom 7. September 1984.

Zusätzliche Literatur

Link, H. G.: Hoffnung. In: Ritter, J. & Gründer, K. (Hg.): Historisches Wörterbuch der Philosophie. Bd. 3. Basel: Schwabe 1974.

10. Reflexionen über Tod und Todestrieb

„Je stärker wir in der Liebe lebendig werden, desto anfälliger sind wir für den Tod, den Tod unserer Lieben, unseren eigenen Tod. Und umgekehrt, je weniger Interesse wir am Leben haben, deso unsensibler werden wir dem Leid und der Trauer gegenüber, weil wir im Geiste bereits gestorben sind.."

J. Moltmann[1]

„Der Tod ist das der ,Wozu-Frage' bedürftigste, zugleich aber einer Sinngebung unzugänglichste aller Übel. Daher ist vom ersten Anblick eines Toten ab, dem Menschen das Leben unheimlich."

Lambert Bolterauer[2]

Pascal wies bereits darauf hin, daß letzten Endes die Flucht vor der Einsamkeit und der Stille aus der Angst vor dem Tode hervorgeht. Pascal und viele andere Philosophen haben stets darauf hingedeutet, daß der Mensch das einzige Wesen ist, das um seine Sterblichkeit weiß. Offensichtlich konnte ein Denker wie Sigmund Freud in seiner Anthropologie den Tod nicht ignorieren. Er hat sogar, wie bekannt, die Existenz eines Todestriebes postuliert: „Die einen Triebe, die im Grunde geräuschlos arbeiten, verfolgen das Ziel, das lebende Wesen zum Tode zu führen, verdienen darum den Namen der ,Todestriebe'."[3]

Caruso äußert sich zur Ausblendung des Todes wie folgt: „Die klassische – vorFreudsche – Psychologie beschrieb und beschreibt noch den Menschen als einen vermutlich Unsterblichen, jedenfalls als einen, der nichts vom Tode weiß, dessen Leben säuberlich vom Tode geschieden ist, als ob der Tod nicht allgegenwärtig *im Leben* sei. Während die idealistische Psychologie also den Tod nicht bemerkte und ihn ganz *außerhalb* des psychischen Lebens verbannte, war es das Verdienst des Arztes Freud, der Wirksamkeit des Todes im Leben seine Aufmerksamkeit zuzuwenden und sie hypothetisch (metapsychologisch) in einen ,Todestrieb' dargestellt zu haben."[4]

Um uns dem Thema des Todes zu nähern, ist es notwendig, mit der traditionellen aristotelischen Logik zu brechen. Die paradoxen dialektischen Widersprüche dürfen uns nicht erschrecken. Victor Hugo spricht davon, daß das Leben sich vom Tode nährt: „Nichts wird plötzlich und endgültig abgeschlossen; jeder Abschnitt beinhaltet einen neuen Anfang, jeder Tod eine Geburt."[5] Dieser Gedanke Victor Hugos (aus seinem Vorwort zu „Die Elenden") bezieht sich nicht auf mystisch-esoterische Reinkarnationslehren, sondern auf die Tatsache, daß unsere Erde „jede zwanzig Jahre tausend Millionen Leichen aufnimmt und absorbiert und – nach Leuwenhoeck - zwanzigtausend Millionen[6] Körper von allen ohne Mikroskop sichtbaren Gattungen. Aus dieser Todeszahl, aus dieser Asche, aus dieser Fäulnis ernährt sie ihr ständiges Wachsen."[7]

Widerstand gegen den Begriff des Todestriebes

Meines Erachtens entspringt der Widerstand gegen das Konzept des Todestriebes – vor allem bei Biologen – einer semantischen Schwierigkeit, die zum Teil für Abwehrzwecke mißbraucht wird. Übrigens entstehen semantische Schwierigkeiten nicht von alleine. Das Wort ‚Instinkt' bezieht sich auf etwas hauptsächlich Erbliches, Angeborenes. Somit entsteht die Schwierigkeit, den Todesbegriff überhaupt in die Biologie einzubauen. Freud war jedoch vorsichtig genug und sich der hier auftretenden Problematik genau bewußt, um nicht von einem Todesinstinkt, sondern von einem Todestrieb zu sprechen. Daß der Begriff ‚Trieb' (Englisch: *drive*) unter den modernen Biologen verschiedene Bedeutungen hat, erleichtert die Situation keineswegs. Abgesehen davon benutzt Freud das Wort manchmal auch im Sinne von Instinkt, was unter Umständen mit den von den Ethologen erforschten angeborenen, auslösenden Mechanismen übereinstimmt.[8] Sowohl bei Freud als auch in der Biologie weisen die semantischen Schwierigkeiten auf die unerforschten Zonen des Wissens hin.

Freud unterscheidet in einigen Punkten seines Werkes ganz klar zwischen Trieb und Instinkt. Letzterer ist – so Freud – „eine ererbte psychische Bildung"[9], dem tierischen Instinkt ähnlich und Kernstück des Unbewußten. Trieb sei ein Begriff, der sich auf das Grenzgebiet von Körper und Psyche beziehe. Quelle des Triebes sei die Erregung, die aus einem Organ hervorgehe; die psychische Repräsentanz dieser Erregung sei der Trieb, der sofort die Entladung jener organischen Erregung (eine Art Störung) suche.[10]

Im Jahr 1926 schreibt Freud auch, die Bedürfnisse, die ihren Ursprung in chemisch-körperlichen Veränderungen haben, stellten einen Trieb dar, da sie einen Anreiz für die psychische Aktivität repräsentierten. So kann man sagen, daß ein neugeborenes Kind arm an Instinkt, aber reich an Trieben ist.[11] Die Instinktarmut macht es körperlich hilflos, der Triebreichtum psychologisch komplex und leicht verwundbar. Die Instinktarmut bringt es oft in Lebensgefahr. Daher muß es den mütterlichen Trieb anregen, damit sie es schützt.[12] Auf der anderen Seite ist klar, daß der Instinkt fast unveränderlich ist; nicht so der Trieb, der biegsam oder, dynamisch gesprochen, ‚wiederanpaßbar' ist.

Freud erwähnt auch die Verschränkung und Mischung von beiden: Instinkt und Trieb. Er wiederholt, der Instinkt strebe nicht, wie der Trieb, die Entladung einer Erregung oder einer Spannung an, sondern stelle eine Art akkumuliertes phylogenetisches Wissen im Dienste des Überlebens dar.[13] Daher die Schwierigkeit, von einem Todesinstinkt zu sprechen. Ich wiederhole, in diesem Fall besteht auch ein semantisches Problem, aber es geht nicht nur um dieses. Freud hat nicht von einem

Todesinstinkt, sondern von einem *Todestrieb* gesprochen. Wie Lewis Wolfgang Brandt ganz richtig bemerkt: „Der Inhalt der Kritik, die der psychoanalytischen Theorie fälschlicherweise gemacht wird, beruht auf der verkehrten Übersetzung des deutschen Wortes ‚Trieb' als ‚Instinkt'.[14] Die Übersetzungsschwierigkeiten verhüllen außerdem die emotionelle Abwehr gegen das biologische Phänom Tod. „Ein Instinkt ist eine komplexe angeborene Verhaltensweise, wie z. B. der Nestbau der Vögel oder die Verteidigung ihres Gebietes seitens verschiedener Fischarten. Daher beinhaltet der Terminus Instinkt eine Art vorhergehende genetische Programmierung. Der Begriff Trieb weist keinen solchen Inhalt auf. Die Energie des Triebes kann auf vielfältige Arten benutzt werden, und führt daher zu einer Vielzahl von verschiedenen Handlungen. Mit anderen Worten: Das instinktive Verhalten ist immer spezifisch, während die Handlung, deren Energie durch den Trieb gespeist wird, unspezifisch ist."[15]

Todestrieb

In seiner letzten Ausarbeitung der Triebtheorie betrachtet Freud Eros und Thanatos als die zwei Grundtriebe.[16] Eros schließt den Sexual- und Überlebenstrieb ein. Freud bekräftigt, daß Thanatos stumm ist solange er im Innersten arbeitet, und daß er, wenn er sich nach außen wendet, dies als destruktiver, für das individuelle Überleben notwendiger Trieb tut. Sein Ziel ist, Bindungen aufzulösen und Lebendes ins Anorganische zu überführen: „In den biologischen Funktionen wirken die beiden Grundtriebe gegeneinander oder kombinieren sich miteinander."[17] Und: „Die einen Triebe, die im Grunde geräuschlos arbeiten, verfolgen das Ziel, das lebende Wesen zum Tode zu führen, verdienen darum den Namen der ‚Todestriebe' und würden, durch das Zusammenwirken der vielen zelligen Elementarorganismen nach außen gewendet, als Destruktions- oder Aggressionstendenzen zum Vorschein kommen. Die anderen wären die uns analytisch besser bekannten libidinösen Sexual- oder Lebenstriebe, am besten als Eros zusammengefaßt, deren Absicht es wäre aus der lebenden Substanz immer größere Einheiten zu gestalten, somit die Fortdauer des Lebens zu erhalten und es zu höheren Entwicklungen zu führen. In den Lebewesen wären die erotischen und die Todestriebe regelmäßige Vermischungen, Legierungen, eingegangen; es wären aber auch Entmischungen derselben möglich; das Leben bestünde in den Äußerungen des Konflikts oder der Interferenz beider Triebarten und brächte dem Individuum den Sieg der Destruktionstriebe durch den Tod, aber auch den Sieg des Eros durch die Fortpflanzung."[18]

Freud erkannte 1920 in seinem Aufsatz „Jenseits des Lustprinzips" zum ersten Mal den Todestrieb als eine unabhängige Denkkonstruktion an. In seinen Anfängen führten ihn klinische Beobachtungen zu der Überlegung, die Aggression sei nur ein Teil des Sexualtriebes. Ab 1920 betrachtete er sie als Trägerin und nach außen gerichtete Erscheinung des Todestriebes. „Die zweite Triebart aufzuzeigen, bereitete uns Schwierigkeiten; endlich kamen wir darauf, den Sadismus als Repräsentanz derselben anzusehen."[19]

Der Todestrieb bedeutet die ernsthafte Betrachtung der wichtigen Rolle der Aggressivität für das psychische Leben des Menschen. Die Theorie entstand zum größten Teil aus der durch den Ersten Weltkrieg hervorgebrachten Erschütterung, und nicht, wie viele glauben, auf Grund der Krebsdiagnose im Jahre 1923 bei Freud.

Die Forderungen des Eros führen zu einer Vermehrung der Spannung, die ihren späteren Ausgleich sucht. Der Zustand vollkommener und absoluter sexueller Befriedigung entspricht dem des Todes, während auf der anderen Seite die vollkommene Ausschaltung des Eros der Aktivierung seines Gegenpols, des Todestriebes (Thanatos), freie Hand läßt. Dies offenbart sich auf pathetische Weise bei einigen Insektenarten, wo nach der sexuellen Befriedigung der Tod (des Männchens) eintritt. Auch besteht eine Beziehung zu der unter den Menschen beobachteten Tatsache, daß die sexuelle Befriedgung nicht vollkommen sein kann. Es bleibt immer ein Rest, der die Suche nach Wiederholung sichert.

Die Existenz von Phänomenen, in denen das Individuum – trotz Unlust – unangenehme Erfahrungen wiederholt, wie z. B. wiederkehrende posttraumatische Träume, die Kompulsion, sich in leidvollen Situationen der Vergangenheit wiederzufinden, gewisse kindliche Spiele und die „Schicksalsneurose", weist auf das Vorhandensein eines den psychischen Apparat regulierenden Prinzips hin, das weit über das „Lustprinzip" hinausgeht.

Der „Wiederholungszwang" war die Fährte, die zur Begriffsbestimmung des Todestriebes führte. Dieser Wiederholungszwang ist eine der Gestalten, in denen der Tod sich mit dem Leben vermischt. Für Freud ist der Wiederholungszwang Teil eines allgemeinen Gesetzes, das zur Wiedereinführung des Anfangszustandes neigt: die Entropie auf psychischem Niveau.

Kann der Todestrieb wirklich mit der Entropie in Verbindung gebracht werden? Wir wissen, daß die Entropie der statistische (mathematische) Ausdruck des energetischen Verfalls eines Systems ist. Wenn ein Energiesystem seine Kraft nicht vollauf ausnutzen und in Arbeit umformen kann, verliert und verschwendet es Energie, zielt auf den energetischen Tod hin. Das Leben scheint als progressive Organisation dem Entropie-Gesetz zu widersprechen, eine Art Störung zu sein, die aus dem Reich des Todes emporsteigt. Ich lebe, ich produziere, ich wachse, ich nutze mich jedoch gleichzeitig ab; d. h. ich unterliege letzten Endes der anfangs durch das Leben besiegten Entropie. Für Freud besitzt gerade der Wiederholungszwang den Charakter des Triebhaften. Diese Charakteristik besteht in einer inneren Kraft, die versucht, den lebenden Organismus seinem früheren Zustand zuzuführen. Der Todestrieb hat als Ziel, den lebenden Organismus zu seinem anorganischen Zustand zurückzuführen, aus dem er hervorging. Freud stellt die Hypothese auf, daß „der Lebensprozeß des Individuums aus inneren Gründen zur Abgleichung chemischer Spannungen, das heißt zum Tode führt."[20]

Er weißt auch darauf hin, daß die Forschung über die endlosen Teilungen der Protozoen den Anschein unerschöpflichen Lebens erwecken könnte, daß jedoch beobachtet wird, wie sie letztlich den Schäden ihres eigenen Metabolismus zum Opfer fallen.[21]

Die Komplexität und Kühnheit seiner Bemerkungen über den Todestrieb sind ein Beispiel für Freuds Objektivität, Selbstkritik und wissenschaftliche Bescheidenheit: „Nur daß man leider selten unparteiisch ist, wo es sich um die letzten Dinge, die großen Probleme der Wissenschaft und des Lebens handelt. Ich glaube, ein jeder wird da von innerlich tief begründeten Vorlieben beherrscht, denen er mit einer Spekulation unwissentlich in die Hände arbeitet."[22]

Selbstkritik, Reflexionen über seine eigene kreative Tätigkeit und der Kampf um die Zerstörung jeglicher Illusion, seine eigenen mit einbegriffen, zwingen ihn zu sagen: „Wir haben auf Grund der Voraussetzung weitere Schlüsse aufgebaut, daß alles Lebende aus inneren Ursachen sterben müsse. (...) Vielleicht haben wir uns dazu entschlossen, weil ein Trost in diesem Glauben liegt. Wenn man schon selbst sterben und vorher seine Liebsten [seine Tochter Sophie – R. P.-O.] durch den Tod verlieren soll, so will man lieber einem unerbittlichen Naturgesetz, der hehren *Ananke* (Hervorhebung von Freud) erlegen sein, als einem Zufall, der sich etwa noch hätte vermeiden lassen. Aber vielleicht ist dieser Glaube an die innere Gesetzmäßigkeit des Sterbens auch nur eine der Illusionen, die wir uns geschaffen haben, ‚um die Schwere des Daseins zu ertragen'."[23]

So vermindert Freud selbst letzten Endes die Gültigkeit seines theoretischen Gebäudes, und reduziert es auf eine Verteidigung gegen die Erschütterung vor der Unausweichlichkeit des eigenen Todes. Trotzdem ist es offensichtlich, daß für Freud der Todestrieb ein unabhängiger Trieb ist und nicht eine Umschreibung der Aggression.

Die Verkettung der Daten Freuds, die er ordnete, um seine Hypothese über den Todestrieb zu erstellen, könnte, wenn eine Vereinfachung erlaubt ist, wie folgt beschrieben werden:

a) Der Wiederholungszwang beweist, daß das Ziel der Triebe die Rückkehr zu den früheren Stadien ist.

b) Der Originalzustand war der Tod; die Triebe neigen daher dazu, zum Nichtorganischen zurückzukehren.

c) Es sind jedoch zum Todestrieb entgegengesetzte Triebe vorhanden, die wir Eros oder Libido nennen und diese zielen auf neue, komplexere und organisiertere Stadien hin.

„Todesprinzip" statt „Todestrieb"

Für Igor A. Caruso ist der Tod beständig wirksam in Geschichte und Bewußtsein der Menschen, vor allem in der Trennung von Liebenden. Er meint, der Tod wirke möglicherweise im Leben wie ein Nicht-Trieb, wie eine Verminderung, eine Bremse, ein Hindernis des Erostriebes. Die Anwesenheit und Wirksamkeit des

Todes in unserem Leben offenbart sich für Caruso[24] in Trennung, Haß, Unterdrük-
kung, Lüge, Irrtum, Krankheit und Sterben. Deshalb, und angesichts der Schwierigkeit von einem biologischen Todestrieb zu sprechen, zieht Caruso es vor, von
einem *Todesprinzip* zu reden. Er kann sich schwerlich einen mit dem Erostrieb
gleichwertigen Todestrieb vorstellen. Trotzdem weicht er den Widersprüchen nicht
aus, wenn er schreibt: „Es ist nicht sicher, daß ein Todestrieb existiert, es ist aber
sicher, daß in der Geschichte ein Todesprinzip waltet."[25] Caruso begreift die
Aggressivität als Folge von Frustrationen, und die Frustrationen sind der Tod im
Leben. Für ihn stellt die Aggressivität „... vielmehr die Quantität des gestauten
Triebes als eine spezifische Triebqualität dar. ... Die Aggressivität ist ... sekundär.
Wenn die Partialtriebe die Objekte mit dieser sekundären Aggressivität besetzen,
ergeben sich Vorgänge, die Freud dazu veranlaßten, die Hypothese eines Tode-
striebes aufzustellen."[26]

Caruso unterstreicht die Notwendigkeit der historischen und gesellschaftlichen
Erforschung der Elemente, die Unterdrückung und Haß provozieren. Bei Freud
selbst hat obiges einen direkten sozialen Ursprung und bezieht sich auf die
introjizierte Aggression in Form eben eines Todestriebes. Trotzdem unterstreicht
Caruso, daß die Verantwortung für das menschliche Unglück nicht nur auf eine
abstrakte Gesellschaft geschoben werden kann, nicht zuletzt, weil es der Mensch
ist, der die Gesellschaft produziert: „Die Geschichte ist Antwort auf den Seinsman-
gel, auf den lauernden Tod, aber durch die Leistung und die daraus entstehende
Quantifizierung des Seins trägt sie Todeselemente in sich."[27] *Die* Gesellschaft
besteht so wenig wie *die* menschliche Natur. Es existiert eine konkrete und
geschichtliche soziale Organisationsform. Igor A. Caruso bietet uns eine historische
und gesellschaftliche Version des Todestriebes an[28], wenn er darauf hinweist, daß
alles, was die menschliche Entwicklung hindert – sei es Fixierungen oder Regressio-
nen – Freuds Todestrieb unterstellt werden kann.

Zusammenfassend: „Jede Trennung ist der Einbruch des Todes in das menschliche Bewußtsein ... Die Trennung ist schlimmer als der Tod, weil es eine Kapitula-
tion vor dem Tode im Leben ist ... akzeptieren müssen, daß die Geliebte im
Bewußtsein stirbt und vor allem, daß er selber unaufhörlich im Bewußtsein des
geliebten Menschen stirbt ... Jede Trennung ist die direkte Präfiguration des
Todes"[29] und jede Frustration ist eine Trennung. Die Trennung ist das Erstmodell
der Frustration, oder anders ausgedrückt, jede Frustration ist eine Erneuerung,
eine Aktualisierung der Trennung von der Mutter.

Verleugnung des Todes

Wir wollen uns jetzt der Verleugnung des Todes in unserer heutigen Gesellschaft
zuwenden. Im modernen technisch-industriellen Zeitalter wird versucht, den Tod
als Unfall, etwas dem Leben Fremdes, Nicht-Zugehöriges zu betrachten. Freuds
Todestrieb hingegen bedeutet – so scheint mir – den Tod in seiner Bedeutung als

wesentliches Element des Lebens ernst zu nehmen. Für Freud wird, wie bereits beschrieben, die Psychologie in dem Augenblick geboren, in dem ein Mensch einen anderen sterben sieht und versucht, den Tod zu verneinen, indem er sich vorstellt, daß die ‚Seele' den Leib verlassen hat. Mit dieser ‚Seele' beginnt sich die Psychologie zu beschäftigen. Auf diese Art legt die konstante Erinnerung an den Verstorbenen den Grund für die Hypothese anderer Existenzformen, d. h. sie ergibt die Idee eines Weiterlebens nach dem Tode, wenn dieser einmal festgestellt ist.

Es ist wohlbekannt, daß ein großer Teil der Menschheit – selbst heutzutage – das Dasein nicht ertragen kann ohne den tröstlichen Glauben an ein Leben nach dem Tod, den die Religionen anbieten. Geoffrey Gorer hat die Reaktionen von 359 Personen beim Tode eines Angehörigen in England studiert.[30] Er sieht sich veranlaßt zu bestätigen, daß eine Tendenz vorhanden ist, Trauer als etwas Unwürdigen, Unerwünschtes zu betrachten. *Trauer zu verleugnen, scheint eine neue soziale Form der Todesverleugnung zu sein; die gesellschaftliche Mißbilligung der Traurigkeit heißt zugleich, den Tod selber zu verneinen.* Die Psychoanalyse hält dagegen, daß die Trauerarbeit nicht ohne schweren nachträglichen Schaden behindert werden kann. Glücklich zu sein (oder zu scheinen) wird meist als Mut, Adel, Stärke, kurz als hochethischer Wert angesehen, selbst, wenn es sich in Wirklichkeit häufig um nichts anderes handelt, als um eine Verneinung der wenig glücklichen Realität.

Ich glaube, es wird fast nie in Betracht gezogen, daß unsere Beziehungen zum Tod einen großen Einfluß auf unser Leben haben. Wer auf ein anderes, glückliches jenseitiges Leben baut, wird vielleicht das diesseitige nicht vollauf ernst nehmen. Auf der anderen Seite hat Horst-Eberhard Richter hervorgehoben, daß – kollektivpsychologisch gesehen – kriegerische Bereitschaft auch mit unbewußter Sterbeangst verbunden ist. Richter sagt: „Wo aber nun gibt es Zeichen dafür, daß die ‚psychische Krankheit Friedlosigkeit' (von Weizsäcker) noch zur rechten Zeit überwunden werden könnte? Eine unerläßliche Voraussetzung wäre jedenfalls, den verdrängten Tod wieder aufzunehmen."[31]

Todesbereitschaft als Macht und subversive Kraft

Wer bereit ist zu sterben, erlangt eine außergewöhnliche Art von Macht. Dies merken wir bei Menschen wie Martin Luther King, Gandhi und anderen großen Revolutionären wie Trotzki, der sich so geäußert hat: „... unabhängig davon, wie wichtig die Waffen sein können, sind nicht sie es, bei denen die größte Macht liegt. Nein! Es ist nicht die Fähigkeit der Massen, andere zu töten, sondern ihre tiefe Bereitwilligkeit, zu sterben, was letzten Endes dem Volksaufstand den Sieg versichert."[32] Wer weniger Todesangst spürt, oder sie auf irgendeine Weise bewältigt oder gar verdrängt, kann einen größeren Einfluß auf denjenigen ausüben, der den Tod mehr fürchtet. Jedes Oberhaupt weiß, daß der beste Soldat jener ist, der bereit ist, dem Tode zu trotzen; d. h. der es schafft, die Endgültigkeit des Todes – wenn auch nur momentan – zu ignorieren. Jeder große Führer fordert rhetorisch vor den Massen den Tod heraus. Diese Herausforderung hat ihren Grund in der Ideologie, das Leben zu gewinnen, statt es zu verlieren. Auf der anderen Seite: „wäre ohne den Ansporn des Todes die Geschichte nicht möglich: ohne den Tod gäbe es keine Zeit, also auch kein Fortschreiten, keine ‚Spirale' der Entwicklung, sondern ein ewiges Kreisen."[33]

Ich bin kein Freund von Typologien. Trotzdem ist es vielleicht möglich, zwei Arten von Menschen zu unterscheiden, je nachdem ob sie die Endgültigkeit des Todes akzeptieren oder nicht. In Anbetracht dessen, daß alles Leid sinnlos ist, ist es eine mühelose Geste, die von den Religionen angebotenen Antworten leichtgläubig und gefügig aufzunehmen. Es ist eben sehr schwer, auf Mythen zu verzichten.

Todesangst

Der psychischen Kraft der Todesbereitschaft (sei es als verhüllter Wunsch, selber zu sterben) wurden oben bereits einige Zeilen gewidmet. Jetzt wollen wir über die Angst vor dem Tode sprechen, ihre Schutzmechanismen und ihre Ausflüchte.

Eine eigentümliche Verteidigung gegen die Angst vor dem Sterben ist der Glaube, daß die Todesstunde von vornherein festgelegt und unveränderlich ist. Somit braucht man sich nicht um den Ort und die Stunde zu sorgen und noch weniger versuchen, sie zu ändern. Dieser Schutzmechanismus übergeht die Tatsache, daß unser Tod auch von unserer Art zu leben abhängt, und daß wir in Wirklichkeit doch die Möglichkeit haben einzugreifen. Dies zeigt uns die Unvermeidlichkeit etwas klarer und direkter. Das Gewicht liegt nicht mehr auf dem Augenblick, den das ‚Schicksal' vorsieht. Unsere Mitwirkung wird hervorgehoben aber auch gleichzeitig unsere vollkommene Machtlosigkeit angesichts der zentralen Tatsachen: Wir werden auf jeden Fall sterben.

Oft kann das Phänomen der Todesangst als Flucht vor anderen, näheren und trivialeren Problemen, d. h. als Vorwand beobachtet werden, wie z. B. die Bedrohung des eigenen narzißtischen Bildes. So werden ziemlich unwichtige Einschränkungen als ‚Existenzängste' übertüncht, die dem Individuum würdiger und weniger verdächtig erscheinen. Hiermit verleugne ich jedoch nicht, daß im Grunde diese Existenzängste wirklich bestehen.

W. A. Yerkes hat die Panik gefangener Affen beobachtet: Als man aus Versuchsgründen eine Leiche gleicher Gattung in den Käfig legte, entstand Panik, die manchmal zu Aggressivität gegen die Wächter führte.[34] René Spitz interpretiert das Resultat dieses Experimentes als Schutzmechanismus, der Identifikationen mit einem Mitglied der gleichen Gattung und Aggressionen gegen den gemeinsamen Feind enthält, der implizit lebensbedrohend ist.[35]

René Spitz beobachtete ähnliche Reaktionen bei Kindern. Das Kind reagierte mit Panik und Aggression auf ein lebloses menschenähnliches Objekt, vor allem wenn die Dimension diese Objektes erheblich kleiner als normal war. Panik stellte sich besonders dann ein, wenn das leblose Objekt sich von alleine bewegte oder ein Geräusch erzeugte. Hierüber äußerte sich Freud schon 1919, als er über den eigentümlichen Eindruck des Unheimlichen schrieb: „... eine besonders günstige Bedingung für die Erzeugung unheimlicher Gefühle, wenn eine intellektuelle Unsicherheit geweckt wird, ob etwas belebt oder leblos sei, und wenn das Leblose die Ähnlichkeit mit dem Lebenden zu weit treibt. (...) Wir erinnern uns, daß das Kind im frühen Alter des Spielens überhaupt nicht scharf zwischen Belebtem und Leblosem unterscheidet und daß es besonders gern seine Puppe wie ein lebendes Wesen behandelt."[36]

Kurz gefaßt: Die Forschungen von René Spitz über die Reaktionen von Kindern, was ihre Fähigkeit betrifft, leblose von lebenden Objekten zu unterscheiden, deuten darauf hin, – ohne daß Spitz es expressis verbis erwähnt – daß das Kind beginnt, Lebendes von Totem zu unterscheiden, indem es die Bewegung des Lebendigen wahrnimmt. Dieses ist meines Erachtens ein Vorläufer des Bewußtseins des Todes und des damit verbundenen Versuchs, sich davon zu entfernen.

Wenn das Kind diesen ersten Kontakt mit dem ‚Tod', d. h. mit dem Leblosen, nicht durcharbeitet, können sich später Störungen einstellen, die in einer Unfähigkeit Ausdruck finden, das Lebende vom Leblosen zu unterscheiden. Hiermit öffnen sich die Türen für das Unheimliche, für die plötzliche Möglichkeit, daß das Leblose lebendig wird, und umgekehrt das Lebendige leblos. Angst vor dem Tod öffnet die Tür für das Magische. Dieses nährt sich vor allem von der Todesangst. Die traditionellen Religionen – auch die nicht vorherrschenden – wissen dies und sind sofort bereit, eine ‚Lösung' für die Angst vor dem Sterben anzubieten. In dem Maße, in dem wir uns mit unserer Sterblichkeit bewußt konfrontieren, verliert die Magie an Bedeutung.

Von Psychoanalytikern wurde die Frage zur Diskussion gestellt, ob die Todesangst eine Kastrationsangst sei. Diejenigen, die in dieser Frage die Position einnehmen, Todesangst sei Kastrationsangst, weisen auf die Unvorstellbarkeit des Todes an sich hin. Ich neige dazu, die Kastrationsangst als einen Teil der Todesangst zu sehen. Diese Angst vor dem an sich unvorstellbaren Tod ist trotz allem jedoch ein tägliches Erlebnis, immer anwesend in der Trennung von denen, die uns lieb sind. Und sie ist Wiederbelebung der ersten, einzigen und grundlegenden Trennung von der Mutter. Letzten Endes geht dem Tod der allmähliche Bruch der libidinösen Bindungen derer, die uns umgeben, voraus. Freud meinte, daß wir wohl teilweise an unseren eigenen Konflikten sterben.[37] Dies könnte vielleicht dahin gedeutet werden, daß der Greis stirbt, wenn sich seine libidinösen Bande lösen: Seine Gefährtin ist tot oder ihre Liebe ist versiegt, seine Kinder brauchen ihn nicht mehr, und für seine Enkel kann er nichts mehr tun.[38]

Die Kastrationsangst ist in ihrem weitesten Sinn nichts anderes als Trennung, Verlust und – streng genommen – die Eliminierung einer unserer Liebesmöglichkeiten – ohne Zweifel einer sehr wichtigen, aber letzten Endes nicht die allerwichtigste. Offensichtlich steht die Kastrationsangst mit dem Ödipuskonflikt in Verbindung, da Kastration und Tod als Strafe für die ödipalen Triebe der Mutter und dem Vater gegenüber angesehen werden.

Zum Schluß möchte ich eines der Ziele der Psychoanalyse berühren.

Ein Ziel der Psychoanalyse: den Tod akzeptieren

Folge und Ziel der Psychoanalyse sollte die Förderung des Sinnes für Humor sein. Humor kann ein Hinweis dafür sein,daß man sich dem Problem des Todes und der Trennung in einer mehr oder minder befriedigenden Art gestellt hat. Es handelt sich darum – dem Tode trotzend –, zum Lachen fähig zu sein. Sage mir, welche quantitativen und qualitativen Charakteristika Dein Lachen aufweist und ich werde dir sagen, wie groß und wie stark deine innere Kraft ist. Anscheinend ist der Humor die höchste – oder die höchstmögliche und einzige – Antwort auf das Unvermeidliche (den Tod) und das Unerreichbare (die Unsterblichkeit).[39]

Wenn ich über Humor spreche, beziehe ich mich keinesfalls auf Sarkasmus, auch nicht auf die Witzelei als leichte Flucht, auch nicht auf den Galgenhumor. Ich spreche vor allem von Ironie, von einleuchtendem, durchgearbeitetem, entlastendem Witz, und dieses je feiner desto besser. Dieser Sinn für Humor enthält für Heinz Kohut den Verzicht auf kindlichen Größenwahn und Allmächtigkeitsstreben sowie auf die angenommene Vollkommenheit der idealisierten Eltern.[40] Die eigenen Beschränkungen werden mit gütigem Realismus akzeptiert ... und mit Humor. Für Heinz Kohut gehen Humor und Weisheit Hand in Hand und stellen den Gipfel der psychischen Entwicklung dar. Dies bedeutet über das zu lachen, was man geschafft hat, aber auch über unser Versagen. Diese Entwicklung des Humors ist ein Zeichen der Endphase der Analyse.

Max Stern behauptet mit Recht, daß eins der therapeutischen Ziele der Psychoanalyse die tiefstmögliche Durcharbeitung unseres unentrinnbaren Todes mit einem Minimum an Verleugnung, Illusion und phobieähnlichen Verschiebungen ist.[41]

Offenbar kann die Todesproblematik schwerlich mit einem jungen Analysanden (unter 35 Jahren) erarbeitet werden. Trotzdem scheint die analytische Arbeit mit jüngeren Menschen ein gutes Fundament zu legen, um in der zweiten Lebenshälfte besser diesen Konflikt angehen zu können.

Paradoxerweise kreiert das klare Bewußtsein des Todes bessere Einstellungen zum Leben. Die Durcharbeitung der Todesangst mit ihren tausend Masken führt uns letztlich zur Durcharbeitung der Liebesverluste und dies bis zu den ersten Objektbeziehungen der ersten Kindheit.

Wie Didier Anzieu andeutet: „Der reife Mann ist sich der Unausweichlichkeit seines Todes bewußt und toleranter den Auswirkungen des Bösen gegenüber."[42] Hier wird der Tod als Bewußtsein des Unausweichlichen gesehen: das Ende der Illusion von Allmacht und Unsterblichkeit.

Wollen wir wieder Igor A. Caruso das Wort überlassen: „... um nicht *mit* dem Tod leben zu müssen, ziehen wir es täglich vor, *nicht* zu leben, das heißt: das Leben in uns und um uns auf mannigfache Art zu unterdrücken, zu begrenzen und zu beschränken".[43] Eine ähnliche Stellung wäre die des Liebenden, der seiner Geliebten etwa folgendes sagt: „Du sollst dich auch nicht eine Sekunde von mir trennen, auch wenn du nichts anderes machst. Es interessiert mich nicht, daß du dich nicht entwickelst, daß du keine Reisen unternimmst, nichts lernst und kein eigenes Leben führst".

Dies würde Tod im Leben bedeuten, nur um nicht zu akzeptieren, daß Trennung und Tod ein Teil des Lebens sind. Die Trennungsangst scheint die Wurzel jeder anderen Angst zu sein: die Trennung von der schützenden Quelle, die Trennung von dem geliebten Menschen, die Trennung von sich selbst, die Trennung vom Leben.

Paradoxerweise führt, wer das Abschiednehmen vermeiden möchte, es schneller herbei. Dieses Verhalten ist jedoch gleichzeitig ein Protest gegen die Trennung. Unser Leben ist ein ständiges Sterben und auch ein konstanter Protest gegen den Tod. Selbstmord ist ein Protest gegen das Leben. Gegen ein Leben, das durch die Unterdrückung unerträglich oder unwürdig geworden ist. Der Selbstmörder beschleunigt, verfrüht den unvermeidlichen Abschied.

Wir können drei Komponenten dialektischer Spannung feststellen:
a) Ich enthalte mich jeden Handelns, aus Angst, das Leben zu verlieren.
b) Ich suche unbewußt mein Leben aufs Spiel zu setzen, um zu bestätigen, daß ich nicht gestorben bin.
c) Ich versuche unbewußt den Tod zu beschleunigen, da ich das Leben fürchte, d. h. ich ziehe das Risiko eines negativen Resultates der Verlängerung der Unsicherheit und Unabwendbarkeit vor.

Keine dieser Alternativen stellt die dialektische Auseinandersetzung mit der Todesangst dar. Nebst Liebes- und Arbeitsfähigkeit, ist Trauerfähigkeit eins der Ziele der Psychoanalyse.[44] Trauerarbeit muß notwendig unsere Lebensgefährtin sein, ob wir es wollen oder nicht. Trauerarbeit ist übrigens auch herausragende *Kulturarbeit*, da wir viele unserer unmittelbaren Triebbedürfnisse betrauern müssen, um Kultur zu schaffen.

Anmerkungen
[1] Moltmann, J.: El hombre tiene derecho a su muerte. Zeitung Excélsior vom 22. April 1973.
[2] Bolterauer, L.: Über das Lebenssinnbedürfnis. In: Drews, S., Klüwer, R. et al. (Hg.): Provokation und Toleranz. Festschrift für Alexander Mitscherlich zum siebzigsten Geburtstag. Im Namen des Sigmund-Freud-Institutes Frankfurt am Main. Frankfurt: Suhrkamp 1979, S. 174.
[3] Freud, S. (1922): Psychoanalyse und Libidotheorie. Gesammelte Werke (GW) 13. Frankfurt: Fischer, 4. Aufl., 1968, S.232.
[4] Caruso, I. A.: Die Trennung der Liebenden. Bern: Huber 1968, S. 194 (Hervorhebung von Igor A. Caruso).

[5] Hugo, V.: Los miserables. Mexico: Cía General de Ediciones 1965, S. 3 (dt.: Die Elenden. Zürich: Manesse 1978).

[6] Selbst wenn Victor Hugos Zitat von Leuwenhoeck auf einem Irrtum beruhen sollte, spiegelt es dennoch die Grundidee klar wider.

[7] Hugo, V.: Los miserables. a. a. O.

[8] Anscheinend sind die Ethologen sich auch nicht ganz klar über die Unterschiede zwischen Trieb und Instinkt. Man kann annehmen, daß beide immer gemeinsam wirken. Vgl. auch Lorenz, K.: Biologia del comportamiento. Mexico: Siglo XXI 1971; Lorenz, L.: Sobre la agresión: El pretendido mal. Mexico: Siglo XXI 1971 (dt.: Das sogenannte Böse. Zur Naturgeschichte der Aggression. München: dtv 1974); Lorenz, K.: Über tierisches und menschliches Verhalten. München: Piper (2 Bde.) 1965/66; Meyer-Holzapfel, M.: Die Geburt der Ethologie. In: Psychologie des 20. Jahrhunderts. Bd. 6: Lorenz und die Folgen. Tierpsychologie, Verhaltensforschung, physiologische Psychologie. München: Kindler 1976, S. 32 f.; Rhode, K.: Instinkt. In: Ritter, J. & Gründer K. (Hg.): Historisches Wörterbuch der Philosophie. Basel: Schwabe 1974, S, 414 f.; Bolles, R. C.: Trieb. In: Arnold, W., Eysenck, H. J. & Meili, R.: Lexikon der Psychologie. Freiburg: Herder 1976; Broadhurst, P. L. & Willock, J.: Instinkt. In: Arnold, W., Eysenck, H. J. & Meili, R.: Lexikon der Psychologie. a. a. O.

[9] Freud, S. (1915): Das Unbewußte. GW 10, a. a. O., S. 294.

[10] Freud, S. (1905): Drei Abhandlungen zur Sexualtheorie. GW 5, a. a. O., S. 67.

[11] Schon 1772 erwähnte der Philosoph Johann Gottfried Herder diese Tatsache.

[12] Das Kind ist besonders auf den mütterlichen Trieb angewiesen, weil die menschliche Gattung eine frühgeborene ist.

[13] Freud, S. (1918): Aus der Geschichte einer infantilen Neurose. GW 12, a. a. O., S. 156.

[14] Brandt, W. L.: Psicoanálisis no es Psychoanalyse. Cuadernos Psicoanalíticos (1980), No. 2, S. 28.

[15] Brandt, W. L.: ebda.

[16] Freud, S. (1940): Abriß der Psychoanalyse. GW 17, a. a. O., S. 72.

[17] Freud, S. (1940): ebda., S. 71.

[18] Freud, S. (1923): Psychoanalyse und Libidotheorie. GW 13, a. a. O., S. 232 f.

[19] Freud, S. (1920): Jenseits des Lustprinzips. GW 13, a. a. O., S. 268.

[20] Freud, S. (1920): ebda., S. 60.

[21] Freud, S. (1920): ebda., S. 52.

[22] Freud, S. (1920): ebda., S. 64.

[23] Freud, S. (1920): ebda., S. 47.

[24] Vgl. Caruso, I. A.: Die Trennung der Liebenden. a. a. O.

[25] Caruso, I. A.: ebda.

[26] Caruso, I. A.: zit. n.: Suárez, A.: Glossar einiger Termini von besonderer Bedeutung in der Anthropologie von Igor A. Caruso. In: Edelweiss, M., Tanco-Duque, R. & Schindler, S. (Hg.): Personalisation. Wien: Herder 1964, S. 154.

[27] Caruso, I. A.: Trennung der Liebenden. a. a. O., S. 20 u. S. 38.

[28] Hierzu sind vor allem die zwei letzten Teile des Buches „Die Trennung der Liebenden" empfehlenswert. Igor A. Caruso war Freudianer und übernahm daher kohärent die Wichtigkeit des Todestriebes in Freuds theoretischen Gebäude. Er verfolgte in seiner zweiten und letzten Phase, sagen wir von 1960 bis zu seinem Tode 1981, seine Analyse auf dialektische Art (s. Rubner, A.: Entwicklung und Dialektik im Denken von Igor A. Caruso. In: Gastager, H. et al. (Hg.): Psychoanalyse als Herausforderung. Wien: Verband wissenschaftlicher Gesellschaften Österreichs 1980). „In unserer Untersuchung über die Trennung sahen wir die aktive Gegenwart des Todesprinzips im Leben; wir dürfen vermuten, daß die einfache Ignorierung oder sogar Leugnung der Todestrieb-Hypothese – selbst durch die Psychoanalytiker (viele ‚orthodoxe' und schon gar ‚revisionistische' Psychoanalytiker machen daraus, nicht anders als K. Lorenz, lediglich eine Umschreibung der Aggression) – eine *Verdrängung* ist, deren Zweck

es ist, die allgegenwärtige Wirksamkeit des Todes in *unserem Leben* – Trennung, Haß, Unterdrückung, Lüge, Irrtum, Unglück, Krankheit, Sterben – durch Verneinung abzuwehren." (Hervorhebung von Igor A. Caruso) (Caruso, I. A.: La separación de los amantes. Mexico: Siglo XXI 1968, S. 191 f.; dt: Die Trennung der Liebenden. a. a. O., S. 195f.)

[29] Caruso, I. A.: Die Trennung der Liebenden. a. a. O., S. 20 f.

[30] Gorer, G.: Death, grief and mourning in contemporary Britain. London: Cresset Press 1965.

[31] Richter, H. E.: Sterbeangst und Aggressivität. Psyche 38 (1984), 1105-1123.

[32] Trotzki, L.: zit. n.: Deutscher, L: Trotzkij, el profeta armado. Madrid: Ediciones Era 1966, S. 161 (dt: Trotzki: Der bewaffnete Prophet. 1979-1921. Stuttgart: Kohlhammer 1972).

[33] Caruso, I. A.: Die Trennung der Liebenden. a. a. O., S. 194.

[34] Yerkes, W.: zit. n.: Spitz, R.: Life and the dialogue. In: Gaskel. H. S. (Hg.): Counterpoint: Libidinal object and subject. New York: International Universities Press 1963, 154-176.

[35] Spitz, R.: Die Entstehung der ersten Objektbeziehungen. Stutgartt: Klett 1960.

[36] Freud, S. (1919): Das Unheimliche. GW 12, a. a. O., S. 245.

[37] Vgl. Freud, S. (1940): Abriß der Psychoanalyse. GW 17, a. a. O.

[38] Hier sei anekdotisch daran erinnert, daß sowohl aus Freuds wie auch Marx' Biographie hervorgeht, daß der von beiden am tiefsten erlittene Schmerz der Tod eines Enkels war. Freud schrieb in einem Brief an Kata und Lajo Levy am 11. April 1923: „Diesen Verlust vertrage ich so schlecht, ich glaube, ich habe nie etwas Schwereres erlebt, vielleicht wirkt die Erschütterung durch meine eigene Erkrankung mit." Und Marx: „Es ist unbeschreiblich, wie das Kind uns überall fehlt. Ich habe schon allerlei Pech durchgemacht, aber erst jetzt weiß ich, was ein wirkliches Unglück ist. Ich fühle mich broken down. Zum Glück hatte ich seit dem Begräbnis so tolle Kopfschmerzen, daß Denken und Hören und Sehen mir vergangen sind."

[39] Nach der Niederschrift dieses Kapitels habe ich ähnliches Gedankengut bei Robert Heim (Die Psychoanalyse und ihre Stellung zur herrschenden gesellschaftlichen Rationalität. In: Lohmann, H. M. (Hg.): Die Psychoanalyse auf der Couch. Frankfurt: Qumran 1984, S. 177) gefunden, der für die „Rückkehr des Tragischen" in der Analyse plädiert. (Vgl. auch Caruso, I. A.: Mit der Trennung leben. In: Graber, G. H. (Hg.): Probleme moderner Psychotherapie. Düsseldof, Bern: Ardschuna 1966, S. 14).

[40] Kohut, H.: Narcissism. The analysis of self. New York: International Universities Press 1971, S. 365 (dt.: Narzißmus. Eine Theorie der psychoanalytischen Behandlung narzißtischer Persönlichkeitsstörungen. Frankfurt: Suhrkamp 1976).

[41] Stern, M.: Trauma, Todesangst und Furcht vor dem Tod. Psyche 26 (1972), S. 901.

[42] Anzieu, D.: El autoanálisis de Freud. Bd. 1. Mexico: Siglo XXI 1978, S. 144.

[43] Caruso, I. A.: Die Trennung der Liebenden. a. a. O., S. 249.

[44] Schindler, R.: Ein psychoanalytischer Arbeitsbericht und die soziale Herausforderung. In: Gastager, H. et al. (Hg.): Psychoanalyse als Herausforderung. Festschrift für Igor A. Caruso. a. a. O., S. 36.

11. Von der Unmöglichkeit, Psychoanalytiker zu sein

Dem Begründer der Psychoanalyse stellte sich natürlich auch die Aufgabe, den neuartigen, ungewöhnlichen Beruf des Psychoanalytikers erst einmal zu definieren. Es dürfte bekannt sein, daß Freud das Analysieren als einen der drei „,unmöglichen' Berufe"[1] bezeichnet hat. „Die beiden ... anderen sind das Erziehen und das Regieren".[2] Nun ist es gelegentlich nicht zu vermeiden, daß das Psychoanalysieren etwas mit dem Erziehen zu tun hat, was vom Psychoanalytiker eigentlich nicht gewünscht wird, da diese erzieherischen Komponeten das psychoanalytische Instrument der Neutralität in Mitleidenschaft ziehen.

Mit dem zuletzt genannten der „,unmöglichen' Berufe", also dem Regieren, hat die Psychoanalyse – jedenfalls im Sinne des Ausübens politischer Herrschaft – kaum etwas zu tun. Man führe sich nur vor Augen, daß sie weiterhin in den meisten Ländern offiziell oder inoffiziell abgelehnt wird, sowohl von faschistischen Regierungen und solchen, die sich auf eine christliche Tradition berufen, als auch von den Machthabern im ‚realen', dogmatischen Sozialismus. Hierbei spielen oft mangelhafte Informationen, ideologische Starrheit und historisch zu erklärende Vorurteile[3] eine ausschlaggebende Rolle. Andererseits aber beruht die Ablehnung auch auf der kritischen Einschätzung und berechtigten Verurteilung jener Form von Psychoanalyse, die sich unter Außerachtlassung ihrer ursprünglichen Grundsätze darauf beschränkt, lediglich eine sich selbst *und* den Klienten an ein gegebenes Gesellschaftssystem *anpassende „Heilmethode"* zu sein.

Der Psychoanalytiker als Arzt?

Allen jenen politischen und sozialen Kräften, denen das Infragestellen oder gar die Veränderung der gesellschaftlichen Verhältnisse ein Dorn im Auge sind, kann es natürlich recht sein, wenn die Psychoanalyse weiterhin vorwiegend als *medizinische Praxis* verstanden wird.[4] Denn in der Regel führt die gesellschaftlich privilegierte Stellung des Medizinerstandes dazu, daß die Medizin die ihr an und für sich zukommende Funktion als Beobachterin des Unbehagens der Menschen, das sich in psychischen und psychosomatischen Erkrankungen mamifestiert, kaum wahrnimmt. Die Psychoanalyse dagegen stellt uns vor die Tatsache, daß wir an der widersprüchlichen, entfremdenden und repressiven Form und Vergesellschaftung erkranken. Individuelles Leid wie psychosoziales Elend habe ihre Ursachen wie Freud sagt, in erster Linie in „der Unzulänglichkeit der Einrichtungen, welche die Beziehungen der Menschen zueinander in Familie, Staat und Gesellschaft regeln."[5]

Und einige Jahre früher schrieb Freud dazu in der „Zukunft der Illusion": „Es liegt natürlich nahe anzunehmen, daß diese Schwierigkeiten nicht am Wesen der Kultur selbst haften, sondern von den Unvollkommenheiten der Kulturformen bedingt werden, die bis jetzt entwickelt worden sind."[6] Solange aber diese Kulturformen nicht verändert werden, muß uns die Arbeit des Psychoanalytikers ein wenig wie Sisyphusarbeit erscheinen – der Psychoanalytiker „wird weiterhin, bis zu einem gewissen Grad, einen unmöglichen Beruf ausüben."[7]

Eine gesellschaftsunkritische Optik, die biologistischen oder psychologistischen Vorurteilen aufsitzt und das Vorhandensein fundamentaler Widersprüche in der gesellschaftlichen Organisation und in der individuellen Lebensgeschichte ignoriert, führt zu dem Mißverständnis, daß psychisches Leiden ein Produkt individuellen Schicksals sei. In der pschoanalytischen Therapie verschafft sich aber nicht nur das private Leiden, sondern auch eine Kranken*geschichte* Gehör, die Folge und Widerspiegelung der gesellschaftlichen Lebensbedingungen ist. Somit rückt das Leiden des Individuums in der Gesellschaft als ein *Leiden an der Gesellschaft* ins Blickfeld – z. B. aufgrund repressiver sozialer Beziehungen. Der Psychoanalytiker, der seine Aufmerksamkeit nicht nur dem Individuum auf der Couch, sondern auch den sozialen Strukturen zuwendet, wird die Widersprüche in Kultur und Gesellschaft nicht übersehen, respektive in einer Kultur, von der schon Freud meinte, daß sie „weder Aussicht hat, sich dauernd zu erhalten, noch es verdient."[8] Wen mag es also wundern, daß Freuds Schriften im Mai 1933 von den deutschen Nazis verbrannt oder Anfang 1975 in Argentinien für den universitären Lehrbetrieb verboten wurden?

Ein weiterer Aspekt diese „unmöglichen Berufs" ist, daß Freud unserem Selbstgefühl einen schweren Schlag versetzt hat, einem Selbstgefühl, das bereits von Darwin, Kopernikus und Marx erschüttert worden war. Wir sind auch – oder gerade – heute noch kaum bereit zu akzeptieren, daß wir nicht Herren im eigenen Haus sind, daß „das Ich die Rolle des dummen August im Zirkus spielt, der den Zuschauern durch seine Gesten die Überzeugung beibringen will, daß sich alle Veränderungen in der Manege nur infolge seines Kommandos vollziehen. Aber nur die Jüngsten unter den Zuschauern schenken ihm Glauben."[9] Die daraus sich ergebenden erkenntnistheoretischen Implikate sind erst von wenigen untersucht worden. So fordert z. B. Lévi-Strauss, daß alle, die anthropologische Forschungen betreiben, sich vorher einer Psychoanalyse unterziehen sollten, um Einblick in die unbewußten Prozesse zu gewinnen, die in ihre Untersuchungen einfließen. Gaston Bachelard[10] spricht darüber hinaus sogar von einer „Psychoanalyse des Erkenntnisprozesses" und ähnliche Forderungen kennen wir von Georges Devereux, der selbst das vermeintlich „objektive", wissenschaftlich geschulte Ich vor seinen affektiven Verstrickungen mit der beobachteten Realität warnt.[11]

Freilich haben die Gegner der Psychoanalyse von ihrem zaghaften Eindringen in andere Forschungsbereiche und Anwendungsgebiete wenig zu befürchten. Denn die gesellschaftlichen Institutionen, die der Psychoanalyse wenigstens als *privatem therapeutischen Verfahren, als Heilkur,* eine gewisse soziale Integrität zuerkennen, betrachten es andererseits als vordingliche Aufgabe, die *sozialkritische Stoßkraft der Psychoanalyse abzuschwächen.* Dies ist vor allem in den USA geschehen. Wir Psychoanalytiker können hierbei nicht ganz umhin, unseren eigenen Anteil an diesen Tendenzen zu untersuchen und anzuerkennen. Der beste Hinweis darauf ist, daß es heute – in den meisten Fällen – kein Risiko mehr ist, Psychoanalytiker zu sein, obwohl die Psychoanalyse – jedenfalls in ihrer genuinen Fassung oder in ihren konsequenten Weiterentwicklungen – *subversive Elemente gegen die soziale und kulturelle Ordnung* enthält, wie wir es am Beispiel von Freuds kulturkritischer Haltung schon angedeutet haben.

„Wenn aber eine Kultur es nicht darüber hinaus gebracht hat, daß die Befriedigung einer Anzahl von Teilnehmern die Unterdrückung einer anderen, vielleicht der Mehrzahl zur Voraussetzung hat, und dies ist bei allen gegenwärtigen Kulturen der Fall, so ist begreiflich, daß diese Unterdrückten eine intensive Feindseligkeit gegen die Kultur entwickeln, die sie durch ihre Arbeit ermöglichen, an deren Gütern sie aber einen zu geringen Anteil haben. Eine Verinnerlichung der Kulturverbote darf man dann bei den Unterdrückten nicht erwarten, dieselben sind vielmehr nicht bereit, diese Verbote anzuerkennen, bestrebt, die Kultur selbst zu zerstören, eventuell selbst ihre Voraussetzungen aufzuheben.[12]

Freuds Kritik richtet sich aber nicht direkt oder ausschließlich gegen die soziale Ungerechtigkeit an sich, sondern hauptsächlich gegen die *religiöse Illusion.* Diese Vorgehensweise beinhaltet also den Kampf gegen einen sehr wichtigen Aspekt sozialer Ungerechtigkeit. Schon Karl Marx hat die Religion als „das geistige Klima dieser Welt" beschreiben. „Die Forderung, die Illusionen über seinen Zustand aufzugeben, ist die *Forderung, einen Zustand aufzugeben, der der Illusionen* bedarf. Die Kritik der Religion ist also im *Keim die Kritik des Jammertales*, dessen *Heiligenschein* die Religion ist ... Die Kritik der Religion ist die Voraussetzung aller Kritik."[13]

Bei Freud wiederum heißt es, daß ohne die Religion die rechtfertigende Rationalisierung sozialer Ungleichheit durch die Verheißung einer Gleichheit im Jenseits an Bedeutung verlöre. Insofern wendet sich Freud auch gegen jede Form der Erziehung, da deren Hauptziele die „Verzögerung der sexuellen Entwicklung und Verfrühung des religiösen Einflusses" sind.[14]

In diesem Sinne kann es als Ziel des in der psychoanalytischen Praxis stattfindenden „Sozialisationsprozesses" begriffen werden, die Interaktion zwischen Ich und Über-Ich im Interesse des Patienten (also des Ichs) zu entspannen; d. h., daß die Position des Ichs gegenüber seinem Abspaltungsprodukt, dem Über-Ich, in dem ja die gesellschaftlichen Wertvorstellungen und die religiösen Illusionen materialisiert sind, gestärkt werden soll. Diese Ich-Stärkung impliziert – nachdem das Über-Ich als introjiziertes Destillat des Sozialisationsprozesses zu verstehen ist – notwendigerweise eine gewisse „*Entsozialisierung*", also eine *kritische Beurteilung der einst in der Sozialisation verinnerlichten kulturellen Normen, Ge- und Verbote.* Das Ich wird sozusagen im Vollzug des analytischen Prozesses seiner eigenen repressiven Ich-Bildung gewahr. Dieser Vorgang enthält jenen wichtigen emanzipatorischen

Aspekt der Psychoanalyse, der zuweilen auch eine kritikbewußtere Haltung gegenüber den Verhältnissen hervorrufen kann, die neurotisches Leiden bedingen.

Die heutige Medizin, insbesondere die konventionelle Psychiatrie, wirkt im Vergleich mit einer im geschilderten Sinne *ideologiekritischen* Psychoanalyse geradezu als *ideologische Stütze* der Herrschaftsstrukturen und gesellschaftlichen Verhältnisse. Sie muß insofern als reaktionär und repressiv bezeichnet werden, als sie zur Verschleierung der unbewußten, konflikthaften Komponenten der Sozialstruktur beiträgt, die von vielen Individuen introjiziert werden (müssen) und – erfahrungsgemäß – Mitverursacher vieler psychischer und psychosomatischer Syndrome sind.

Das axiologische Problem

Der Beruf des Psychoanalytikers ist auch deshalb ein „unmöglicher", weil die *Wertproblematik* nicht außer acht gelassen werden kann bzw. sollte. Freud charakterisierte die Psychoanalyse noch als „eine Forschungsmethode, ein parteiloses Instrument, wie etwa die Infinitesimalrechnung."[15] Heute können wir dazu kritisch feststellen, daß die in diesem Wissenschaftsverständnis zum Ausdruck kommende neutralistische Haltung auf die Tradition des Wiener Positivismus zurückzuführen ist. Dieses Ideal der Neutralität entstammt einem *szientistischen „Wissenschafts-Mißverständnis"*, und wir wissen heute, daß die Psychoanalyse gut daran tut, ihre aufklärerischen Grundsätze auch auf sich selbst anzuwenden, d. h. das scheinbar selbstverständliche ihrer eigenen Methode zu hinterfragen und die historische Betrachtung der Phänomene unter Einbeziehung des Unbewußten auch bei sich selbst vorzunehmen. Auch der psychoanalytisch geschulte Forscher ist nicht immun gegen die ‚Fallen' seines eigenen Unbewußten.[16]

Gleichwohl darf der Psychoanalytiker dem Klienten im analytischen ‚Setting' nicht seine eigenen Werte – schon gar nicht absolute Wertvorstellungen – anbieten oder gar aufdrängen; sondern er sollte die bestehenden, den Symptomen vorgelagerten Wertvorstellungen *ideologiekritisch durchdringen und damit relativieren.* Greenson hat in einem ausgezeichneten Artikel mit besonderem Nachdruck auf die außerordentliche Komplexität der Beziehungen zwischen Analytiker und Analysand hingewiesen; dennoch wird in seiner Studie den sozial- und klassenspezifisch bedingten Normen und Werten, die implizit die therapeutisch-analytische Praxis strukturieren, keine Beachtung geschenkt.[17] Der sozialkritische Psychoanalytiker dagegen wird sich zunächst einmal die grundsätzlichen Fragen stellen: Welches sind die sozialen Normen und Werte, die es zu erhalten gilt? Und: Wer legt diese fest?

Wenn die Grundregel der Neutralität dem Psychoanalytiker nicht gestattet, dem Analysanden seine Wertvorstellungen mitzuteilen oder gar aufzudrängen, heißt das aber nicht, daß er sich seiner eigenen Werte wie der Wertproblematik insgesamt nicht bewußt sein soll. Nur insofern er sich der verschiedenen Schichten seiner Persönlichkeit und der ihm eigenen Subjektivität bewußt ist, kann er sich die erforderliche ‚Neutralität' psychoanalytischen Verstehens bewahren. Dies stellt den Psychoanalytiker fürwahr auf eine harte Probe, zumal sich aus der Wertproblematik der Psychoanalyse – wie wir sie sehen – doch auch ein gewisses Dilemma ergibt: Die Psychoanalyse wird sich nämlich nicht ganz davon freisprechen können, in einer gewissen Weise prägend auf den Patienten einzuwirken, eben weil ihr der herrschende Wertbezugsrahmen nicht als unantastbar gilt – was wir von anderen psychotherapeutischen Methoden leider nicht sagen können. Ein therapeutisches Handeln aber, das – ohne eine Zielvorstellung vor Augen – einem ungewissen Telos entgegenarbeitet, überläßt den Patienten schließlich der Logizität seines Unbewußten. Dagegen macht es sich ein der Wahrheit verpflichteter Psychoanalytiker zur Aufgabe, *Denkanstöße zu vermitteln,* die den Analysanden in die Lage versetzen, die sozialen Verhältnisse (in denen *beide* leben) in ihrer Widersprüchlichkeit zu erkennen, zu be-*werten* und zu kritisieren. Die Psychoanalyse darf also auf keinen Fall dazu führen, das psychische Leid zu entpolitisieren und zu individualisieren. Sie ist im Gegenteil dazu verpflichtet, auch um den Preis einer gewissen *leidvollen Beunruhigung* angesichts der bestehenden sozialen Widersprüche, an der *Erweiterung des individuellen Bewußtseins* und des lebensgeschichtlichen Bezugsrahmens mitzuwirken. Indem sie eine solche Beunruhigung bewußt in Kauf nimmt, wird letztlich für eine angemessenere und menschenwürdigere Haltung des Individuums zur subjektiven und gesellschaftlichen Wirklichkeit votiert. Denn wir dürfen unsere ‚*Würde'* als denkende, bewußte Menschen nicht für eine *illusorische Ruhe* verhökern, die auf Wunschbildern unserer Kindheit beruht. Um es noch klarer zu sagen: wir sind nicht an einer ‚Ruhe' oder einem ‚Glück' interessiert, das um den Preis *radikaler Entfremdung* erkauft wird (z. B. religiöser Illusionen, esoterisch-mystischer Ekstasen, drogenbedingter Rauschzustände, fugenloser Einpassung in politische Systeme etc.), die die Lüge als Werkzeug zur Herrschaftssicherung benutzt.

So bietet die Psychoanalyse ihre Hilfe in der Milderung des „neurotisch bedingten Leidens" an, um mit Würde und einem Mindestmaß an Selbstbetrug *das „gemeine" menschliche Elend ertragbar zu machen.* In diesem Anspruch, den Sigmund Freud und Joseph Breuer formulierten[18], kommt neben der kritisch-emanzipatorischen Tendenz der Psychoanalyse auch jene ‚bescheidene' Haltung zum Ausdruck, die die psychoanalytische Therapie vor vielen anderen glückverheißenden ‚Heilmethoden' auszeichnet. Das Übernehmen der Verantwortung für das eigene Leben – befreit von neurotischen Bindungen – verschafft dem Subjekt an sich schon ein nicht geringzuschätzendes ‚Glücks'-Gefühl, ohne daß damit eine trügerische Harmonie gemeint wäre, deren Auftreten einem intakten Bewußtsein über das ‚allgemeine Elend' widersprechen würde. Manche Autoren scheinen diesen Aspekt der Psychoanalyse zu negieren. So wirft ihr z. B. E. M. Cioran vor, eine sadistische Methode zu sein, die das Individuum zusätzlich belaste. Sinngemäß meint er: Dieses arme, mit Vernunft begabte Tier leide schwer genug darunter, Mensch zu sein. Wir sollten ihm nicht auch noch die Krankheit des erweiterten Bewußtseins aufbürden.[19] Nichtsdestotrotz erscheint das im analytischen Prozeß hergestellte oder wiedererlangte ‚*Bewußt-Sein', auch wenn es ein schmerzliches ist,* als die ‚*gesunde' Alternative* zur psychischen Enteignung und Entfremdung des Individuums in der Krankheit.

Es ist nun aber – wie Paul Baran bemerkt – auch offensichtlich, daß „die Krankheit der Gesellschaft, in der der Mensch lebt, der Heilung der menschlichen Seele Grenzen setzt."[20] Aber: wird er die ideale Gesellschaft entwerfen, die die seelische Gesundheit fördert? Dem Psychoanalytiker obliegt es – wie wiederholt festegestellt wurde – nicht, allgemeingültige Werte festzulegen und sie anderen als verbindliche normative Maßstäbe zu oktroyieren. Ihn trifft die schwere Aufgabe, eine *Methode zur Kritik der menschlichen Motivierungen und der herrschenden Ideologien* zur Verfügung zu stellen. Es ist somit erforderlich, die „Wege, welche zur Eingliederung der Subjekte in den bestehenden sozialen Apparat geführt haben"[21], zu erforschen. Es ist der wissenschaftliche Gegenstand der Psychoanalyse, diese Eingliederungs- und Unterwerfungsprozesse aufzudecken. In diesem Sinne ist auch ihre therapeutische Praxis im Ansatz als *emanzipatorisch und subversiv* zu charakterisieren, weil sie die gesellschaftliche Realität, die die neurotischen, psychotischen und psychosomatischen Störungen bedingt, in Frage stellt.

Folglich wird es das Anliegen der Psychoanalyse sein, die „zusätzliche Unterdrückung" (Herbert Marcuse) und die unbewußte, institutionalisierte Gewalt zu entlarven. In diesem Zusammenhang darf die Psychoanalyse in ihrer Praxis nie „die ontologische, logische und chronologische Priorität" der materiellen Bedingungen gegenüber den Ausdrucksformen des Geistes aus den Augen verlieren.[22] Mit anderen Worten: sie darf nie vergessen – wie es im Gegensatz zu Freud bei den ‚revisionistischen' Analytikern geschieht –, daß der Mensch, noch bevor er ein denkendes Wesen ist, ein *Triebwesen* ist, das sich im Prozeß der Triebsozialisierung erst langsam über Triebbefriedigung und Triebunterdrückung der Natur entringt und in ‚Kultur' eintritt. Das spezifische Zusammenwirken von menschlicher Triebstruktur und sozialer Struktur, der Prozeß der ‚Zurichtung' der Triebe zum Zweck ihrer Unterdrückung und der Erhaltung dieser fragwürdigen Kultur sind mithin Problembereiche, die den unmöglichen Beruf des Psychoanalytikers in Theorie und Praxis kennzeichnen.

Das Unbehagen des Analytikers

Das *Unbehagen des Analytikers* muß auf der wahrheitsgetreuen, nicht beschönigenden *Widerspiegelung des „Unbehagens in der Kultur"* gründen, einer Kultur, von der Freud meinte, daß sie „einen fast unerträglichen" Druck auf uns ausübe und deshalb „nach einem Korrektiv" verlange.[23] Diese Unbehagen nährt sich auch aus der Einsicht, *daß er selbst ein Teil jenes Systems ist,* das die von ihm in seiner analytischen Arbeit beobachteten Entfremdungserscheinungen produziert. Der Psychoanalytiker, der nicht willens ist, diese Entfremdung als invariante Merkmale des gesellschaftlichen Seins des Individuums zu akzeptieren, wird auch zu der

Überzeugung gelangen, daß die Errichtung einer neuen, herrschaftsfreien sozialen Ordnung letztlich auch von der tieferen Kenntnis der intrapsychischen Entfremdungsprozesse wird profitieren können. Hier ist die Nahtstelle der Kooperation zwischen Psychoanalyse und Gesellschaftswissenschaft.

Die emanzipatorische Psychoanalyse ist daher neben ihrer klinischen Praxis, der Therapie der Neurosen[24] daran interessiert, *die kultur- und gesellschaftskritischen Implikate der Theorie Sigmund Freuds* aufrechtzuerhalten und in die sozialwissenschaftliche und gesellschaftspolitische Diskussion einzubringen. Diese Implikate lassen sich nicht mit den schon angedeuteten herrschaftskonformen Zielen der Schulmedizin vereinbaren. In diesem Sinne sprach Freud sich auch für die Eigenständigkeit der Psychoanalyse – jenseits des Einflußbereichs der – Schulmedizin – aus: „Wir halten es nämlich gar nicht für wünschenswert, daß die Psychoanalyse von der Medizin verschluckt werde und dann ihre endgültige Ablagerung im Lehrbuch der Psychiatrie finde ...“[25]

Ein anderer Moment psychoanalytischen Unbehagens resultiert aus dem Wissen des Analytikers, daß ihm die *Mühe des dialektischen Denkens* nicht erspart bleibt, und zwar jenes dialektischen Denkens, das sich durch ständiges Hinterfragen des vermeintlich Gefundenen und Eindeutigen sowie durch rastlose Selbtreflexion und -kritik auszeichnet. Denn „wer – besonders als Analytiker – den Stein des Weisen – d. h. das sichere Kriterium der seelischen Gesundheit, der Reife, der Anpassung, der Hellsicht, der kritischen Schau, der Weltklugheit – zu besitzen vermeint, der narrt sich selbst und betrügt seine Patienten ... Das vermeintliche Besitzen der Totalität ist ... in unserem Beruf schier unmöglich.“[26]

Wenn das Unbehagen des Psychoanalytikers nun aber auch mit seinem Wisen in Zusammenhang steht, in ein krankmachendes System eingespannt zu sein, ist es erforderlich, *die psychoanalytische Praxis durch eine soziale und politische zu ergänzen.* In dieser um das gesellschaftliche Niveau erweiterten Praxis käme dem Analytiker die Rolle zu, mit Hilfe seines wissenschaftlichen Instrumentariums zu zeigen, wie die bestehende Herrschaftsstruktur durch die Produktion angepaßter Subjektivität perpetuiert wird – und umgekehrt. Diesbezüglich meinte Freud, daß eine Wissenschaft, die bis ins Detail den Einfluß der sozialen Strukturen in den Subjekten nachweisen könne, „die Ergänzung des Marxismus sein und diesen zu einer wirklichen Gesellschaftskunde“ vervollkommnen würde.[27] Wir sehen es daher als eine vordringliche Aufgabe der Psychoanalyse, detaillierte Nachweise zu erbringen, *wie die Produktionsverhältnisse und die geschichtlichen Prozesse auf die menschliche ‚Natur‘ einwirken.*

Freud selbst hat hierzu – wenn er auch als Naturwissenschaftler dem positivistischen Mißverständnis seiner Epoche Tribut zollte – vor allem auf dem Gebiet der damals vorherrschenden Sexualfeindlichkeit einige Pionierleistungen vollbracht: beispielsweise in seinen „frühen“ Studien zur Hysterie, in denen er ausführt, auf welche Weise die herrschende Sexualmoral, die den Menschen keinen anderen Weg als den der Verdrängung offenläßt, Psycho- und Aktualneurosen prodziert.[28] Genau an dieser Stelle, wo die Vermittlung individuellen Leids durch gesamtgesellschaftliche Verhältnisses und Prozeduren sichtbar wird, hat der „unmögliche Beruf" des Psychoanalytikers anzusetzen, also dort, wo soziale (sozioökonomische und historische) und individuelle Faktoren in der persönlichen Lebens- und Leidensgeschichte miteinander verwoben sind.

Eine so verstandene Psychoanalyse setzt den Patienten zweifellos in die Lage, die Realität nicht als vorgegebenes Schicksal zu akzeptieren; sie würde ihm keinen Gefallen damit tun, diese Realität als eine ‚natürliche', nicht modifizierbare zu suggerieren. Im Gegenteil, sie versucht, den Patienten – der wie jedes Subjekt ein „von Anfang an sozial vergewaltigtes Wesen"[29] ist – dazu anzuleiten, *diese Realität als Pseudonatur zu durchschauen.* In einigen Fällen wird sich der Analytiker schon damit zufriedengeben, wenn der Analysand nach Abschluß der Kur fähig ist, sich mit den mikro- und makrosozialen Strukturen kritisch auseinanderzusetzen, die ihn neurotisierten.

Die Figur des Psychoanalytikers

Es gibt auch noch einen weiteren Aspekt des unmöglichen Berufs des Psychoanalytikers, über den recht wenig gesprochen wird, und der etwas mit der Beziehung des Analytikers zum Analysanden zu tun hat: Es handelt sich hierbei um die Tatsache, auf die Igor A. Caruso einmal während eines Kongresses hingewiesen hat, daß nämlich der Analytiker „in Wirklichkeit – wenige ahnen dies – stärker seinem Klienten ausgeliefert ist, als seine Klienten ihm."[30] Der Psychoanalytiker erlegt sich eine unmenschliche Abstinenz auf, „um das freie Spiel der Projektionen des Klienten zu ermöglichen und diesen dadurch zu der Erkenntnis seiner Wir-Probleme gelangen zu lassen (...). Sich der gleichschwebenden Aufmerksamkeit befleißigend, muß der Psychoanalytiker alle Rollen, die die Projektionen des Klienten ihm bescheren, gleichmütig akzeptieren und dabei selbst auf jede sich daraus ergebende persönliche Befriedigung verzichten. Er verleugnet, indem er sie als Gegenübertragung analysiert, seine Überzeugungen wie seine Langeweile, seine Liebe wie seinen Zorn, seine Begierde wie seinen Unwillen, seine Zärtlichkeit wie sein Mitleid ... diese spezifische Frustration des Psychoanalytikers ... kann durch kein Honorar und durch keinen Berufserfolg aufgewogen werden. Auch wenn gute familiäre, freundschaftliche und kollegiale Beziehungen, wenn private, gesellschaftliche und wissenschaftliche Erfolge vorhanden sind – auch dann ist die *Einsamkeit des Psychoanalytikers* eine erschreckende ..."[31]

Dieses Ausgeliefertsein verspürt jeder Analytiker am eigenen Leib, wenn er im Lauf der Jahre wahrnimmt, welch spezifische Last sein Beruf ihm aufbürdet. Schon Freud setzte sich deshalb – vor allem in seinen Spätschriften – für eine bessere Psychohygiene der Analytiker ein: „Analytiker sind Personen, die eine bestimmte Kunst auszuüben gelernt haben und daneben Menschen sein dürfen, wie andere auch."[32] Ralph R. Greenson drückt dies etwas direkter aus: „Der Psychoanalytiker muß die Gelegenheit haben aufzuhören, es zu sein, wenn er nach Hause kommt. Er muß sich frei fühlen, spontan zu reagieren (...). Wenn er schon während der analytischen Sitzungen korrekt und vernünftig sein mußte, braucht er einen Platz, um – gelegentlich – sich irren und unbesonnen sein zu dürfen."[33]

Hier sind sicherlich gewisse gesellschaftliche Rollenstereotypien im Spiel, die den Psychoanalytiker als Erwartungen treffen: Er, der sozusagen alles zu *durchschauen* in der Lage ist, sollte in gewisser Hinsicht auch *Vorbild* sein und immer wissen, was für jemanden *wann* gut und richtig ist. Aber der Psychoanalytiker hat schon genug damit zu tun, sich in der Ausübung seines Berufs, wie Freud sagt, „viel Geschick, Geduld, Ruhe und Selbstverleugnung"[34] anzueignen und zu bewahren. Während es explizit die Aufgabe des Analytikers ist, dem Analysanden bei der Wahrnehmung seines Selbstbetrugs und der Bewußtwerdung seines Unbewußten behilflich zu sein, und der Analysand schließlich selbst die schwierige Arbeit der Bewältigung seines „gemeinen Elends" zu erledigen hat, drücken die genannten Erwartungen *illusorische Omnipotenzzuschreibungen* aus, wonach der Analytiker eine nahezu perfekte Persönlichkeit zu sein hätte.

Andererseits wiederum bekommen viele Psychoanalytiker – speziell im akademischen Bereich (Universität, Forschung etc.) – von ihren ,Kollegen' recht deutlich zu spüren, daß ihre Arbeit – aus wissenschaftlichen *und* politischen Gründen – abgelehnt und/oder nicht ernstgenommen wird. Auf das fragwürdige Ideal ihrer vermeintlich naturwissenschaftlichen ,Exaktheit' eingeschworen, sprechen viele Psychologen oder Psychiater der Psychoanalyse schlichtweg die Wissenschaftlichkeit und damit die Ernsthaftigkeit ihrer theoretischen und praktischen Bemühungen ab. Dies erklärt auch, warum einige Psychoanalytiker immer wieder versucht haben (und noch immer versuchen), sich fachlich – und persönlich – bei den dominierenden naturwissenschaftlichen Berufsgruppen der Medizin, Psychiatrie und Psychologie anzubiedern.[35]

Fritz Riemann hat vor nicht allzulanger Zeit voll Bitterkeit diese Schwierigkeiten so beschrieben: „Psychoanalytiker sein bedeutet: zu einer kleinen Gruppe zu gehören, die von vielen Seiten und aus verschiedenen Motiven bekämpft, angegriffen, angefeindet, oft mißverstanden und – überfordert wird."[36]

Ich hoffe, gezeigt zu haben, daß die Psychoanalyse auch abseits der um sie geführten wissenschaftstheoretischen und gesellschaftspolitischen Querelen ein *präkeres Arbeitsgebiet* und damit einen *„unmöglichen Beruf"* darstellt. „Sie ist nämlich desillusionierte Skepsis, aber gleichzeitig auch eine hartnäckige, fast unsinnige Hoffnung darauf, daß der Mensch sich selbst dazu aufrufe, mehr Mensch zu werden."[37]

Anmerkungen

[1] Freud, S. (1937): Die endliche und die unendliche Analyse. Gesammelte Werke (GW) 16, Frankfurt: Fischer, 4. Aufl., 1968, S. 94.
[2] Freud, S. (1937): ebda.
[3] Gemeint ist die Eilfertigkeit, etwa in der UdSSR der späten 30iger Jahre, eine bestimmte Richtung der Psychologie als die offiziell anerkannte, die sich überdies dem historischen

Materialismus anzupassen hatte, zu etikettieren. Wie sich herausgestellt hat, geht diese Eilfertigkeit immer auf Kosten einer Vermittlung unterschiedlicher wissenschaftlicher Ansätze.

[4] Vgl. dazu den Brief Sigmund Freuds an Paul Federn vom 27. März 1926: „Solange ich lebe, werde ich mich dagegen sträuben, daß die Psychoanalyse von der Medizin verschluckt wird." (Zit. n.: Federn, E.: How Freudian are the Freudians? Some remarks to an unpublished letter. Journal of the History of the Behavioral Sciences 3 (1967), S. 269.)

[5] Freud, S. (1930): Das Unbehagen in der Kultur. GW 14, a. a. O., S. 444.

[6] Freud, S. (1927): Die Zukunft einer Illusion. GW 14, a. a. O., S. 327.

[7] Caruso, I. A.: persönliche Mitteilung 1974.

[8] Freud, S. (1927): Die Zukunft einer Illusion. GW 14, a. a. O., S. 333.

[9] Freud, S. (1914): Zur Geschichte der psychoanalytischen Bewegung. GW 10, a. a. O., S. 87.

[10] Bachelard, G.: La formación de espíritu científico. Buenos Aires: Siglo XXI 1975, S. 215 (dt.: Die Bildung des wissenschaftlichen Geistes. Frankfurt: Suhrkamp 1978).

[11] Devereux, G.: Angst und Methode in den Verhaltenswissenschaften. München: Hanser 1973.

[12] Freud, S. (1927): Die Zukunft einer Illusion. GW 14, a. a. O., S. 333.

[13] Marx, K.: Zur Kritik der Hegelschen Rechtsphilosophie. In: Marx-Engels-Studienausgabe. Bd. 1. Frankfurt: Fischer 1966, S. 17 f.

[14] Freud, S. (1927): Die Zukunft einer Illusion. GW 14, a. a. O., S. 371.

[15] Freud, S. (1927): ebda., S. 360.

[16] Vgl. hierzu: Devereux, G.: Angst und Methode in den Verhaltenswissenschaften, a. a. O.

[17] Greenson, R.: That „impossible" profession. Journal of the American Psychoanalytic Association 15 (1966).

[18] Freud, S. & Breuer, J. (1895): Studien über Hysterie. GW 1, a. a. O.

[19] Cioran, E. M.: Der Absturz in die Zeit. Stuttgart: Klett 1972.

[20] Baran, P.: Persönlichkeit und Gesellschaft. In: Psychoanalyse, Marxismus und Sozialwissenschaften. S'Gravenhage: Rotdruck 1972, S. 200.

[21] Braunstein, N.: Psicologia: Ideologia y ciencia. Mexico: Siglo XXI 1975, S. 82 f.

[22] Chatelet, F.: Materialismo. In: Lacouture, S. & Lacouture, J. (Hg.): Pequeña enciclopedia politica. Mexico: Grijalbo 1973. S. 38.

[23] Freud, S. (1927): Die Zukunft der Illusion. GW 14, a. a. O., S. 285.

[24] Schon bei Sigmund Freud heißt es ja: „Der Gebrauch der Analyse zur Therapie der Neurosen ist nur eine ihrer Anwendungen; vielleicht wird die Zukunft zeigen, daß sie nicht die wichtigste ist." (Freud, S. (1926): Die Frage der Laienanalyse. GW 14, a. a. O., S. 283.)

[25] Freud, S. (1926): ebda.

[26] Caruso, I. A.: Über einige Aspekte der Forschung und Praxis in der Tiefenpsychologie. Jahrbuch für Psychologie und Psychotherapie und Medizinische Anthropologie 16 (1967), S. 202.

[27] Freud, S. (1933): Neue Folge der Vorlesungen zur Einführung in die Psychoanalyse. GW 15, a. a. O., S. 194.

[28] Vgl. hierzu Rathgeb, U.: Zur Psychoanalyse als Sozialwissenschaft. Materialien zu kontroversen Fragen der Psychologie und ihrer Grenzgebiete 3 (1975), 59-66.

[29] Brückner, P., Leithäuser, T. & Kriesel, W.: La Recherche du Temps Perdu als Vehikel künftiger Befreiung. In: Psychoanalyse. Frankfurt: Europäische Verlagsanstalt 1968, S. 18.

[30] Caruso, I. A.: Über Rationales und Irrationales im „Wir-Ich". Materialien zu kontroversen Fragen der Psychologie und ihrer Grenzgebiete 2 (1974), S. 14 f.

[31] Caruso, I. A.: ebda., S. 15.

[32] Freud, S. (1937): Die endliche und die unendliche Analyse. GW 16, a. a. O., S. 93.

[33] Greenson, R.: That „impossible profession. a. a. O., S. 25.

[34] Freud, S. (1926): Die Frage der Laienanalyse. a. a. O., S. 259.

[35] Vgl. hierzu den Aufsatz von Rost, D.: Das Elend der aktuellen Psychoanalyse-Forschung.

Psychoanalyse 2 (1981), 34-46.

[36] Riemann, F.: Das Selbstverständnis des Psychoanalytikers. München: Deutsche Gesellschaft für Psychotherapie, Psychosomatik und Tiefenpsychologie e. V. 1974. – In diesem Zusammenhang soll nicht unterstellt werden, es gäbe so etwas wie *die Psychoanalyse* oder *die Psychoanalytiker* als homogene Einheit! Im Gegenteil: Innerhalb der Psychoanalyse und ihrer Institutionen gibt es sehr wohl wissenschaftliche und/oder politische Meinungsverschiedenheiten, wobei in den meisten Fällen – zumindest in Europa – die politisch fortschrittliche Minderheit der Analytiker von der dominierenden konservativen Mehrheit zusätzlich bekämpft wird.

[37] Carauso, I. A.: Soziale Aspekte der Psychoanalyse. Reinbek: Rowohlt 1972, S. 142.

Quellennachweis

Das 3. Kapitel, „Die Religionskritik als Ideologiekritik im Rahmen der Psychoanalyse" wurde in dem Buch *Psychoanalyse als Herausforderung. Festschrift für Igor A. Caruso* veröffentlicht. Wien: Verband der wissenschaftlichen Gesellschaften Österreichs 1980.
„Über das Elend der psychoanalytischen Literatur" (4. Kapitel) erschien 1977 in: *Materialien zu kontroversen Fragen der Psychologie und ihrer Grenzgebiete* Nr. 9, Salzburg, Österreich.
Psychologie und Gesellschaftskritik, 5. Jahrgang (1981), Heft 2/3, druckte meinen Aufsatz „Psychoanalyse, Spiel und Utopie" (9. Kapitel).
„Von der Unmöglichkeit, Psychoanalytiker zu sein" erschien zuerst 1982 in *Psychoanalyse*. Elisabeth Schöndube und Hans Sättele übersetzten diesen Aufsatz aus dem Spanischen. Die ursprüngliche Fassung ging aus einem Vortrag hervor, der vom Autor unter dem Titel „Psychoanalyse, dieser unmögliche Beruf" während des *VI. Internationalen Forums für Psychoanalyse* in Berlin (17.-21. August 1977) gehalten wurde. Hans Sättele trug damals durch einige Hinweise auch zur schriftlichen Ausarbeitung der Arbeit bei. – Der hier vorgelegte Text ist redaktionell überarbeitet worden. Erste Änderungsvorschläge wurden von Norbert Nagler gemacht. Die Endfassung schrieb Josef Christian Aigner in Übereinkunft mit dem Verfasser.
Ich danke den Verlegern für ihr Einverständnis, dieses Material zusammenhängend in diesem Buch zu veröffentlichen. Trotzdem möchte ich darauf hinweisen, daß es Änderungen unterzogen wurde.
Die Kapitel 1, 2, 5, 6, 7 und 8 erscheinen im deutschsprachigen Raum zum ersten Mal.